U0647482

胡乔木文集

第三卷

人民出版社

胡乔木《序新版〈无望村的馆主〉》原稿手迹

11月15日的上海文汇报登出了该报记者对这部影片的导演谢晋同志（他也是本片的编剧之一）的访问记《我将从零开始》以后，我才算稍微明白了一些导演的匠心所在。我完全同意谢晋同志在这部影片的艺术构思方面和对片中人物、场景、台词方面的处理的见解，因此，我很愿意向大家推荐这篇访问记，它的全文发表在上海文汇月刊1984年第11期上。

谢晋同志说这部影片的最大突破是在军事题材的作品中写了悲剧。我们的生活中有悲剧，为什么不能写呢？自然，在近几年的文学作品中，悲剧性的作品已出现不少，就在电影中这也不是第一部；但是在军事题材的作品中，大概谢晋同志的话是不错的。写悲剧并不等于作者自己一定有什么悲观的倾向，或者作者一定想让看的人变得悲观起来。

胡乔木《希望人人都看〈花环〉》原稿手迹

目　录

第四辑

第五辑

第 四 辑

制订译书计划，提高翻译质量

（一九五一年十一月六日在
第一届全国翻译工作会议上的讲话）

翻译工作是我们目前的一项重要工作。过去它在文化历史上有过很多贡献。现在翻译工作的作用更加重大了。过去翻译工作没有计划，得不到援助，很多翻译工作往往有始无终，半途而废。许多早应译出的书到现在还没有译出来。许多重要的书，因为出版的份数少，流传受限制，也未能发挥其应有的作用。翻译工作者费了很多心血，其目的是要使翻译出来的东西，成为社会的财产。但这种希望在过去是很难于实现的。过去的情况是把书译了，印出来，卖出去，便算完事。翻译者的目的不能达到，这也是对翻译工作者的一种打击。要达到译书的目的，必须翻译工作者与政府合作，使应译出来的好书达到目的。我们现在译书都可达到这样的目的了。介绍的知识和经验如果是对物质精神生活有贡献的，那么它的出版就会影响到我们的生活和工作。这样翻译工作就大大增加了它的意义。我们现在要直接通过翻译工作来影响我们的整个生活。由于这种需要，就应扩大翻译工作。过去中国所译的书，有一部分是没有益处的，一部分是有益处的，还有一些书是可以很有益处的，但因无人出版，不能翻译。现在，我们可以按政府和人民的需要来组织翻译工作了。翻译工作要满足政府、人民的工作和生活上的需要，而不是满足出版者的需要，出版者不过是个媒介而已。事实上，只要是好书，在最大多数情况下都是可以出版的。今天的出版界发生了根本的改变。所以翻译工作范围应该加以扩大；不仅要翻译科学、文艺或学习用的著作，而且要译各方面工作上所需要的书，以帮助工作少走弯路。所以种类要大大增加，数量也要大大增加。一本重要书的出版就不是二千、三千册，而常常是一万、两万册或者更多些，流通的范围也将扩大。此外，随着国家地位的变化，翻译工作增加了新的内容，过去我国翻译多数是欧美书籍，俄国的书籍也是从英、日及欧洲各国文字转译。现在介绍书的来源扩大了，许多与我们有关系的小国家，只要有的书是有价值的，合于我们需要的，也要翻译。亚洲国家历史上的重要著作和现代的主要著作也要译。将来还要把中国的重要著作译成外文，译成国内各族文字。这样，翻译工作的范围就起了变化。国家地位在世界上逐日提高，需要互相了解。中国有价值的著作需要译成各国文字，但这并不减少翻译外国有价值著作的需要。我们要介绍很多苏联的著作，但是不是资本主义国家历史上有价值的著作就可以少介绍呢？不，我们要接受人类丰富的遗产。因此翻译工作扩大了，并不像过去的受到限制。翻译工作要一年一年发展，所以翻译工作对国家、人民的贡献要越来越大。这样的事业如此重要，工作方法当然要变，这个会议就是这种变化的表现。

此次会议的目的有二：第一，计划化。第二，提高翻译质量。计划化问题我想可以不必多说，它可以使工作更有效，不致浪费，而且满足各方面的需要。但需要订出什么样的计划呢？（一）翻译内容要有计划。要译什么，全国有多少翻译工作的力量，用到哪里去，有些比较重要的方面，过去有的受到注意。也有的未受到注意，但现在有需要就应该引起注意。比如，文学的翻译工作虽然仍不能说很多很好，有许多还要从头做起，但是否要把注意力集中于文学呢？不，还要把力量分到其他过去未被重视的方面。我们国家要建设，文化建设的高涨不能不建筑在经济的高涨上。因此，国家经济建设过程中的需要，应该吸引人的注意。翻译工作是枯燥的，不怎样吸引人，但国家的需要就吸引人，今后翻译工作要有计划，如语文、社会科学、应用技术、文字等需要什么，我们都应该有全面的考察，然后每一方面开出一大篇目录来。（二）如何着手问题。哪些应该首先译，在成千成万种书里很难排列出一个次序来。但为了要用少数的人力做这样巨大的工作，必须解决这个问题，分别缓急，计算力量，订出计划来。（三）哪些书译出后应大量出版，哪些应少量出版的问题。哪些比较起来是少数人需要的书，印刷可以少一些，价钱可以贵一些，最大多数人需要的书，印刷可以多一些，价钱贱一些。（四）计划人力问题。首先要了解全国有多少能够从事翻译工作的人，他们能做哪方面的工作，哪些是专家，他们精通哪些种语言，长于哪方面学识。专门家是整个翻译工作的骨干力量，是翻译工作的模范。要同他们商量，取得他们的同意，规定一下他们的翻译工作内容。此外，还要了解不是专门家而具有普通翻译工作能力的人。他们不论翻译什么都可以翻译到一定的程度,经过修订整理后可以出版。这种人的数量要多些,这是翻译工作者的基本力量。要了解他们所熟悉的语言,所受的训练,研究怎样分配他们的任务。除现有人力外,还要计划怎样培养新的翻译人才。我们的翻译人力是不够的,需要相当长时期的培养,特别是把汉文译成其他文字的人才。如何训练培养翻译力量,一直到使他们成为专家,这一点也要订立计划。

上述问题都要计划,这是完全可能的。困难就在于人力,但经过大家商讨,把人力组织起来,理想是可以实现的。今天的翻译工作与过去不同,它不是个人的事业。今天中国的翻译工作者在开始工作时很多人都在考虑翻译某一本书在今天是否有意义。所以全国翻译工作者提出一个翻译工作计划是可能的。有人愿意有计划,但因没有时间,得不到方便,以致力不从心,不能完成计划。本会就要解决这个问题,使愿意贡献力量,对中国的文化事业抱有热情,而愿意译一些书的人,都能得到时间和其他的方便。必要时可以由出版总署甚而是政务院出面与其主管机关商量解决这些问题。

提高质量问题。过去有不少书质量好,在国际上比起来也毫无逊色。因此,提高质量是有可能的,可以用汉文把其他文字译得很好,我们已经有经验和证据证明可以译得好。过去的问题是译得好的少。大部分的书译得很粗糙;甚至可以说译得很粗暴。这个会就要讨论使译得不好的,变成为好的(虽然好坏的标准还要大家研究)。但是用什么方法呢?在过去二三十年当中不断有对翻译工作的缺点错误的批评、讥笑或劝告。但尽管如此,那些批评的对象仍在增加。由此可见,单靠挑剔指责不能解决问题，虽然今后还是需要有指责批评的工作。我们还要想其他办法，以保证有很多的错误的书不能出版。有人担心这样做是不是要减少翻译书的出版。其实这将会使书增加而非减少。因为许多应译而未译的书都要译出来，坏的变成好的书也要增多，只是不应该译的或坏的书减少了，比起来还是增加。而且书的流通量也会增加。这个会将订出办法，使出版界出版时、翻译界译书时有一个统一的制度，如书的选择、审查与校订等制度。如果研究得好，就能解决提高质量的问题。人人都可以把翻译工作做好，而不许做坏。要出版就得译好。要做到这一步，必须使校订制度成为必不可少的制度。权威者和专门家的翻译不经过校订也不能出版。资料、引证、统计、标点符号、文字都要经过审查。译名不统一，引证资料不合原文或前后不符的情况就会减少，出的书就会完满。翻译工作更需要这样做。过去多数情形是书译好就付印，今后要坐下来看一次或两次，然后再出版。这对翻译工作者是尊重而不是轻蔑。国家邀请专人来读他的原稿，表示对他工作的重视，翻译工作者应该欢迎这个办法。这样做可使大家来相信自己。互相校订会不会伤感情？互相校订是互相帮助，是友谊的表现。这是难得的同志感情，完全不必当心结果会变成吵架。翻译工作者既然承认是对人民负责的，就应有雅量接受批评。任何大人物如果不愿接受批评，那么大人物就要变成小人物了。翻译工作者的工作对精神生活的提高很有贡献。我们工作人员以展开批评与自我批评为道德标准。所以我们在这方面一定能成为模范。即使有困难，也不会太大。因为翻译工作者和校订者有对翻译工作的共同责任心。即使有时引起不同意见，而且可能被双方所坚持，但这种争吵在社会生活各方面几乎每天都会遇到，社会生活也不因此而停止，决不会造成不可克服的困难。质量的提高是一个重要的问题。从前鲁迅先生把不好的翻译工作比作烂苹果。有人说，可以把烂的地方削掉来吃。但是我们把烂苹果卖出去，读者是否买得起刀还是个问题。出版一本书，如果大体上无问题，而小的地方有问题，读者是很难辨别的。把削烂苹果的工作交给校订者更为适当。所以，我们现在不要让烂苹果上市。偶然有也是不得已。如果鲁迅先生的意见在过去是正确的，也不应在今天成为翻译工作者的护符，因为我们生长在新的国家里，它是对人民负责的。我们不应利用鲁迅先生的权威来为自己辩护。不如此，我们就和过去供给烂苹果，甚至连烂苹果也不给的国家没有分别了。现在读者对书的信仰提高了，如果有错误，读者不能辨别，不正确的知识就在读者中扩散。所以必须在出版时郑重，不使读者发生不必要的误会。今后要不犯错误，内容要精确，忠实于原文，又不要让人读着别扭。除了不犯错误外，还在语言上注意。我们很多各方面科学上的语汇都是依靠翻译工作得来的。翻译得好对语言有好的影响，翻译错误会使语言发生不良的影响，使中国语言更加混乱。例如，“不可被战胜的”，中国没有这种语法，但这种语法已经流行。只说“水可喝”，不能说“水不可被喝”。究竟何时可用“被”，何时不可用“被”，很难严格地说明。这样就会使学习中国语言发生困难。注意语言是提高翻译工作质量的一个方面。提高质量问题，从科学的严格性和语言的纯洁性上说，都是需要而且可能的。

提高质量要由大家讨论订出办法。这种办法公营出版社可以实行，但不一定能充分实行。例如，校订者能否找到，一般人都愿意搞翻译而不愿意校订。把校订者和翻译者的名字并列起来也不见得那么吸引人。找到校订者，译者是否满意还成问题。即使有人愿意作校订工作，是否和书的种类，与译者相称还成问题。文字姻缘要结合得美满，需要我们做探险工作。制度订得好，实行时也会有错误。校订者有时也会提出错误的修改意见，结果翻译者不高兴，会闹出一些喜剧和悲剧。但这些困难与可能发生的缺陷和错误，都是可以克服和避免的。动摇了决心是不对的。因为，怕困难，动摇了决心，只能使我们恢复到原来的状况。所以说，即使一路上不是那样引人入胜，我们还是要走这条路。争吵是不要紧的，有少的争吵可以减少更多的争吵。我们还是要照计划做。但会不会使翻译者丧失个性和自由呢？我们还是不反对翻译工作者的个性和自由。譬如，有一本书一位同志已经翻译了，或者决心要翻译，即使指定他在一九五三年出版，但也没有理由限制他不能在一九五二年出版。只要书是好的，译的人适当，我们还是欢迎的。翻译工作者，特别是专家，只要他不是只为赚钱而是为了国家的需要，译出的书就可出版。我们的需要很大，绝大多数翻译工作者也都尊重这种需要。翻译工作是辛苦的工作。译出的东西，只要没有错误和使人读得下去就可出版，我们虽然要求提高质量，但并不要求同一水平。

希望大会通过一种制度，把翻译工作者团结起来。但是这样做一定会有困难的。唯其有困难，才需要我们团结一致来克服它。实现我们的理想，把全世界应该译出来的书，在相当期间内都译出来，帮助国家的经济文化建设。庆祝大家在这个任务上胜利。

要加强地方报纸的评论工作

（一九五五年十一月二日在
报纸工作座谈会上的讲话摘要）

我要谈的是怎样加强报纸上的评论问题。

虽然去年中央关于改进报纸工作的决议里面，已经特别提出要加强评论工作这个问题。总的来说，一年来报纸在这方面的工作可能有些进步，但据我看，报纸上的评论还是很少，包括中央报纸——人民日报在内。这不只是指社论或者编辑部论文，也包括其他版面上其他样式的评论。

地方报纸自己的评论很少，但是人民日报的社论转载得很多。这可能是因为新华社把人民日报的很多社论都播发了，各报为了尊重人民日报起见，就都给登了出来。据我看来，转载这样多的人民日报的社论是不必要的。地方报纸要努力解决评论少的问题。这不是容易的，要经过很多的努力，要经过很长时期的努力。报纸要把这个工作当做经常的任务努力加强起来。

除了评论以外，报纸虽然还登其他的东西，那些东西也很重要，但无论怎么说，评论是报纸的灵魂、是报纸的主要声音。其他的东西虽然也是报纸的声音，但评论是它的主要的声音。

马克思曾经说过:我们共产主义者是批评者,我们要批评一切。党的报纸也是这样,它要批评一切。这个批评是从广义上说的。说好的也说坏的,对各种事情发表评论,这就是广义的批评。党所以要办报,就是因为要对各种事情发表党的意见,发表评论。所以党的报纸必须有评论,没有评论就不能算是报纸。报纸需要各种形式的评论,标出“评论”的是评论,没有标出来而内容带有评论性的也是评论。除了编辑部写的社论以外,还要有其他形式的评论,光是社论一种形式,不能完全解决评论的任务。人民日报从今年二月起,在二版和三版上搞了一点“花边文学”,可惜没有能够维持经常,现在时常断气。读者反映,这种形式的评论是好的。这说明除了社论以外,还可以有其他形式的评论。

希望各地方报纸能够创造各种形式的评论:长的、短的、一看就知道是评论的、一看不是而内容带有评论性质的。应当把评论的增加(当然是相当的范围之内)作为报纸进步的一种主要的指标。在制订计划和培养干部工作中都注意到这一点。

我们现在还没有找到这样的一种评论形式,即评论式的报道,也就是在作关于某一个地方的某一件事情的报道的时候,使这种报道带有评论性。如果这样的话,我们就可以每天用不大的篇幅,评论很多的事情。同时也可以使我们报纸的消息具有自己的特点。

现在许多报纸上都设了“在祖国某某省”(北京日报设有“我们祖国的首都”),或者“在祖国各地”等名目的消息栏。这是学习苏联真理报的经验得来的。这个办法很好,因为消息多，每条消息都标大标题很不经济，这样把许多消息放在一个固定的专栏里面，问题就解决了。这是指消息。我们还可以把这个经验用到别的方面去，比方运用到评论方面去。我在工人日报译印的苏联劳动报上曾经看到过这样的专栏，它用一个通栏的地位，登了四五条对工会、工厂、矿山的批评。我认为这个经验我们也可以学习。这样的专栏同读者来信栏是不同的。虽然我们读者来信栏的批评也很短，可是究竟它是读者的来信。我们的报纸也可以有这样的报道性评论专栏，用很少的文字对于地方上的事情加点“春秋”笔法。当然这种报道性的评论，议论不必太多，例如只写希望某某机关消除某种缺点，用三两句话来表示一种意见就行了。

我曾经向人民日报建议过利用这种形式来发表评论。这种方法的好处，首先是可以使评论容易产生，因为三言两语总比起长篇大论，写起来要容易些。再一个好处是可以在较小的篇幅里评论较多的问题，可以很好地利用报纸的篇幅。现在全国报纸的篇幅利用得是不经济的，可是大家并不觉得可惜。这可能是因为稿源还不够充裕。应当在稿源充足后，把一切不必要的东西都给删去，要把每篇稿子一字一句地去推敲，删到无可再删的程度。当然，这可能会引起作者的抗议。也许报社删得不适当，抗议是应该的；但是也许报社删得对，报社也可以反抗议。抗议来，抗议去，总会把文章缩短的。总之要尽可能地删短，要学会爱惜我们报纸的篇幅，使我们的读者感到满意，感到处处精彩而没有一点掺水的地方。要使读者打开我们的报纸，都感到美不胜收。更重要的是这样就可以用更少篇幅，评论更多的事情，使最大多数的读者得到最大限度满足。报纸本来是应当给各方面的读者作多方面服务的。现在的报纸不是篇幅少，而是利用得不经济。现在报纸上的题目实在太少了，文章太长了。长文章像一个大胖人那样，一个人一躺就把一张大床占得满满的。应当不让“胖人”上报。

报纸自己要有这样的责任感：就是对各种工作、各种事情都要加以干涉、加以督促。要使各种问题都能上报。问题上到报纸上来，就意味着报纸对这个问题的解决给予了督促。外国有一个记者曾经说过：“最好的批评就是赞扬。”我们不必把这话当做真理，但是我们总应该把好话、歹话放在一起说。评论里可以批评，也可以赞扬。报纸要评论的问题很多，所以除了社论之外，还要有四五百字或六七百字的小评论。这好比是在艺术领域里，除了有大戏、话剧、歌剧外，还要有活报、秧歌一样。如果我们的报纸每天从上到下（指横排的报纸）或从左到右（指直排的报纸）用通栏两栏地位，登上五个题目的小评论，那么一年就有一千八百多个题目出现在报纸上。这一两千个题目就代表了生活里的一两千个事件，就意味着报纸提出了实际生活里的一两千个问题，解决了一两千个新旧矛盾的斗争。对这一两千个问题来说，报纸就算尽到了自己的责任。这样做我认为是可能的。但是这样做究竟会有多少困难呢？还要在实践中才能证明。我建议各报都试着这样做，同人民日报来个比赛。总之，各报都把报道好事情的新闻，放在“在祖国各地”、“在祖国的某某省（某某市）”等专栏内，登在第一版上，这是应该的。那么能不能这样来考虑一下呢？就是在第二版上辟上那么瘦长的一栏，在这里发表评论性的消息。我想这是可以的。

除此以外，报纸的其他某些栏目的消息，也应当是带有评论色彩的。特别是像“在党的组织里”的栏目下，就不应该是单纯的消息。如果在这一栏里登这么一些消息，说是某某党校开学了，什么人做了报告，这有什么意义呢？这种没有表示报纸的意见的报道，是同党的生活的消息应有的性格不相符的。既然我们现在特别辟出“党的生活”、“在党的组织里”的专栏，发表在那里的文章和消息，就应该有更加鲜明的、使人一望而知的党性。所以发表的有关党的生活的材料的时候，应当表明党委机关报的意见。否则，只叙述某党校开学等等，那可能使人觉得是闲话，这种材料是不会引起人们的兴趣的。当然，关于我们报纸上党的生活的宣传，到现在还是一个没有解决的问题，报纸上这方面的材料还没有自己特有的性格。我看要加进相当评论的成分，才能使党的生活的消息具有自己的特点。除此以外，比如文化消息，也应当加进去相当分量的评论。这样，文化消息才会发生应有的作用。当然并不是说每条消息里一定都要有评论。还有许多消息是无需乎评论的。但是我想，除了国际消息以及其他一些要闻以外，都可加进适当评论，也就是说二、三版的消息都可以带有评论的色彩。

在通讯里面也可以有相当的评论。报社里能写通讯的人似乎比能写评论的人多，报纸上好的通讯比好的评论多。自然，不能要求所有的通讯都有评论。有些通讯之所以吸引人，并不在于它的评论。但是，除了纯粹纪事通讯以外，还可以有穿插着评论的通讯。这种通讯的整个结构还是通讯，也可以说是评论性的通讯。不过,在通讯里穿插评论这要看题目,不要机械地、刻板地不管什么通讯都要硬加进评论。比方,假使通讯里记叙的是某个地方的某种工作,那就有加以评论的较多机会。除了带有评论性的通讯以外,我们也需要有描写建设的热火朝天的通讯。现在这样的通讯,不是太多了,而是太少了。不过,也许就是在这样的场合,有时也可以有些评论,虽则不常常是这样。通讯里评论成分的加入,要做得非常适当。这种评论不应当是多余的。如果评论是多余的,那也应该毫不吝惜地删掉。通讯作者的饱满感情应当适当地加以表达,要使读者从通讯里能得到适当的启发,知道怎样去观察生活。

一九五五年三月二十四日的人民日报有过一篇关于天津红星工厂的文章。文章本来写好了,但这篇东西非常缺乏党的观点,只是无动于衷地把事情的经过陈述了一番。以后编辑部要这个记者重新回到天津,补充材料后再写一次,目的是要他能在文章里面表达作为党报工作者的感情,而不是写成一种公文。经过作者的努力之后,这篇通讯写得比较合乎要求了。后来,中央认为这篇文章写得很好,就把它印发给参加党的全国代表会议的代表们阅读。

通讯要写得有党的观点、党的感情,才能成其为党报的通讯。党报工作者不应该用无动于衷的态度去对待一个非常尖锐的事件,把它写成故宫里的档案那样的东西。人民日报就有过这样的例子。那就是一篇关于太原钢厂炼焦部压制批评事件的通讯。这篇通讯,对这样严重的压制批评的事件是无动于衷的,它没有鲜明的爱憎。说得不客气些,这篇通讯甚至比孔夫子著的“春秋”里的党性还要差一些，因为它没有表明党的立场，当然，这就不能给读者什么教育了。

有的同志担心，加强评论是不是会犯错误，是不是会使自己孤立起来？不会的。从种种方面，用种种方法来加强评论，是符合党的利益的。只要我们站在正确的立场，用正确的方法去做工作，去评论各种事情，就不会犯错误，就不会孤立。党报越是这样做，就越是能够帮助党。

评论加强了，报纸上说到的工作中的缺点就要多一些，所以，一定要注意好的东西和不好的东西在报纸篇幅上的平衡。如果一个报纸从头到尾都是批评缺点，虽然每个批评都是正确的，但它的综合就是不正确的了，因为它把我们的国家写成了一片黑暗，这就是不真实的。

我们不要把评论单纯地理解为批评，也不能仅仅了解为批评和表扬。评论比批评和表扬，在含义上要广泛得多。因为批评和表扬只是在判断的范围内才发生的，除了批评和表扬之外，评论里还有其他的东西，要求、建议、号召、督促等等，这都是评论的内容。

需要评论的范围、方面是很广阔的。题目多得很，不会没有东西可以评论。应当把报纸的评论加强起来。当然，要按照党的观点、党的要求，用适当的方法来评论。如果采取一些不适当的方法，提出一些不适当的要求，那是不好的。

其次，我要谈的是怎样写评论的问题。

有人说评论难产。前面所提的一些办法，可以帮助解决难产的问题。但要真正解决难产的问题，需要经过艰苦的劳动。这里我想先谈一谈评论中一些常常发生的缺点。

很多评论的题目都不够具体，所以评论的目的也不够具体。最常见的一种评论是：一开头说问题是如何重要；接着就是为了解决这方面问题，必须这样、应当那样，一、二、三、四；最后就是相信在党的领导下，一定如何如何等等。就是这些，也并非作者自己思想的产物，因为作者对这些事情也不甚明了，他只不过是把看到的文件和听到的报告搬了来或者是来了个改头换面。

我们不是为评论而评论，评论是为了解决群众提出的和迫切希望加以解决的问题，所以题目越具体越好。如果一个省报对每一个县的工作都作了评论，那就只能说明这个报纸的水平很高，也反映了省委的水平很高。

要讨论关于整个教育的问题，或关于整个节约的问题，题目就太大；要讨论某一个单位应如何节约，题目就具体些了。一般地说，一个运动或一项工作开始的时候，评论的题目可以大一些；以后就应当具体些。如果老是连篇累牍的泛论，说了半天，缺点在哪里，还是含含糊糊，弄不清楚，那就不解决问题。当然题目小了，也可以写得空洞的。

评论总是要提出具体的意见。苏联真理报的社论，就不是老谈大道理，而往往是开头谈大道理，在文章的三分之一处，就转到具体问题的讨论，例如指出某部的工作没有做好，某一个地方工作没有做好，等等。这样的评论，才是解决问题的评论。假如有人说，这样的评论并不能使每一个人都喜欢看，但这又有什么呢？评论并不是演戏，能使人人看了都有兴趣。我们的国家是复杂的，分工也是复杂的，不能要求每一篇社论都要照顾到各个方面；如果硬要这样照顾，反而会使人人都不喜欢看了。

报纸不能要求自己的评论是不朽的，而要有使评论和所指出的缺点“同归于尽”的精神。因为报纸是党的工具，是帮助党推动工作前进的。问题解决了，评论也就死亡了。鲁迅要求他的文章速朽，而不是不朽。他要求文章当中所指出的恶势力和坏现象，能够随同文章“同归于尽”。

前面说不着边际的泛论难写，但是也有些人就是好写不着边际的泛论。对于这些人，写这种八股文章是容易的，甚至已经做到了摇笔即来，似乎成了职业的专长。这种专长如果是报纸训练出来的，那么以后就不要再训练了，因为这种评论家是没有什么用的，是要失业的。

总起来说，我们的评论要言之有物，有的放矢。并不是不要原则，而是要原则同具体相结合，而且生动的东西要多一些。

毛主席批评我们的刊物不通俗、不生动，有一些生动的事情，经过作者一写就不生动了。

究竟评论要怎样才能写得生动呢？这是很难讲的。不过现在也可以就我自己的了解来谈一谈。首先，凡是文章都有结构，结构又不要平淡。农业喜欢平原，文章最好不要平原。画画也是这样。最近有些画画的人，喜欢画平原，结果上面是天，下面是地平线，即使在地面上摆上一些人，一些马，画不出多少变化来。文章的结构如果像平原一样，要写好也就困难了。但是现在大多数的文章就是平原——平铺直叙，很少变化，多是第一、第二、第三、第四……。这个一二三四还不是一级比一级高的四层楼梯，而往往只是在地平线上任意加的几条线。这样的文章就很难让人看得下去。

人是喜欢生动的。为什么这样呢?这牵涉到一个哲学问题,要由研究哲学的人来解释。我想人终归是动物,是喜欢生动的、喜欢变化的。文章怎样才能有变化?在于有正面的东西,又有反面的东西,有陈述的语气,又有疑问的语气。如果一篇文章从头到尾都是句号,恐怕就不是好文章。好比说书的人,他说书总要有悬念,有“欲知后事如何,且听下回分解”,才能吸引人。文章没有悬念,就平。海浪远看是平的,近看就不平。浪给了诗人很大的灵感。为什么呢?因为海浪汹涌澎湃,给予人一种生命激动的感觉。浪有高有低,当浪头从高处跌下的时候,就使人感到一种惊恐;接着又要看它继续发生的变化。不会写文章的人,就应当到有悬崖的海边去看看,看看自己的文章里有没有这种波浪、悬崖,有没有这种奔腾澎湃、冲激和激怒。

如果文章的每一句话,都是一样的腔调,那就可以起安眠药的作用了。这并不是说笑话。要安眠可以吃安眠药,也可以动用条件反射的作用。医院里已经在使用这种办法,他们用单调的潇潇的雨声,或者用单调的“的的的的……”的声音,好使病人能够安眠。有的文章就是起了这种安眠药的作用。这样的文章从头到尾都是陈述句,都是这样、那样的,老是“的的的的”的,像用来起条件反射的作用一样。

当然文章要写得好,不在于用句号多不多,也不在于用“的”不用“的”,而在于能不能提出问题,在于有没有感情。这和作者的为人很有关系。如果作者已经形同槁木,心如死灰,对事情无动于衷,那他就不会感到有提出问题的迫切性,就不能在文章里表现他的感情和激动。当然，这样的文章也就成了槁木，成了死灰。

这还不只是个写法和感情的问题，而且是个逻辑问题。写文章无非是要表明支持一些什么，反对一些什么，把矛盾展开在文章里，用正面的意见去批驳反面的意见。只有提出疑问，才能批驳。一篇文章，就是辩论，就应当设想是在同人辩论。这种辩论应当在逻辑上表现出来。文章平淡，就是没有反映出事物的全面——没有把事物的矛盾反映出来，这只能说明作者不准备去揭露矛盾，解决矛盾，因为作者只是反映了事物的一个片面，同事物的实际状态不一样。

总起来说，就是文章要有变化，有波澜，有辩论，有疑问，有批驳，有激动。没有这些，文章是不会好的。

文章不生动的另一个原因，是没有把抽象的东西同具体的东西适当地结合起来。这也说明作者没有反映出客观世界的丰富性。

任何事物都有本质和现象。本质是带规律性的，是抽象的；现象是具体的，形象的。任何东西都是这样。比如商品，就有这种二重性。《资本论》就是从分析商品的二重性开始的。只有全面反映出这种事物的两重性——反映本质，又反映现象，才是生动的，全面的。不能完整地反映事物的本质和现象，就是片面的。

好的文章应当是夹叙夹议的。不止是写评论，写通讯也应当这样。任何文章，如果没有具体的叙述，就不会是好文章。《资本论》就是这样的典范，它是彻底夹叙夹议。其中有事实，有形象，有分析，有议论，有讽刺，有攻击……。马克思列宁主义的其他经典著作，也都是这样的。

思想是抽象的过程。任何的议论，都是从具体的事物抽象出来的。作者要说服读者，就要提出它的结论的相当的根据（我说的是相当的根据，当然不可能是全部的根据），让读者享受这个抽象的过程。

人需要抽象的东西，也喜欢具体的东西。有的小学生要逃学，就是因为老师讲的是抽象的东西，觉得不生动，不是在演戏。戏是形象的，所以人们喜欢看戏。老师讲得再生动，也还不是演戏。当然光靠演戏不行，还必须把本质的东西告诉给读者。本质的东西是人们所必需的，所以小学生不上学不行。不过这也说明人们是喜欢具体的形象的东西。而现在的评论，常常是武断，只说必须这样，应当那样，但并没有把必须这样、那样的相当事实根据告诉给读者。这里说的事实根据，包括统计数字，但不止是统计数字，还要有具体的事实。当然事实也可以概括地抽象地叙述，但只是抽象的叙述往往是不够的。没有具体事实的评论，就是枯燥无味的。

当然不是说只要有了具体的东西，就可以写好了，要写好，终归还要加些艺术。

人的思维活动如果从根本上来分类，就有形象的思维和逻辑的思维。形象的思维是回忆、想象，逻辑的思维是判断、推理。艺术家靠形象的思维；科学家靠逻辑的思维。我们报纸工作人员不是艺术家，也不是科学家，不是写小说，也不是写科学论文，而是面对着广大的群众说话，写的是有关当前问题的评论，所以就要两样都有点——既要有形象的思维，又要有逻辑的思维；既要有抽象的说理，又要有具体的形象。

文章要生动，还要有特殊的味道，要有个性。味道是指能够引起读者兴趣的味道。怎样才能有味道？首先要把一句一句的话说得好，说得生动。前面讲的文章要有抽象的道理，又要有具体的事实等等，都要通过说话才能表现出来。

要引起读者的兴趣，当然首先要看所论述的问题本身怎么样，要使所论述的问题本身能引起读者的兴趣。但是假使问题能引起兴趣，这还不等于读者对你说的话有兴趣。要使人把你的文章一直读下去，就要把话说得有兴趣。话要说得有兴趣，无非要靠说得不平常，说得好。其中还要有些笑话，有些能引起读者特殊兴趣的话。做报告、讲演也是一样，一个人做报告如果不说些笑话，又一讲就是几个钟头，那就会显得很沉闷，就难免使听讲的人精神不集中。一个人的文章要使人看下去，就要准备多说些有兴趣的话。电影、戏剧所以能引起观众的兴趣，就是因为话说得生动，有滑稽、讽刺，有意想不到的效果。看戏如果看头就知尾，效果不是使人想不到的，那就没有味道。

中国有句老话，叫做“议论风生”。这句话就说得生动。这个“风”，当然不是大风，不是冬天的寒风，也不是夏天的热风，而像是夏天里用小电扇扇的风。这种风会把人吹得清醒起来，会使人感到舒服。我们写的文章里，也应当有这种小电扇，把人的瞌睡都扇走。

总之，文章要写得有兴味，不要老板起面孔说一些枯燥的话。要做到这样，是要下一番苦工夫的。要下这番苦工夫，要学会这种技巧！

好像有这样一种人，他们专爱说枯燥的话；话本不枯燥的，叫他一说就枯燥了。这种技巧要扔掉！

我们的评论，好的，都有一定的幽默。一年四季发表文章，没有一点幽默，是不好的。人民日报的评论就是这样。评论里真正的幽默是表现一个人有很高的逻辑的能力，能够把矛盾摆到一个很尖锐的位置上，使评论本身具有很强的说服力。文章有了幽默，有了讽刺，就能加强辩论的力量。幽默就是一种讽刺，当然幽默并不都是讽刺。

有人说，说话写文章有没有幽默，关乎一个人的脾气、个性，有一种人，就很严肃，不善于说笑话。这说法不对。列宁、毛主席应当是最严肃的了，但是他们还要尽量说得幽默。可见这不关乎什么脾气、个性，而在乎他是不是认识了幽默的意义和力量。如果认识到了，努力地去学习，就可以学得幽默。机智是培养出来的；把话说得幽默的能力也是可以培养出来的。

要把文章写得好，写得生动，就要下苦工夫，这是没有便宜可沾的。

不但文章要生动，题目也要生动；题目要生动，就要具体，有感情，甚至也可以有幽默，马克思著的《哲学的贫困》（批判蒲鲁东著的《贫困的哲学》）、列宁的《进一步，退两步》，这些题目，便都是很幽默的。鲁迅写的许多书的题目，像《三闲集》（影射有人说的“有闲”、有闲，第三个还是有闲）、《花边文学》等等，也都是很幽默的。当然不是什么题目都要幽默，这要看菜吃饭，量体裁衣。

文章要通顺，要通俗。地方报纸在这方面虽然有些进步，但还是很差。生动才容易通俗，不生动就不容易通俗。毛主席在编《怎样办农业生产合作社》这本书的时候，就把“在……时”，通通改成了“在……的时候”。人们说话都是这样说的。毛主席说我们有很多文章的语句还是半文言。

除了不通俗以外，还有一个不通顺的问题。要把文章写得通顺，这是一个很复杂的问题，要不断注意、努力，才能解决。就拿新华社发的消息来说吧，据我看，近来在这方面似乎反而有些退步了。地方报纸这几年虽然有些进步，但不通顺的东西还是很多。整个说来，书籍在这方面好一些，大概是因为出版社的时间比较宽裕，所以能把文字编得好一些；杂志在这方面就要差一些；报纸要更差些。所以减少文字的不通顺，报纸的责任最大，也可以说新华社、人民日报要负最大的责任，因为它们是起带头作用的。

为着把文字弄通顺，我们可以想很多办法。比如找一两个人专做文字编辑，专门修饰和检查文字。最好是所有的编辑工作人员，都有做文字编辑的条件，大家都注意文字通顺的问题。不过这里有这样一个问题，就是有些负主要责任的同志，常常只是把责任交代下去，告诉下面应该注意文字通顺，但他自己却不注意。写得通顺的文章，送到他那里，被他改上几笔，有时反而弄得不通顺了。这些人如果自己还没有学好，就应当放老实些，虚心地学一学。所以报纸总编辑、副总编辑要首先注意文字通顺的问题才好。

怎样写好文件

（一九五八年三月四日在
写文件方法座谈会上的讲话）

中央要我来讲一下写文件里面的一些问题，怎样能够实现毛主席在“工作方法六十条”里面提出的要求。先声明我讲不好，只是提些意见，作为参考资料。写文件和做工作差不多，叫个人来谈怎样把工作做好，也是很难的一件事。文章怎么叫好，怎么叫不好，里面道理很多，我知道得有限。如何使文章按中央的要求能够让人看下去，我想谈四个问题：

1. 对这个问题的看法、认识；

2. 准确性、鲜明性、生动性的问题；

3. 看条件：什么样文章，给什么人看，要求不同；

4. 怎么办？用什么方法，可以比较快地达到目的。

现在分别谈一下：

一、对这个问题的看法："工作方法六十条”中除三十七条专门讲这个问题外，还有三十二条、三十三条、三十六条、四十二条、四十三条、四十七条也讲到了这个问题。三十二条是说“开会的方法，应当是材料和观点的统一，把材料和观点割断，讲材料的时候没有观点，讲观点的时候没有材料，材料和观点互不联系，这是很坏的方法。只提出一大堆材料，不提出自己的观点，不说明赞成什么反对什么，这种方法更坏。”三十三条是说“要彼此有共同的语言，必须先有必要的共同的情报知识”。三十六条是说概念、判断的形成过程，推理的方法，就是调查和研究的过程。四十二条、四十三条是说学点文学、文法和逻辑。四十七条是说要培养“秀才”，“这些人要较多地懂得马克思主义，又有一定的文化水平、科学知识，词章修养”。这说明中央对这个问题是重视的。为什么要重视这个问题？应该从政治上来看，各部门特别是做经济工作的人，都要依靠党、依靠群众。各部门工作条件不一样，各部门对自己的业务比较熟悉，党和群众对这些就不那么熟悉。可是工作要依靠党、依靠群众，这就要向党和群众作宣传，使他了解，不了解就不能依靠，所以工作中要有文件、报告。要达到宣传的目的，就要讲究方法，使对方能够懂，要合乎三个要求：

一要引人看，要有好的介绍方法，要有吸引人的力量。毛主席常讲，文章的题目和头几句话很重要，首先头几句就给人家的印象不好，人家就不愿意看。不仅开头引人看，还要人家能够一口气看到底。

二要使人看得懂，人家看不懂或不完全懂，就看不下去，看下去了也难得动员他。似懂非懂，目的就达不到。

三要能说服人、打动人。如果看完了、看懂了，说服不了人，还是达不到目的。

道理是很明显的。当我们写文章的时候，总是以为自己的道理是对的，要使人家相信，要说服党和人民群众。我们不是要正确处理人民内部矛盾吗？正确处理人民内部矛盾，要采取说服的方法，而不能用强制的、压服的方法，写文件也是正确处理人民内部矛盾，我懂你不懂，就有了矛盾，就要处理，就要用道理说服人，不但说服人，还要能打动人，说服着重在理智方面，打动人除了理智方面还带有一点感情，使看的人真正被你动员起来。

文章如果不合乎上面三点要求，写了人家不看，不能说服人，打动人，文章就等于没有写，就达不到依靠党和群众的目的。我们做工作希望得到党委的同意和支持，但文章党委没有看，或者看了没有懂，党委就不能了解和赞助，群众就动员不起来，这样政府各部门的工作就会陷于孤立的状态。孤立无援，得不到党和群众的支持，就会犯错误，即使工作方针意见是正确的，也会犯错误，因为你脱离了党和群众。写文章一定要讲究方法，才能达到政治的目的。为了使党和群众了解和支持我们的工作，为了动员群众，这是个政治问题。这个问题不是主席这次的“六十条”才提出的，很早以前就再三提出过。例如毛主席一九四二年二月写的《反对党八股》，就深刻地论述过这个问题。这篇文章离现在已有十六年了。一九五一年二月，中央曾发出“中央关于纠正电报、报告、指示、决定等文字缺点的指示”。这个文件也是经毛主席修改定稿的。以后在《中国农村的社会主义高潮》一书的按语中又几次提到如何写好文章的问题。马克思主义看重这个问题是合理的。我们写的文章关系到国计民主，关系到让党早下决心，作出判断，作出决定，发动群众，使群众懂得各方面的利害，按照党的要求积极地去做。为要达到这些目的，就要认真注意，把文章写得好一些，这是一个政治问题，是中央一再强调的，无论马、恩、列、斯，都很注意这个问题。

二、准确性、鲜明性、生动性的问题。“工作方法六十条”中提出了这个要求。这个问题恐怕讲不好，我现在只能说一下对这个问题部分的看法。

（一）准确性的问题：这个问题在“六十条”中的三十七条已有了说明。“准确性属于概念、判断、推理问题，这些都是逻辑问题。现在许多文件的缺点是：第一、概念不明确；第二、判断不恰当；第三、使用概念和判断进行推理的时候又缺乏逻辑性；第四、不讲究词章。”概念、判断、推理是逻辑学上的三个名词。概念相当于词，判断相当于句，推理相当于两个以上的句子，如茶壶是个比较简单的概念，容易明了，容易准确，还有抽象的概念，如“多快好省”、“反冒进”就比较复杂，比较抽象。名词固然可作概念，形容词也可变为概念，转为名词，概念是客观存在的事物，“多快好省”是事物的状态，是客观存在的，概念是不是明确，要看我们说的话是否符合所代表的客观的东西，一句话可以代表好几个概念，代表的范围大小不同，这里指这个，那里指那个，完全不同或者部分不同。人的思想的基本的工具是概念，如基本建设离不了几样材料——概念就是基本的材料，无非是木材、钢材、水泥，一句话无非是概念组成的述语，肯定或否定，好或不好。“高速度”，究竟怎样才算高速度，是对什么东西说的，离开了一定的范围说高速度就不明确。

判断，有了几个概念就可以作判断，如茶壶需要大量生产，大量生产就是概念，这个概念，比较简单。再如每县搞发电厂，这就是个判断，县是抽象的，不一定代表哪个县，可以代表通县，也可以代表别的县，通县也还是个概念，搞发电厂也是个概念，要什么不要什么，什么对什么不对，这就是判断。判断对不对，就要看先后次序对不对，有没有条件，有没有可能。

推理就是从这一句话引导到那一句话，由第一句话引到第二句话，第一句与第二句之间的关系就是推理，有时两句话没有推理关系，但很多时候有推理关系，就譬如“六十条”中的三十七条所说的这一段话：“现在许多文件的缺点是：第一、概念不明确；第二、判断不恰当；第三、使用概念和判断进行推理的时候又缺乏逻辑性；第四、不讲究词章。看这种文件是一场大灾难，耗费精力又少有所得”。这就是推理。紧接着又说：“一定要改变这种不良的风气”。这也是推理，既然是大灾难，当然就要改变。下面是“作经济工作的同志在起草文件的时候，不但要注意准确性，还要注意鲜明性和生动性”。这也是推理，下面是“不要以为这只是语文教师的事情，大老爷用不着去管。重要的文件不要委托二把手、三把手写，要自己动手，或者合作起来做”。这也是推理，这里面有许多论证省略了，因为完全可以看懂，所以省略了。如要说得完全，大致是：既然这么重要，大老爷就用得着管，既然大老爷用得着管，无非是说二把手三把手不能完全解决问题，对问题不能完全熟悉，或者如果仅仅委托二把手三把手来搞，自己不来讲究这个问题，不来注意这个问题，自己的思想也就不能清楚……等等的意思。

关于准确性的问题，即概念、判断、推理的正确与否的问题。准确性包括两方面，一方面要看概念是不是明确，判断推理对不对，个别的简单的事情也有判断，看字句对不对，数目字是不是有错的，再来肯定或否定，或者是看推理对不对，这是形式逻辑里面讲的同一律、矛盾律、排中律、充足理由律的问题，我们出版了一批这样的书，有苏联人写的，也有中国人写的。比较薄的本子还不太难看，可以找来看看，看不懂也没有关系，看总比不看好。

还有一方面是比较大范围的事实的判断，涉及根本立场、方针、方法。涉及简单的问题是形式逻辑，涉及复杂的问题，就涉及马克思主义的理论，涉及历史唯物论、辩证法、阶级立场、社会主义立场等等。因为“六十条”在这个地方讲准确性，比较着重谈写文件，所以没有着重谈事物的主流、支流，没有谈九个指头和一个指头的问题，没有着重谈对大量事物的本质如何分析，因为别的地方已经讲得很多了。

搞文件，首先要基本立场、观点、方法正确，如果基本立场、观点、方法不对。即使有个别的判断推理是正确的，也不能挽救这一篇文章，使其由错误的变成正确的。这是要注意的根本性的问题。方法首先要分析正面反面，挑出矛盾的主要方面，分析矛盾的两个主要的侧面，是根本的方法。至于每句话的判断、推理的关系，也是逻辑，属于形式逻辑。

总之，写文章首先要讲辩证法，同时还要讲形式逻辑，两样东西并用。

（二）关于鲜明性，可以从两方面来说：

1. 观点和材料的统一。写文件与写小说剧本不同，鲜明性的要求不同，关键是观点要突出。写文章无论是对上、对下、对内、对外，都是为了宣传一个观点，观点是个判断，是推理来的，推理是从材料来的。所以，要鲜明首先要看观点和材料是否统一。如果观点和材料不统一，就像毛主席在“工作方法六十条”的第三十二条中说的：“把材料和观点割断，讲材料的时候没有观点，讲观点的时候没有材料，材料和观点互不联系，这是很坏的方法。只提出一大堆材料，不提出自己的观点，不说明赞成什么反对什么，这种方法更坏。”写文章用材料是为了说明观点，文章写出来叫人家看不清楚，就是不鲜明，就是材料和观点没有联系好，每个观点应该接着有事实作证明，不能证明观点的事实就不要用。每个论点有论据，这是推理问题，从鲜明性来说，观点和论据要摆得合适。一个建筑要有材料，有结构，整个建筑还有设计。写文章和盖房子一样，要看如何布局、设计，是否经济、合理、实用。观点和材料隔绝了，就像工厂的车间和原料离得很远，甚至中间隔了一道墙一样。如果说有些文章材料、观点互不联系，也是冤枉，他自己可能以为材料和观点联系了，但是离得太远了，太啰嗦了，或者不清楚，材料就不能说明观点，观点和材料，结论和论据要紧密结合起来。中国关于写文章有句老话：“夹叙夹议”。议就是观点，叙就是材料。事实和观点要安排好，一段话要说明一个观点，要有相当的材料来证明这个观点，这段话就鲜明，看起来就干净。如果一段话只有很多观点，或者事实很多，没有观点，看了以后就迷失方向，不知道要作什么。所以，观点和材料的统一是首要的关键。

主席提出两个文件，一是少奇同志给中央的信，一是广西的报告。如少奇同志写给中央的信，为什么看起来很清楚，因为他提出的观点都有事实作证据，事实也是为了说明几个观点。一个是说红薯好吃,有事实。一个是说红薯是高产作物,对解决当前粮食问题大有帮助。现在有什么问题?河北省需要向外销的问题,这个问题不但是河北省的问题,是全国的问题,要向全国推广,难于调运和保存的说法是不正确的。这就是夹叙夹议,做到了观点和材料的统一。材料和观点要统一不难做到,只要有意识地注意就不难。人的观点不论正确的不正确的都是事实的反映。写文章无非是为了说明观点,要使人相信这个观点,就要讲些事实,不管这些事实讲得是否周到、全面、正确。一个观点正是从事实中来的,需要我们特别注意。所以说,材料和观点的统一不难做到。

2. 只做到材料和观点统一还不够,观点还要突出,不突出即不能鲜明。街上马路旁边有很多广告,我们首先看到的广告总是突出的,或者是因为它特别大,地位突出,或者因为它色彩鲜明,或者用的画引人注目,等等。一篇文章总的要求,要解决什么问题。毛主席常讲,一个政治家要善于打起旗帜。旗帜就是个纲领,要有鲜明的纲领。旗帜很高,面很大,色彩很鲜明,一下子把群众结合起来,例如我们常讲在马列主义旗帜下,在共产主义旗帜下,在和平旗帜下等。一篇文章有个基本观点,总的要求,它在文章中就要像一面旗帜一样,主要观点鲜明,提得突出。如果你的论点想拿出来,又不想拿出来,吞吞吐吐,文章就不会鲜明。

有总纲还要有目,纲是提起网来的那根总绳,网还有许多眼,有句成语,“纲举目张”。一篇文章要鲜明就要做到纲举目张。整篇文章、旗帜拿出来了,有大的论点还有小的论点,大小论点要互相联系,排列要醒目,这很要紧。哪些是纲,哪些是目，目与目之间的排列，层次要清楚，条理要清晰。比如，一个大问题下面有三个小题目，为什么这个小题目摆在第一，那个摆在第二、第三，道理要很清楚。并且，段落要分明，我们现在常有的毛病是一段话写得太长，观点太多，看起来不清楚，即便清楚看起来也容易疲劳。一篇文章分为好多小段，这是节省看文件人的脑力的好办法。看完一段知道这是个小结，是一个观点，下面又是一个观点，帮助人在精神上有所准备。一段最好说一个思想，如果一两个小问题统一起来还只是一个思想也可以。一篇文章是个大的思想观点，每一段是个小的思想观点，要尽量避免把两个互不统一的观点放在一个段落里。并且段落与段落之间前后要能贯穿，这就像基本建设设计一样，有个布局，这个车间与那个车间，厂长办公室，道路的布局要很清楚。全篇文章的思想观点、大纲小目的关系准确，段落分明，前后能贯穿，这些都是帮助观点突出的办法。

我们提出问题，要有背景来证明观点，证明观点的事实材料也要有背景。不要脱离背景，要注意背景。黑字写在白纸上，白纸即是背景，能比较才可看得清楚，黑字写在黑纸上、白字写在白纸上就都看不清楚。事物都是互相联系的，要了解事物，必须从联系中去了解，从背景中去了解，孤立地提出一个论点，提出一个事实，看的人就不会了解。毛主席说，香花是和毒草对照的，真、善、美是和假、恶、丑对照的。我们提出一个指标，看一个工厂的生产怎样，没有背景，速度的快慢就看不清楚，背景就是把现在和过去、将来比较。只有将现在和过去、将来比较（纵的比较），这个部与那个部、这个省与那个省，中国和外国比较（横的比较），才能看出问题来，看出是落后还是先进，这就是提出了矛盾。任何事情都有这样一个问题，正面的意见要有反面的意见衬托，便于考虑有哪些反对意见，为什么是不正确的。有时我们写文章，话都说了，可是人家看不懂，为什么呢？常常就是因为没有背景，没有衬托，没有比较。观点要有背景，事实也要有背景，现在的表格比较注意了，有绝对数，还有相对数，还有百分比，就容易比较，看起来比较明白。表格搞起来比较容易，数目字大家也记不了那么多。写文章也应该像列表格一样，要有相当的背景，文章的背景当然不能像表格那样公式化、千篇一律，要看什么事，给什么背景。说明事实的重要，单是本身事实不能说明，要说这件事做了帮助了什么，不做妨碍了什么，这也是背景。从前，毛主席在延安讲话介绍了一种方法，叫古今中外法，当然不是什么都讲古今中外，有横的比较，有纵的比较，可以放在古今历史背景上看，放在中外世界背景上看，和古比不一定几千年前，和去年比也是古，和中外比不一定和外国比，这个部和那个部、这个厂和那个厂也是比较。除此，相关的、相反的方面联系起来讲，从纵的方面、横的方面比较，也可以使观点突出。

要把观点突出，要鲜明，除了要有布局、有背景外，还要有辩论。

毛主席在反对党八股的文章中讲了好多。提出一个问题，无非是赞成什么，反对什么，赞成要讲出充分的理由，对反对的意见要加以反驳，有个针锋相对的比较就容易鲜明。要反驳就要讲很多道理，道理要使人信服，理由要充足。还要有比较尖锐的形式，注意适当的尖锐形式和加强语气，这样可以使观点突出。如少奇同志给中央的信中说："我认为中央应当告诉粮食部，对这个问题在全国范围内作一个统一的安排。”前面讲红薯如何……，如果没有辩论还不那么鲜明，下面就有辩论。“过去粮食部的同志说，红薯难于调运和保存，不能制面，这些意见是不正确或者不完全正确的。”这几句话里可看出有了辩论而且加强了语气。

为使观点突出，还要注意文字形式上的问题。一是标题。有的可以不要标题，向中央的报告，可以不要标题，因为不需要那么鼓动，只要把道理讲清楚就行了。向群众宣传、发表文章，标题就很重要。毛主席多次批评人民日报不讲究标题。任何文章都要讲究标题，好文章没有好标题不行，报纸上那么多文章，谁知哪篇好，当然要先看标题，标题好的就吸引住人，引起人的兴趣。有时一篇文章内容记不清了，但记得标题，人民日报有篇元旦社论，内容大家不一定记得了，但是都知道是“乘风破浪”。可见标题很重要。其次是导语，导语是报纸上用的，逻辑讲叫作论题，导语和论题都应放在文章的前面。叙述一件事情，讲个道理，要将要点放在前面，讲个道理要把结论放在前面，不是按照三段论式，大前提、小前提、结论，而是先结论，然后前提。叙述不是先怎样、后怎样、最后怎样，而是最后怎样，再事前怎样。当然写小说不能把结论放在前面，那样就没有人看了。我们大家都在工作，不同于看小说，大家都很忙，要解决问题。毛主席常讲一个故事，在北京有一位叫邵飘萍的记者，讲新闻学的导语，给他印象很深。如写一个某处失火的消息，说某天下午有个老太婆生火做饭不小心，街上出了事出去了，没当心，火花跑出来，过了一小时烧了起来，半小时后救火队来了，最后才知道损失了多少。如果没有导语这个新闻就要这样写，如果有导语，应当先说：哪天哪条街失了火，损失多大，烧了多少房子，死了多少人，这是人们最注意的，至于那个老太婆姓张、姓李，如何烧起来的等等，不是人们注意的，要寻根究底再往下看。红楼梦有一章回目是：村姥姥信口开河，情哥哥寻根究底。先要信口开河，也才好寻根究底。我们要把要点、结论放在前面，当然不是所有文章都适合这样，但大多数需要这样做，否则就不突出。先提出结论然后再围绕结论展开讨论，这就叫做醒目。可以叫做倒悬，就是叫人紧张。写文章要叫人紧张，结论放在前面，论据放在后面，这就是倒悬的姿势，就会引人注意。写文章要把结果放在最前面，把压轴戏放在前面，不像写小说，也不像演戏，我们是办事情，要开门见山。还有，末了的结论还要收得好。总之，标题、文章的开头，每一段的开头很重要。

（三）关于生动性。写小说容易生动，也可以写得不生动。写文件要生动，不生动人家不愿意看，但不能像普通文学作品那样办。要生动就是要在抽象的论述中加些不抽象的东西，可以增加生动性。纯粹抽象的，像算术题似的，一道道列下去，怎样也不会生动，因为全部是抽象的。我们讨论工作本来是比较抽象的东西，讲的道理、列举的数目字是抽象的，可以穿插一些具体人、具体单位、具体事实，这样文章就可以不那么沉闷。如报纸上发表的湖北省委关于红安县委搞试验田的经验的报告，也可以换另一种写法，光报告搞试验田，道理虽然也可以讲清楚，但不生动，湖北的报告中间加些具体的事情，就很生动了。乡里人到县里要见干部，干部开始说是“没有时间”，等到“有时间”，又说，“下班了”。以后城里干部下乡,乡里人也说,“没有时间”。等了一会,他也说,“我下班了”!引了这么件事就大为生动。还提到干部穿着鞋袜,在田岸上“检查生产”,社员骂了他一顿,说“摇摇摆摆像个相公,莫把田埂子踩塌了”!单这句话还不够,又问:“你骂谁?”社员说:“我骂你!”然后再加上县委副书记说:“骂得对”!有这样的对话,印象就很深刻。这是典型环境中的典型性格。人物选得好,话也很生动。典型选得好,一穿插就很生动。单讲道理,报告就减色,动员时作用也就没有这么大。加些具体事实,并且要具体到形象化的程度。广西省委一月给中央的报告,中央的批语写道:“广西省委这个报告写得很好,情况交代得清楚,道理说得明白而正确,文字生动而简练,使人看了还想再看。望各地各部门学习用这样的方法来写经验总结报告。”这个批语是少奇同志写的,送主席,主席又加了一句:“我们希望有成百万的干部看到这篇好文章。”为什么这是篇好文章,看了还想再看?就是他引了很多农民和干部的话,而且引的这些话很生动。如果去掉这些话就不会那么生动。

文章尽管是讨论工作,但应该有感情,提倡什么、促进什么要有感情,反对什么,也要有感情,当然不是专门发挥感情,感情用事,但显不出一点感情来也不好。中央对湖北省委关于红安县搞试验田的报告的批示,原来拟的稿子只是一般的写了一下,说这个报告很好,发给各地参照等,受到主席尖锐的批评,说是党八股,没有一点感情,是官样文章,不痛不痒。如果一篇文章较长,没有点问号和感叹号,就会枯燥一些,感情的变化就不大,就不大生动。最后,文字上要讲究些修辞,话要通俗,难懂的话要少用,非用不可时要加以解释。

文章要有些情绪，如正面反面对照，引用两句古话，增加些色彩，格式有些变化，要有些曲折、波澜。让文章生动只有这些方法不够，但注意了这些，就比较会使文章写得生动一些。

三、关于条件。刚才所说的这些，不见得正确，也不是什么都可以这样办，还要看对象。对象分两方面，一是给什么人看，二是写什么题目。还要看时间、地点和条件。有个例子，在南宁会议的时候，王鹤寿同志写了发展钢铁工业的材料，然后十八个部门同样写了发展计划，有表格、数字、说明，鹤寿同志写的比其他部门不见得更生动、鲜明，差不多，就是因为对象不同，条件不同。钢铁工业中央很注意，早就酝酿，已谈过多次，对这个问题相当熟悉，细节中央已经知道了，只是全貌还不大了解，鹤寿同志的文件有全貌，有背景，有同外国比较，有大、中、小比较就够了。其他题目，过去中央没有怎么讨论和研究，因此，从一个表上的确不易看懂。这里同时也说明一般看表格是比较困难的，写报告要多用些文字，少用些表格。有的报告的内容不可能有那么多的形象，如第二个五年计划中，铁路怎么发展，要搞那么多形象化就不好办，不是长篇报告，引具体人，讲什么话也困难，所以不是什么都可以写得像湖北、广西的报告那样。但如何叫人看起来有兴趣，能够看完、看懂，方法还是可以捉摸的。文章写得长，写得短，写得详细，写得简单，要加解释，不要加解释，要看人家了解的程度，什么文字要多加工，什么可以少加工，要看对象。如人代大会上的报告一般要少用难懂的话，人家提出来还得解释。从前有一句诗写杨贵妃的姐姐“虢国夫人”是“淡扫蛾眉朝至尊”。

因为唐明皇很宠幸她，他们常来常往，就可以这样。什么可以“淡扫蛾眉”，什么要多作梳妆打扮，要看对象。我们写东西是为了给人看，给什么人看，要使人看下去，应该捉摸一下，要因人、因事、因地制宜。文章的话是对群众讲的，对这部分群众还是对那部分群众，是给干部讲的，是给中央写的，文章应该不同。

四、怎么办？中央对各部写文件提出了许多要求，今后应当如何改进？我看也要全面规划，加强领导。“六十条”提出要培养秀才，要搞个计划，定下人来，定下时间。计划看些什么东西，加以讨论。把过去写的文件，哪些是好的，哪些是坏的，讨论一下，党组书记主持开会不能多，但可开几次，全面规划，几次检查，年终评比。找几个人成立个小组，订个计划，一年讨论几次，中央经常提出一些写得好的文章，也批评一些写得坏的文章，自己写过的文件也可拿来讨论、比较，研究典型。“六十条”提出抓两头带中间，这是马克思主义的工作方法。好的典型很多，毛主席写了很多文章、电报可以作为我们学习的典型。我们抓住写得好的和不好的两头，就可以带动中间。主要讨论两种典型。也可以参考一些书。“工作方法六十条”中已提出，学点文学，学点文法和逻辑。有些文法和逻辑书，能认真看最好，如果没有兴趣，也的确比较枯燥，看不太懂，浏览一下也可以，看一遍有个印象也有好处。还是以讨论两种典型为主，参考书为辅，组织个小组，一年认真讨论几次。大家都写文章，部长写，司局长也写，可以分开几个组，也可以有大组小组，如果一年能检查四次，我看大有希望，世界不是不可知的，客观世界是可以认识的，是可以改变的，写文章是客观实践的过程,它的内在规律是可以掌握的。至于是否能运用自如,那是另外的问题。只要加强领导、订出规则,中央对我们的要求是可以实现的。

谈民间文学工作

（一九六四年四月与民间文学研究所同志的谈话）

一、民间文学的记录，现在是记录文学的东西多些，至于民歌、民间故事实际流传的情况怎样，例如民歌是怎样唱的，在什么情况下唱，谁唱的，怎样流传的，这方面材料比较少见。

《民间文学》上过去发表评论，提出大的原则问题多一些，有关了解作品的民俗学方面的材料发表的很少。这种记录，过去做搜集工作的同志没有很注意。而这些材料是很有价值的。看一部民间故事、民歌集，可是不知道在什么情况下产生的，就等于看《诗经》一样。《诗经》由于当时没有记录这方面的材料，所以被后人作了种种曲解。过去的作品需要注出这种说明，才能使人了解。这些材料，我们今天不去记录，以后的人也就更不能知道。民间文学的研究，实际上与民俗学分不开的。我们很难设想把它们分开；分开了，人们就不易看清它的性质。比如明清民歌，我们就不容易弄清是不是都是民歌，是什么地方的民歌，流传的范围怎样，等等。现在我们搜集民歌，情况比以前不同了，但缺少说明，也不能使人正确地理解作品。民歌有的虽然写的是男女对唱，实际上是不是真是男女对唱的，民歌手是些什么人，这些都是很重要的历史材料。袁水拍曾说,他记得小时候听到过养蚕的人唱民歌,是年纪比较大的妇女在养蚕、缫丝时唱;唱歌的人都是女的,男的一进去,她们就不唱了。在云南,情况就不相同,每到晚上,男男女女一块唱歌。福建、广西都是这样。广西有“歌圩”的风俗,很盛行。关于“歌圩”虽有记载,但无准确、完备的记载。这方面的材料,我希望转告搜集歌谣的同志注意。刊登这些材料,对于了解歌谣有很大帮助,可以帮助我们判断它的性质。旧社会有种种特殊情况,我们要记录下来。甘肃人民出版社出版的《花儿》编得还好,我很感兴趣,但这方面的材料也没有记载。前言中有一些介绍,也比较简单。作品选得还好,如莲花山庙会,有情歌对唱,庙会是男女彼此对唱的机会,可是我发生了一个疑问:回族人在男女婚姻关系上很封建,男女能否对唱花儿呢?这些情歌表现的感情相当真诚,不像广东特别是粤东的某些情歌,表现男女爱情以金钱为转移。例如有很多歌中所说的男女爱情大概都是非法的。但非法到什么程度却不得而知。这种民歌所反映的男女关系是什么关系,最好能说明。这类男女的结合,一般往往最后总是两个人一跑了之。有的是,女的总是说要杀就杀,要剐就剐,反正她不变心。大概是没有结婚的妇女,与男的爱上以后,不愿嫁给别人,要坚持爱情。有的是,男的也许已结婚,也许没结婚,也许双方断了关系,过了一些时候又恢复了关系。双方的结合,不合旧社会的婚姻关系的法律。比较起来,这些作品比较真实。但这些我们只能是猜想。编者对民歌的背景应有所说明。要作这种说明不太容易,需要花些力量,把作品流传情况的真相记录下来。

民歌还有一个唱法问题。民歌中多数是有音乐的；也有的没有音乐，有简单的调子，不定型的调子，或者是儿歌。儿歌、民谣，这种情况更多一些。在这方面也应有相当的说明。这本书（指《花儿》）引起我很大兴趣。这些都是临夏花儿。与全国汉族的歌谣不同处，是它们有一个特点：接近新诗。我不知道何其芳同志看到这些花儿没有，他要看到了我想一定很高兴。何其芳同志所说的三个字结尾、两个字结尾，有固定的规格，这些民歌里就是这样。第二、第四句是两个字结尾，从这本书里选的民歌看，这种民歌是很特别的。我发现了这种情况很高兴。中国民歌，《诗经》是四言，现在怎么一下变成七言的？是不是中间没有其他体裁？从《花儿》里可以看到诗歌形式的某些变化。我们出的民歌集，最好有音乐上的说明。现在搜集民歌，从音乐观点搜集的人，只搜集曲调，不注意歌词，往往记不全；从文学观点搜集的人，不注意记曲调，也有不会记曲调的。能同时记曲、词的人很少。最好民研会与音协合作，你们进行调查，他们最好参加。一首民歌，有曲和词，好像一个铜板的两面，也是不能分开的。民研会也可邀请他们合作。

民间故事究竟在什么情况下面流传的，这也是一个很有兴趣的问题，我在儿童时就听说过很多故事。我那时能听到很多民间故事，可是我的孩子就听不到了。那时候，老年人肚子里的故事很多，到晚上，一讲两个钟头，讲得很有兴味，不觉疲乏。现在有说新故事的，提倡说新故事，是一个方面；把老故事怎样记录下来，从科学观点说，是很有意义的，值得记录的。《民间文学》上发表的故事，记录得很简单，甚至谁讲的也不写明。这么一来,真假分不清楚。工作要求做得精细一些,认真一些。

民歌还有这种情况:伴随着跳舞,或有其他活动。云南的少数民族,常常男男女女唱到夜里,还三三两两出现,有的唱着相跟到树林子里去了。如果把这些情况记录下来,是非常宝贵的材料。如果不记录这些,只记录了歌词,就仅是文学的东西而已。还有比这更带有民俗学成分的,如风俗歌、礼俗歌。礼俗歌中,关于婚礼的歌,在什么情况下唱什么歌,有的地区是有一定的,如举行婚礼时怎么唱,挂帐子的时候怎么唱,铺毡子的时候怎么唱,等等。北方的秧歌也有一定的风俗,总是有一些人结合起来,有一定的组织,有一些工具。有的是娱乐的性质,也有兼带谋生活的性质的。苏北有一种花鼓,就很惨。唱两三句,人家给他一块饼;为多要一块饼,就多唱几句;主人如果不给他,他就会在唱中骂起来。这种情况已超过了礼俗的范围,但都跟一定的民俗相联结。

五四时代的歌谣研究会,记录民俗比较多。现在,搜集工作着眼在文学多,民俗的记录少了。民间文学和民俗学没法子割开,它们本身就是一个东西,民歌中有各类的民歌,有民俗性质的,有技术性质的,有仪式性质的,不止要把文学记录下来,还要记下来围绕它的东西。有些材料可能不适于在刊物上发表,也可搞一种内部的东西。因为这是一种历史。一种科学。而且老年人死了,就记不下来了。现在的社会变化很大,我们要记录新的,也要记录旧的,这是千载一时的机会,现在不记录,将来就不容易了。这是民俗方面的问题、音乐方面的问题。流传、表演的方式、方法,都要记录下来才好。

二、现在民歌出版得很多。解放以后，民间文学搜集工作成绩很大，尤其是民间文艺研究会的工作有很大成绩。我非常高兴。可是把历年出版的集子排在一起，就可以看出：有些地区、有些方面出得多些，有的地区、有些方面没有。云南大学有一些同志有兴趣，他们做得多些，贵州、广西、西藏也搜集得较多，新疆就少些。新疆维吾尔族和其他很多民族都会唱歌。可是解放了十几年，搜集得太少了。如果民研会的力量少，可以通过中宣部，请新疆领导上注意这个工作。不但是新疆，如果画个地图看看就可看出非常不平衡。自从毛主席提倡搜集民歌以后，各省都出版了一些。但各省都是一阵风，没有持久的工作。希望将来由文化部用行政方法使搜集工作持久地做下去，不至成为一阵风。现在各省搜集出版的书、材料，不能说是使人很满意。把汉族搜集的与少数民族搜集的相比较，汉族的就差多了。汉族地区，过去李景汉等人编的《定县秧歌选》，是有价值的。可惜这种工作后来没有人做了。其中有些作品，或变成曲艺，或变成戏曲。变成曲艺时改得很多，甚至连作品的面貌都改变了。从演出的观点来看，改是好的；但从科学观点说，不用改。记录保存，要保存原来的东西。民间文学要防止这一点。现在有的作品加工太厉害。这样改过的作品究竟是不是民歌呢？加工可以加好，也可以加坏。这项工作究竟怎样做，的确是一个问题。在延安的时候搜集陕北民歌，后来是搜集东北民歌，那时工作做得比较仔细。这个工作我们怎样继续下去要注意。有一些民歌可以整理出版。公开出版不适宜的也可内部出版。使做研究工作的人得到需要的材料。

工作要把面铺开,希望搞一个规划。民研会只有二十七八个人,少一些。像云南,依靠云南大学,也是一种方法。别的大学,如复旦大学也很注意。不用另设编制。利用各大学的中文系也是个办法,可想想这种办法。当然对他们不能要求太高,但也不无小补。

三、关于民间文学研究工作。在我们的刊物上,这种研究还是需要的,就是历史性的研究。过去北新书局出版的《呆女婿的故事》,一部分还可选。徐文长的故事,糟粕比较多一些,例如开玩笑,做损人利己的事,等等,但是不是就不搜集了?如果不搜集,将来就没有徐文长的故事了。还有解学士的故事,以及各种神童的故事,都可以搜集。解学士的故事,江苏有"将父作马,望子成龙"的故事,仔细推敲,也可以说它有封建的东西,但历史上的东西这是免不了的。"望子成龙"不一定真要儿子作皇帝,不过是非常希望儿子发达。这些方面,还是要搜集,因为作为历史科学去研究,不能抹煞这些。没有这些,就不能进行系统的、科学的研究,不能全面地认识民间文学。像孟姜女的故事,梁山伯与祝英台的故事,各地就有,都可以搜集。

民间文学的研究,比较历史研究法还是要承认的。要作一种历史的研究。一部分民歌、民间故事,没有特殊意义;一部分神话、童话,的确有很古很古的历史。可以追溯到原始时代。虽然有些学者有些附会,但不能说完全是附会。有些神话后来变成了民间的东西,实际上本来是自然方面的东西,其中有超自然的东西。如同语言的比较研究一样,比较历史研究法可以帮助我们研究历史。民间故事的演变,雷同是有的。

民间故事的分布表示文化流传的路线。也有一种特殊的表示居民迁徙的痕迹。这些对研究历史是有价值的。现在人少，从事研究的少，过去研究的人现在又不研究了。这些还是要研究，像顾颉刚的孟姜女故事演变的研究，还是有价值的。他的材料不完全，解释可能不准确，但故事的演变可能是事实。民间故事由一个地方流传到另一个地方，由一个国家流传到另一个国家，这是有的，如阿凡提的故事，就流传在不同国家，同样的民间故事，中国有，离中国很远的国家也有，不应轻易武断，拿一两条根据推断，但的确可以研究。从民歌、民间故事中看出人民对反动统治者的愚弄、反抗，一目了然。这比较容易，主题是男女的忠贞爱情，一目了然，也比较容易；如进行大规模的科学研究，就不那么容易。

我们的任务很多。记录、表演新的很重要，可是研究历史，还是要研究的，如同我们要革命，历史还是要研究。研究有比较简单的方面，如语汇规律、形式、体裁。这些比较容易。这方面的研究，现在因为人少，进行得也比较少。

四、其他

新的民间故事，应该是口头流传的，而且是在相当范围内流传。如果没有这个条件，不能说是民间故事。说故事，稍接近民间文学形式，电影故事也能说，却不是民间故事。如果从一本书改头换面，如现在有人说《红岩》，如果没有创造性的加工，也不能算民间故事。民间文学为社会主义服务不易解决，像历史怎样为社会主义服务一样。研究民间文艺是研究已经存在的民间文艺，不能把将要成为民间文艺的东西当成民间文艺。可以提倡，但不能肯定它的地位，不能强加于人。

民间文学要为农村服务的确不大容易，旧作品恐怕要改造，有些作品要直接服务会有困难。可以考虑另外出一个农村故事或《民间文学》农村版。本子薄，字大点，作品经过挑选，不限于农村，出普通版，城市工人也可以看。

毛主席对民间文学很感兴趣。但他要求比较严格。他能背诵一些民歌(汉族的)。对歌颂他的，他不看，当然也不是完全不看，有些艺术上好的作品，他也会看的。主席欣赏的水平很高，不是名字叫民歌就满足了。他认为《红旗歌谣》选得不精，水分太多，现在的民歌，搜集得少，选的质量也不高。

甘肃的《花儿》，我建议重版一下，选入你们的丛书。

我的这些愿望，如果可取，也并非容易实行。

对出版几种青年读物的意见

（一九六五年五月十二日与
中国青年出版社同志的谈话纪要）

一、关于《伟大的国际主义战士——白求恩》一书的编辑

毛主席的著作在群众中影响最大的是《纪念白求恩》、《为人民服务》、《愚公移山》等几篇。许多学毛主席著作的模范都是学这几篇文章开始的。一年多前，在中宣部图书室看到《白求恩纪念册》，我很高兴，当时就和出版处的同志商量要编一本白求恩的书。

白求恩自己写的文章，要选用一些。《在冀中四个月的工作报告》枯燥一些，还有比这更生动的文章。

白求恩在晋察冀模范医院成立大会上的演讲，热情洋溢，总的精神很好。如他说："倘使在前方作战的同志们问我们：'你们在抗日战争中干了些什么？'我们回答：'我们在医治伤病员。'他们也许要接着问：'你们的工作做得好吗？'我们说：'我们在尽我们的力量。'但是，最后这个问题我们得在心里仔细想想的——我们确实是在尽我们最大的力量吗？"这些话，无论对哪个岗位上的人都有教育意义。这就是主席说的极端负责的精神。又如他说："你必须把每个病人看作是你的兄

弟，你的父亲。因为实在说，他们比父亲兄弟还要亲切些——他是你的同志。”这话也很动人。这篇讲话很强调技术，因为他是医生。总的精神是好的，不妥当的地方可以删。删后内容还很完整。我们强调超英赶美说的也是技术方面。向日本人学习技术，这话还是正确的。“向敌人学习”，主席也经常讲这个话。

白求恩演讲中还表扬了两个中国同志，特别他提到政治指导员。表明他不是普通的医生，是很尊重政治干部，关心政治的，是共产党员的态度。

白求恩写的《游击战争中师野战医院的组织和技术》一书的自序，也可以发表。备战时期，让青年懂得游击战争环境下，因陋就简的战地医疗情况，很有好处。

白求恩在延安见了毛主席后，有一篇日记，很有价值，可以放在他遗作部分的第一篇。

这样，发表他的遗作共四篇：日记一则；演讲一篇；工作报告一份；白求恩著作的自序一篇。编的方法要改变。可分上下辑，把别人写的回忆文章作为上辑；白求恩遗作四篇作下辑，另加一篇序言，一篇附录。请你们考虑。

二、关于学习毛主席著作辅导读物的出版

学习毛主席著作的辅导读物，你们订了计划，很好。希望有这样一套书。甲种本也可以搞一套辅导读物。先搞乙种本的辅导读物。学毛主席著作的模范人物很多，有关他们的学习成果和事迹要及时组织出版。也许有的人过一时期不成为模范了，也不要紧。只要随时注意，再版时抽掉就行。我在养病时，帮助招待所的同志学毛选，发现天津出版的一本学毛选经验的小册子，第二册的头一篇文章《毛主席给了我一双明亮的‘眼睛’》很好。作者是瞎子。他先是用右手摸盲文学毛选，后来，右手坏了，用左手摸，仍然坚持学毛选。开始，左手没有感觉，但他还是顽强地克服困难学习，文章很动人，给人影响很深。许多人看了说："他那么困难，还顽强地学，我们眼很好，不好好学，太不应该了。"解放军报上，中国青年报上经常有学毛选的动人材料，除了雷锋等人的经验外，还可以挑一些青年人学毛选的材料。当然，要有选择，要经过适当的调查。总之可以多出一点，但要谨慎一点。

有的好文章可以收编。上面说的天津出版的文章，流传不广，也难买到。如中国青年出版社出版，影响会大些。可以征得天津同意，转载，表示一下感谢就可以。应该表示感谢，但我们好像没有这个习惯。

另外，总政编的"毛主席语录"很受欢迎。但未公开，买不到。文化低的同志，先学语录有方便处。如公开出，可考虑增订。中国青年出版社出版比人民出版社出版好一些。可请团中央研究，向中央请示。

学毛选的心得，按主席的文章，一篇一篇地组织，有些是可能的，如学白求恩的心得；有些不行。有的心得不光是学一篇文章中得来的。如孙乐义的心得是《纪念白求恩》、《为人民服务》两篇文章，放在哪一篇文章的心得中好呢？所以，不要勉强，不要套框框，要按实际办事。先搜集材料，实践中解决矛盾，不要削足适履。

马列的语录也希望编一些出版。我的孩子上大学了，阅读《共产党宣言》全文不大理解。《国家与革命》中的许多名言都不知道。“学习、学习、再学习”这话也不知道出处。希望能编一本语录。

三、关于备战的宣传

可以把红军、八路军、解放军的英雄、光荣传统编一些书出版。如“好八连”,“硬骨头六连”,“三大纪律八项注意”,“三八作风”等。战士都是青年,中国青年出版社应该出一些这样的书。上海出了一套解放军政治工作丛书,其实人民出版社可以出。这套书作为一般青年读物还差一些,较重于总结经验,由上而下的。具体描写的东西,青年就容易理解。可以同总政联系,适应当前需要,出版一些。

《青年英雄的故事》很好。这是重于写人的。还可以从多方面搞,如写各种战斗岗位,各种困难环境。如通讯兵、运输兵、后勤、炊事员等,方面很广。要教育青年,为了祖国的需要,任何工作都应该做好。有个纪录影片《战地炊烟》,写一个中学生当骑兵,克服许多困难,成为好骑手。很好,但没有文字的东西,可以同总政联系用文字写出来,这类书方面很广,要认真、积极地在较短时间内抓一抓。

还有民兵,过去出书较少,很需要。新民兵老民兵可以分开出。

活的英雄也可以宣传,自己写战斗回忆录,话不好多讲,别人写也可以,有的人自己也不会写。可由《中国青年》、《解放军文艺》先发表,后出集子。其他人物,虽非英雄但战斗出色的也可以写。给群众增加实践经验,让人知道战地生活怎样,行军、防空、打游击又是怎样。

总之,要多方面宣传备战:各种人物,各种工作任务,各种场面。

四、关于编辑作风

给青年的读物要更多注意注解和解释工作。很多人遇到不认识的字，跳过去了，下次还是不认识。“独有英雄驱虎豹，更无豪杰怕熊罴”，这个“罴”字，连我的秘书也不认识，不知道是什么动物，就需要加注，多做这方面的工作。白求恩稿中的“锰剥水”连我也不知道，问了两个医生，也不大清楚。那怎么叫青年看懂？吴晗同志主编的地理小丛书注意这一点。千万不要放过这些地方，这就是毛主席说的极端负责精神。

新诗要在继承自己的传统中提高

（一九七九年一月十四日在诗歌创作座谈会上的讲话）

现在很多同志都提出要打破“禁区”。在党的中央工作会议、三中全会上，着重提出要解放思想。我想对于新诗的工作，这也是很重要的一条。

我所说的就是要打破“禁区”。我认为，新诗是有成绩的，不是没有成绩的。就我所知道的，毛主席对新诗是有过兴趣的，是注意过的。我举一个确实的证明：他在一次跟我谈话时曾经谈起冯雪峰，他对冯后来一些见解、表现是不满意的。我曾经向他推荐过《回忆鲁迅》这本书。毛主席看了；看了以后说，这本书水太多了，实在的东西不多。在这前后，他和我讲，冯雪峰在青年时候写的《湖畔》，最初的版本不是写得非常好吗？为什么现在写的文章这么别别扭扭的？写《湖畔》那时的精神到什么地方去了？实在说，我那时还没看过《湖畔》这本诗集。我在朱自清的《诗选》里读过冯雪峰早期的诗。后来我在旧书店里买到一本《湖畔》。看了以后，觉得《湖畔》确实是一本很好的诗集。在新诗初期，里面确实有很多很好的作品。有些作品直到现在还是新诗历史上很可宝贵的财产。确实有一些很好的。不但有很纯朴的感情，很热烈的感情，而且也有相当优美的表现形式。大家可以相信,我说的这话完全是确实的。这就证明,毛主席第一他是看过一些新诗,而且第二他认为新诗是有成绩的。如果认为新诗没有成绩,那么,他就不可能跟我说这样的话。他就认为《湖畔》是很好的诗。

应该说,在中国新诗的历史上,跟《湖畔》有相等的价值、比《湖畔》有更高的价值的诗集多的是。所以我认为,不能讲新诗搞了多年没有任何成绩。本来,要说新诗的成绩,要从实际出发,不能从任何权威人物的评判出发。评判,要拿实践来检验。确实,毛主席在延安时候,很注意新诗。不过,以后毛主席对新诗是表现了相当的失望,这是事实,可是就在这时,毛主席在很长时间还是肯定新诗,不愿意肯定旧诗。所以,就在写《沁园春·雪》这首词的时候,毛主席不愿发表。不久以前,《新民晚报》的赵超构同志说了这个经过,毛主席是不愿发表的,后来在《诗刊》上发表毛主席的诗词,毛主席就说,诗歌应以新诗为主。我认为这是毛主席的基本论断,至少是代表了毛主席的基本论断。

新诗是有成绩的。这个成绩,是客观存在。这个成绩在每个人的心目中造成的印象是不一样的,这是必然的。首先,新诗没有普及到那么一种程度,到现在还是少数人看。不要说每个人都看,就是大多数人看,或者多数人看,都很难说。这样一来,有许多好的作品没有能跟读者结合起来。所以,评论新诗的人也就很难作出公正判断。除非他对新诗确实不管是什么一种体裁,什么流派都看,看得很多,有研究;这样,这种评判才能是可靠的、公正的。希望大家不必因毛主席说过一些不利于新诗的话,就觉得有什么困难,感到一种压抑,或感到一种迷惘。完全不需要采取这种态度。

新诗的成绩从什么时候算起？就拿刚才说的毛主席说的这个例子，那么，新诗的成绩就应从开始有新诗的时候算起。《湖畔》不是延安文艺座谈会以后的作品，可是毛主席就肯定了这个作品。这也说明，新文学运动的历史，当然就要从最早的新文学作品（不管哪种体裁的作品）开始出现时算起。我们没有理由把新文学从一九四二年算起。就是无产阶级的新文学，也不能从一九四二年算起。这样算法不合乎客观实际，这样写出的历史，不能完整地反映新文学运动，包括无产阶级文学运动的历史。无产阶级文学运动以前的新文学，它仍然是新文学；它仍然是区别于旧文学；它仍然是中国新文学史上的划时代的大事。不能因后来有无产阶级新文学的崛起而抹煞新文学运动的功劳。在这方面，毛主席在《新民主主义论》里，以及在其他的一些著作里，也都讲得很清楚。新文化运动包括新文学运动，是同"五四"运动联系在一起的。我们说，新诗运动也应是这样。

从有新诗历史以来，产生过很多的诗人。今天在座的就有很多位，像谢冰心同志，像冯至同志，像卞之琳同志，像艾青同志以及其他许多同志。我没有准备，不能一一提到，随便举几位来说。当然，郭沫若同志，还有其他许多同志，都是中国新诗的大诗人、大作家。他们对于新诗的领域、感情的领域，对新诗题材的扩大、主题的扩大、各种形式的探索，都作了非常重大的贡献。今天不是来讨论新诗历史的时候，这个会没有这个任务；我也没有企图完成这个任务。提到这个问题，不仅为了说明新诗是有成绩的，而且承认这个成就，对于新诗的发展有非常大的关系。什么非常大的关系呢？我们现在的新诗经历过很多发展阶段，出现很多流派，出现很多不同的风格；各个流派、各个风格、各种体裁的作家，对于新诗的艺术，都作出了贡献，都作出了很大的贡献。离开这些贡献，来发展新诗，能不能这样设想呢？我认为不能这样设想，不应该这样做。如果这样做，那我们就会遇到非常大的困难，我们就会徘徊不前，我们就会落在时代的后面，我们就会脱离群众。为什么？因为新诗如果不承认自己的传统，要提高是不可想象的。不承认在自己的传统里面已经得到的成就，那么，新诗的艺术的提高，是不能想象的。不能从零开始，我们的基础不是零。如果我们从零开始，而且不断从零开始的话，那么就真有变成零的危险。我们已经有了很多的先驱者，做了开头的工作，做了拓荒的工作，付出了非常辛勤的劳动。这些劳动如果一笔抹煞，采取虚无主义的态度加以否认，这是非常简单；或者说在一首诗里找出一句话两句话，或者把这些诗的题目加以统计，证明这些诗人是脱离时代的，他们是根本与人民大众没有丝毫的关系的，他们表达的是什么感情……如果是这样，说起来是很容易。要知道，要创造一个新的文体，像诗歌这样的领域，要摆脱中国几千年的各种各样的旧诗体，在那个范围以外创造一种新的诗体出来，这是非常艰苦的工作，这不是很容易的事情。我们决不能把过去的诗人所做的劳动任意贬低。

不仅新诗的形式，各种各样形式的新诗都需要认真研究。这些诗的主题、题材，这些诗里表达的感情，也不能一笔抹煞；也不能说这些都是资产阶级的感情，这些都是剥削阶级的感情，或者这些都是颓废派的感情，都是个人主义的感情。

毫无疑问，这些是有的，有这些感情，应当分析。可是不能轻易地、大刀阔斧地、来一笔抹煞了事。如果我们采取这种态度，新诗的发展就会遇到困难；而且已经遇到困难。现在就是这样。因为我们根本不承认二十年来中国新诗走的道路，在这里积累的非常宝贵的经验。那么正好，我们每个人说从零开始，这是不行的，这是一种夸大。从自己开始或从自己所接近的、所接触的作品开始，开步走，这是一种很大的不幸。这是我们今天新诗为什么不能像其他艺术形式，在解放后发展得那么快的一个原因。当然，其他形式也不是发展那么快的，这是比较来说，这是个很重要的原因。这是我个人的看法。

诗，要成为诗，要为群众所接受，为群众所喜爱，这是很不容易的。不是有这种愿望，有这种热情，不是仅仅就这样自己坚持努力奋斗所能做到的。历史上无论什么伟大的诗人，也还是从比他更早的诗人学习了很多。我们的新诗，不仅要学习过去的新诗人的作品（这部分作品究竟有限）；还需要学习中国历史上几千年伟大诗人的作品；还需要学习世界各国诗歌的伟大作品。这样才能得到丰富的营养。那么，我们才能创作出真正的珍珠般的诗篇。这种作品，使人百读不厌；不需任何人去鼓吹，它就会在人民中间流传，也禁止不了。还有，例如说要有强烈的感情；当然从一个方面来说诗歌并不单是感情。这个问题比较复杂，一下子说不清楚。

诗歌包含很多因素。这些因素的一种非常和谐的、非常巧妙的结合，使读者读后得到各个方面都满足的享受；这是一种非常高超的艺术，这不是随便可以做到的。古代的诗人，同外国的诗人，留下来的作品，名家的作品，解放后出版介绍方面做出很大功绩（可惜后来受到很大挫折）。把这些都加起来，可以作为我们营养的来源。营养的来源当然不能代替最重要的生活的来源。生活是最主要的来源。可是，其他方面的营养也是绝对不能缺少的。仅有生活是不能产生诗歌的，就如同仅有生活，不能产生剧本，不能产生小说一样；仅有生活也不能产生机器，一定要有科学。那么，文学艺术的各个部类也是一样。科学是从生活发生出来的，就如同树木是在地上从土壤中生长出来的，但树并不是土壤。所以，我们过去对于新诗的传统的忽略、对新诗的成就的否定，对新诗是一个很大的打击，很大的损失。因为有很多古代的诗人，外国的诗人，要把他们的遗产变成我们今天诗人的营养，要消化这种食物，要有特殊的胃口，要经过特殊消化的过程。并不是所有的人都有这种消化的器官，这是事实。所以新诗的传统，对新诗学习者是特别宝贵的。因为，它是可以直接吸收，直接帮助我们的。

我在不久前，看到报上介绍《于无声处》作者的谈话。他说，早就想写剧本，他总没有写成，直到打倒“四人帮”以后，他有机会看到曹禺同志的《雷雨》，然后，他就觉得他能够写这剧本了。这是一个很明显的事实。有了生活，有了素材，有了激情，可是怎么样表达，怎么样构思，才能达到作者预期的效果，这条路不是很容易走的。如果曹禺同志的《雷雨》帮助了《于无声处》的产生，那么，同样可想到“五四”以来的很多新诗。那些新诗大部分在解放后没有出版，而且很难看到，很少有人评论介绍。不讨论新诗的艺术，新诗的形式、技巧；新诗的形式虽然曾有过讨论，但变成了纯粹的技术问题的讨论，脱离了诗的内容，这样一来，对写诗的人是不会有多少帮助的。

我最近读到曹禺同志的《王昭君》。从前读他翻译的《柔米欧与幽丽叶》，已经知道曹禺同志是有诗歌才能；在《王昭君》剧本里，我才发现曹禺同志他不仅在剧本里、戏剧里表现了诗，还在剧本里实际写了诗。有各种各样体裁的诗。我不是提倡大家都来学习《王昭君》剧本中所采取的诗的体裁。不同的题目，所要表现不同的境界，要求不同的形式。这种形式要在作者手中运用自如，确实需要掌握各种各样的形式。可以说，我们现在的诗人手中所能掌握的形式是太少了，以至于他就干脆写旧体诗。实在说，有许多旧体诗，写得是不成熟的，不成功的，可是他也要去写。因为在新诗的范围中，能锻炼一个诗人的艺术的地盘是太小了。

《诗刊》里面的诗我读得很少，很难作出什么评判，没有发言权。但也读到不少好诗。比如李瑛同志写的关于群众悼念周总理逝世送灵柩那首诗，就是很好的一篇。其他还有好多的诗篇，已在群众中广泛地流行了。

不过总的说来，我们对现在诗的艺术的锤炼要求太低了。锤炼是太少了，平淡的话是太多了，有时使人觉得啰嗦。诗和散文的界限也太少了。这样就妨碍了诗的提高，也妨碍了诗在群众中的威信。这是一个矛盾，如果这方面要求得太高，可能会使很多人觉得这样难写，那样难写。不是不让大家写，只有在练习中间不断地提高。这是一个方面，同时还有另外一个方面：如果不注意到我们今天新诗的提高，他即使有人民的生活，人民的感情，但他提炼得不好，表达得不完美，那么它即使在一个时期在群众中得到相当程度的流传，也是不容易长期存在下去的。历史上留存下来的诗，虽然不少，但总的说来还是不多。因为人民是要选择的，实践是要选择的，历史是要选择的。历史在这里也要作许多无情的淘汰；这种淘汰，是有标准的，不是哪一个个人作淘汰，而是整个群众经常地、历史地在那里淘汰。所以希望我们今天的新诗歌能提高水平，这样就可以使得将来我们的作品更经得起时间的淘汰，更经得起广大群众，直到我们的后代长时间的选择。

我想要说的，说来说去就是这个意思，就是说我们的新诗是有传统的，我们的新诗是有成绩的。我们要肯定这些成绩，我们要在已经有的成绩里面学习，我们不能否定我们的成绩。决不能从零开始，如果从零开始，那就顶多得到一，不会得到十；从一开始，顶多得到二，甚至于不能得到二；从一开始，可能变成零点五。所以我们必须要对新诗已经取得的成就，十分地尊重，认真地研究。

新诗的这些发展，新诗的这些创作，不是偶然存在的、偶然流传下来的。它们所作的贡献，如果视而不见，把它唾弃，那只是说明我们自己犯了错误。

今年是“五四”六十周年，我们很希望在这样的年份里，能够把我们六十年的诗歌历史认真地研究一下。希望过去写得好的一些大诗人的作品能够重新出版。可以稍微有些选择，但也不必选择得太严。比方说闻一多的诗，可以出他的全集，或者说可以出他的某一个诗集。这也许是我个人的偏见。我想，像卞之琳同志的《十年诗草》，像冯至同志的《十四行集》，都值得出版。假如我们今天的中国的新诗人，连这些诗都没有读过，都没有研究过，都没有刻苦地研究过的话，我们的新诗的水平怎么会提高呢？现实的成绩摆在我们的面前，我们完全不管，那么怎能一下子就跳到很高的地方去呢？当然，像《王贵与李香香》这样的作品，它也同样已成为我们新诗歌的经典作品。还有其他的同类作品。这些作品，需要重新出版，需要讲解，需要评论，需要把这些诗的艺术造诣加以宣传。如果不作宣传，不仅一般读者，甚至一般的作者都不容易掌握。当然，刚才说的，并不是说这些作品，都要模仿；不是这个意思，我们都应当掌握这些财富，掌握这些财富，不等于把这些财富都通通背在身上。如果我们不掌握这些财富，两手空空地去创造，这样困难就会多得多。我们今天建设社会主义，我们要实现四个现代化，我们不是还要从外国"引进"吗？如果说我们一切都是自己创造，不要说二十世纪末叶，就是三十世纪末叶，我们也不能实现现代化。不能说通通依靠自己的创造，这种想法不是马克思主义。前人的实践为什么不是实践呢？为什么只有自己的实践才是实践呢？我们说的实践是广义的。只有把这种广义的实践，结合今天人民的需要、自己的感受、自己新的感情、新的思想，这样，我们的新诗就会不断地得到新的生命、新的发展。

我相信，在我们今天的条件下面，在"百花齐放，百家争鸣"的空气里面，在党和人民的支持下，我们的新诗必然会繁荣昌盛！

如何把握中国当代文学史的研究对象

（一九七九年八月二十九日与中国社会科学院文学研究所同志的谈话）

首先，我认为文学史研究的对象是文学创作的有重要意义的成果，而不是成果形成过程中这样那样的临时性的政治事件（不包括积极的社会变革，这种变革的影响是长期的），这些政治事件对于文学的影响是客观事实，但是这些影响也是临时性的，它们不能产生甚至也很少影响有重要意义的文学成果，这是更重要的客观事实。文学史家首先要把这些真正重要的事实从那些千变万化的现象中区别出来。确实，一些临时性的政治事件会影响到作家，甚至也可能影响某些临时性的作品，但是极少影响到那些值得写进文学史的有重要文学价值的作品。影响作家的传记，这在作家的传记部分需要说一些，但也不需要说太多，这不是因为我对作家的遭遇没有同情，而是因为文学史究竟不是作家的传记集。比方我们写新中国三十年的科学史，虽然内容不多，总还有些内容。那么是否要将科学院成立、谁当了学部委员、谁在什么会议上做了报告，通过什么决议，农业纲要的讨论，一些建设项目上马下马，大跃进，这口号那口号，这批判那批判，直到“文化大革命”，统统写到科学史中去呢？我认为不需要。如果写成这样的科学史公之于世，哪一个科学家有兴趣看呢？世界上的科学史都不会这样写。与唐山地震有关的政治事件如写到科学史里去，这反映新中国的哪一种科学成就呢？世界上的科学家和普通读者读科学史关心的是科学本身的发展，而不是与科学有关的社会政治事件，也不是科学管理史。也许有一部分人对管理的兴味大于对科学的兴味，他们需要读一种科学管理史，但这也必须先把管理放在正确的位置上并客观地研究其演变和规律，才有成书的希望（这种书编得再好，也不能与科学史混为一谈），否则就有可能把反科学、反管理、反历史的东西拼凑出一种毫无价值的废料。至于宗教裁判史，可以成为社会史文化史宗教史的史料，但不能成为科学史。裁判中间没有科学，也产生不出科学。哲学史也是如此。新中国三十年中间哲学研究除哲学史研究外没有什么值得论述的发展，因此就写不出什么哲学史。围绕哲学的论争、批判很不少，但是不可能用那些构成哲学史。

再如一个国家的经济史，要说到这个国家的工业发展、技术水平、管理水平、劳动生产率以及农业、商业、外贸等。至于要说到某个工厂某个银行如何修建起来的，某个工厂厂长的个人生活变迁如何，写起来就得一百卷本，甚至一百卷本也不写这些，普通的经济史不需要这样写。写经济史只能以经济发展的实际成果和变化为对象。当然经济史的作家可以因个人的兴趣、目的、表现方法的差别，使作品有所不同，但不管怎样总是以经济发展的实际成果和变化为研究对象。经济史不是经济学说史或政府的经济政策史，如果一些言谈够不上经济学说或经济政策，那就连经济学说史或经济政策史也列不进了。

文学史同样要以文学作品为对象。文学成品指在社会上发表过并得到社会上的一定评价的文学作品。如果只有手稿，没有发表过，没有发生过社会影响，就不能成为文学史的对象。文学史家讲到这个作家时只能在注解说明听说他还有什么手稿。

文学史免不了涉及作家的历史。但文学史不能成为作家的传记集，不是每个作家的活动史。例如托尔斯泰一生有很多活动，他除了文学活动外，还有宗教、教育等活动，晚年还主持过乌托邦式的活动，这都是他的传记材料的重要组成部分。但一般的俄国文学史就不详细讲托尔斯泰文学创作以外的其他活动。我们不能认为文学史不写这些是错的。相反，这是对的。又如肖伯纳和威尔斯晚年都投过英国共产党的票。这在英国文学史上就难写。共产主义文学史家可能要写一笔，别的文学史家就不大会写。因为这不是文学活动，也没有影响到他们的文学著作。

同样，在法国，左拉曾经在“德莱菲斯事件”中挺身出来反抗反动政治。这事对左拉生平很有意义，在文学史上需要写几句，但也不能花费很多篇幅评论这些事，文学史主要还是要讲他的作品。又如罗曼·罗兰和巴比塞在欧战结束后的争论当时很有意义，引人注意。但争的不是文艺问题。这种情况在文学史中如需要提到，也不能成为重要的题目。

一个作家，他的遭遇不管如何叫人同情，但如没有值得一提的作品，在文学史上便没有地位。鲁迅说的“空头文学家”，那总还是写了几篇文章的，但毕竟摆脱不了空头文学家的地位，不管他曾在文坛上如何登龙，如何大闹天宫，总不能写进文学史，写了便成为秽史。文学家在文学史上的地位，必须与他的文学著作成果（包括量与质）成比例，不能与别的任何东西成比例。把不应该注意的事情列到文学史中去，文学史便会失去它的品格。

以上说的是作家个人的情况。对于整个文学也是如此。两次世界大战对各国文学影响很大，但是文学史所关心的还是两次战争期间出了哪些作品，或关于两次战争出了哪些作品，而不能多说战争对于各个作家产生的个人生活上的影响。作家对于战争的态度，如果不是表现于作品并且是重要的作品，那文学史也就不大会写。事实上我们尽管当时很注意，事后也就很少理会了。豪普特曼和佛郎士欧战时都拥护过本国的政策，现在我们难道能根据这一点来评定他们在文学史上的地位吗？

文学史提到政治，只能在政治影响到文学成品的范围来谈。文学史不是报纸或文艺新闻。一般报纸离不开每天的政治。文学史则不然。文学史中谈到政治对文学的影响，首先要有科学的了解和判断，无论是正面的还是反面的影响，都要有科学的判断。至于政治上的影响，什么能写到文学史中去，这是要另外研究的问题。政治家对作家的帮助、谈话，是否就成为文学史的对象呢？我认为，除非对于极重要的作品发生了极重要的影响，一般不能。否则文学史就会变成文学琐闻史。中国的唐诗记事和很多诗话中充满了这些琐闻或琐谈，但是不能成为文学史。

以上说的都是一些常识。世界各国的文学史基本上都是根据这样的原则来写的。

文学史有它的特定范围,尽管在这范围中,各个文学史家会有观点、材料取舍、表达方式等方面的差异,但对象是相同的,大致的方法不会有太大的变化。这是一种科学,如同物理学不管怎样编写,它的对象总是相同的一样。对文学史的范围与对象要研究,不要为时代潮流或临时的气氛所左右,要有独立的严肃的科学态度。不能春天有春天的文学史,夏天有夏天的文学史。

其次,谈谈政治与文学的关系。

文学是上层建筑,政治也是上层建筑。但两者性质不同,任务也不同,社会作用和作用的方式都完全不一样,两者不能混为一谈。有人说,文学是手段,政治是目的,我认为它们的关系决没有这样简单。革命的最后目的表现为经济和文化(人民的物质生活和文化生活),从这个意义上说,政治只是手段而不是终极的目的。这是完全可以理解的,在一定意义上是必要的。但也不能把这个事实绝对化。无论在什么历史时期,伟大的文学艺术作品都不仅仅是政治的手段。政治必然影响文学,但如认为政治能够或应当决定文学的发展,那就是政治史观而不是唯物史观了。我们当然可以写政治史如何影响文学史的专著,但是一般的文学史并不是这样的专著,它只需要写到适当的程度,而不需要超过这种程度。文学史并不因此就脱离了政治。我们的文学史有一定的政治观点,一定的社会历史观点,这是一。我们在说到作家的重要作品时,不能不说到每一部作品的思想政治意义，这是二。因此，文学史不会因为忽视临时性的政治事件而脱离政治。我不相信现在有这种危险，相反，倒是有文学淹没在政治史中的危险。这不是可能性，而是现实。

我相信上层建筑和经济基础都是有客观规律性的。我们对生产力的规律容易承认，对生产关系的规律性也能接受，而对上层建筑的客观规律性就有很多人不承认。有些热衷于发号施令的人就认为发号施令能改变一切，有权力就可决定一切，以为他一发号施令即使不能改变工农业（其实也能改变工农业），起码可以改变上层建筑。上层建筑、生产关系以及生产力当然会因而发生这样那样的变化，但这并不说明生产力、生产关系的客观规律或上层建筑的客观规律不起作用，并不意味着权力可以为所欲为。政治对文学的影响也是如此。这种影响有其客观的局限，决非随心所欲。文学史当然也可以详细叙述政治对文学的各种影响及其局限，但是我想这与其说是文学史的任务，不如说是政治史或文化史的任务。

当代文学史，这是政治干涉文艺相当多的时期。这是客观事实。但是在一切客观事实中，我认为，对于文学史最有意义的客观事实恰恰是主要的文学作品成果都并非这种干涉的结果。粗暴的干涉不会造成作品，我想可以说没有造成任何一部值得写入文学史的作品，只是造成了许多作品和作家的各种不幸。写文学史，我们不能从这里面去找灵感。解放以来出版的好作品很多，这是社会主义社会优越性的合乎规律的表现，而任何优秀的作品都不是指挥棒造出来的或批判出来的。种种批判、种种运动，在文学生活的实际经历（这不等于文学史)上发生过各种影响是一回事,当代文学的主要成果的产生是另外一回事。这不是贬低这些批判,许多批判是合理的,或有其合理内核的,而是尊重客观事实。《保卫延安》、《红旗谱》、《创业史》是怎么产生出来的?难道是哪一次批判产生出来的吗?对建国以来的作家作品(当然是值得写进文学史的作家作品)要作认真的研究,这才是文学史工作者的大事。如果注意力放在每年发生什么事件,以事件来划分文学史的阶段,那就过于着重或夸大政治编年史的影响了。这样做,主观上即使是想纠正某些错误的批判,实际上反而是向它们投降,承认它们有它们所不可能有的作用。我们对非文学的因素的力量不能估计过高。写文学史不能感情用事。文学史家不能是感情家。政治上的各种因素表面上造成各种纷扰,影响作家作品的生产,但它不能构成文学的主流。总之,不能靠指挥棒去生产作品,也不能靠指挥棒去解释作品,也不能靠指挥棒来衡量文学的成就。如果说只用六分之一的篇幅来评论、解说或总结,我想对于文学史还是太过分了。文学史实际上不需要也不可能担负这样的任务。研究社会主义文学发展的规律,三十年时间未免太短了,并且这是另一种历史研究,恐怕未必是文学史的不可缺少的一章。毫无疑问,社会主义社会对于当代作品的产生有十分重要的意义,可以说决定的意义,但社会主义社会与指挥棒是非常不同的两件事。也许,时间隔得愈久愈能看清楚这一点。比方说,左联时代曾经产生过《子夜》和其他不少优秀作品,但这些作品都是时代的产物和作家自己的创作。左联在中国文学史上有不可磨灭的功绩,但是难道能说这些作品是左联"领导"出来的吗?难道我们现在写当时的文学史，能够不去研究当时的作家和作品，而去研究左联的会议记录吗?

我想文学史还是要紧紧围绕主要的作品、它的出现、它和过去文学的区别和继承的关系，要从这些方面做很多的研究。这些方面，我们过去功夫下得很不够。如果不是对作品下工夫研究，那么即使对每次政治运动都能做出正确的鉴定，这样的文学史也没有多大价值。

一个历史时期的文学潮流，似乎不同于刊物上、会议上或批判中形成的潮流。甚至一种政治思潮、哲学思潮，一种世界观，以什么方式影响文学，也是很复杂的现象，不能以编年史的办法来说明，例如十九世纪的文学，毕竟不能以马克思主义的产生为界线，虽然在马克思、恩格斯生前就已经产生了无产阶级的诗歌和小说。马克思主义在什么范围内，经过什么途径影响到广大的文学界，是一个值得研究的题目。我想它是通过社会运动影响到作家，是有了广泛的群众性的革命运动以后才影响到作家的。革命在一个国家胜利了，建立了社会主义社会，这就影响了这个国家的绝大多数作家。马克思主义的产生尚且没有导致文学史上的分期，可见思想潮流对作家的影响是有限的，何况一种决议、命令，那影响更有限了。

为了写出有科学价值的当代文学史，我想不必过于急躁。现在高等学校已编写出两部当代文学史，已经定稿或将要定稿，这就可以暂时多少满足社会上的需要。文学所可以后来居上。不必匆匆忙忙地写出充满各种政治事件、口号的文学史，充满社会政治分析和作家作品政治鉴定的文学史。过去的经验教训需要研究清理，但更重要的是向前看，要写出一部真正有科学水平和文学水平的当代文学史来，这样编写的文学史会使读者得到长久的深刻的教育。

这些意见可能很不正确，现在提出来请大家考虑、讨论一下，究竟哪些意见可以参考，哪些必须拒绝，最后还是由文学所决定。特别是由负责编写的同志决定。我保证言行一致，除了提出供参考的意见以外，不作任何行政的干预。

报刊要成为安定团结的思想中心

（一九八〇年二月六日在
北京新闻学会成立大会上的讲话）

刚才安岗同志说到，这次北京新闻学会的成立会，是我们国家新闻界三十年来的一个盛会。我首先祝贺新闻学会的成立。成立的日子正是八十年代的第一个春天，第一个春节的前夜，我祝贺在座的各位同志身体好、工作好！

在新闻学会成立以前不久，邓小平同志发表了一次重要的讲话。在这个讲话里面，有一部分是说到新闻工作的。其他的部分，也是跟新闻工作有密切关系的。所以，这次新闻学会成立的时间确是选得很好，这表示新闻学会的工作，一定会像大家所愿望的那样，发展得很顺利。

我和新闻工作发生过一些关系。可是，应该老实说，我不是一个正式的新闻工作者。在参加革命以后，我在北平曾经办过一个小报。这个小报不成为一个正式的报纸。但是，在这个工作里面，我也得到了一些经验。经常跑印刷厂，知道编辑排版是怎么一回事，校对印刷是怎么一回事。以后在上海还办过一次同类的小报。除此之外，我所做的，跟新闻工作都只有比较间接的关系。所以，大家要我当新闻学会的名誉会长，给我这样一个荣誉，很不敢当。在座的有许多的老前辈，他们才是中国的新闻事业的开创者，参加了中国新闻工作的开创事业，或者是参加了革命的新闻工作、进步的新闻工作的开创事业。我要向他们学习。

现在，这方面的话不说了。既然大家给我这样一个不尽适当的荣誉，又要我讲几句话，我就把我想到的对目前新闻工作的一点希望，在这里稍微说几句。

在邓小平同志的讲话后，曾经着重地说到安定团结以及党的领导的问题。在说到安定团结的时候，也特别提到新闻工作的作用。邓小平同志在讲话中，希望我们的报纸、刊物成为我们国家、我们整个社会安定团结的思想中心。我想，这是摆在我们面前的一个非常重要的问题。我想说的对当前新闻工作的希望，也就是完满地实现邓小平同志向我们提出的号召。

我们要建设四个现代化，必须有一个安定团结的政治环境。安定团结为什么会成为一个问题呢？这是因为在社会上还存在着某些不安定团结的因素，在一部分人的思想上还存在着某些不安定团结的因素。任何行动，都是在一定的思想指导下发生的。我记得，高尔基在回忆列宁遇到暗杀以后，高尔基去看望他，列宁就说过，任何人都是按照他的思想行动的。这就是说，那个暗杀列宁的人，尽管是那么一个坏蛋，可是她也还是按照她的思想，来干出这样一个卑鄙的凶恶的勾当的。所以，我们要希望我们的国家、我们的社会，在实现四个现代化的过程中，能够蒸蒸日上，能够像大家所祝愿的那样一日千里地前进，如果不努力从思想上解决安定团结的问题，以致某些妨碍安定团结的因素还成为社会上一种重要问题，那么，我们就会遇到困难。我们的工作就不可能很顺利。而当我们不能顺利地达到预定目的的时候，又会引起更多的问题。人们就会争论，为什么我们现在进步得这样慢？就会争论是由于这样的原因，还是那样的原因，等等。所以，希望实现四个现代化，希望迅速地顺利地实现四个现代化，不能不着重地考虑，要有一个安定团结的政治局面，要为这种政治局面奠定思想基础。

“文化大革命”的十年历史，已经给了我们非常沉痛的教训。可是，对于一部分同志来说，对于社会上一部分人、一部分青年来说，这个教训似乎还不够，有人甚至于认为还是应该那样去否定一切，结成某种形式的派别，继续进行反对党的领导的活动。在这些人中间，首先就有“四人帮”的各种形式的残余，他们在一些地方还是一股危害安定团结的不可小看的力量。不过一般说来，这部分人对新闻工作者的影响比较小，应该说，新闻界的同志对他们的警惕性很高，对他们的斗争在过去几年中间有了很大的成绩。但在另外一方面，还有另一部分人也在结成形形色色的小派别，他们不是“四人帮”的残余，但是他们实际上也在主张“无产阶级专政下继续革命”，其中有些人虽反对无产阶级专政，却主张“继续革命”。我想在座的同志，大概都会同意所谓“无产阶级专政下继续革命”这个口号是非常荒谬的。大家都知道，这是那个顾问提的，他是“四人帮”的一伙，是个对于中国革命犯了严重罪行的人。提出这个口号本身，就是一种罪恶。现在，对于一些人，刚才说的那些人，从十年破坏中没有得到应有教训的人来说，这个问题并没有解决。要实现四个现代化吗？在他们看来，现在的领导者是不能够领导四个现代化的。那怎么办呢？就得改变这个领导，就得“继续革命”。各种制度、各种领导组织，一切都要重新评价，重新辩论，重新开始。如果你反对，那就是反对民主。这一部分人的人数很少，但是能量不算很小，他们造成了不安定团结的一个重要的思想潮流，而且，对于这个思想潮流，我们新闻工作者的看法和态度并不是完全一致的。所以我想就此多说几句。

小平同志说，对于这部分人不能够低估。确实是不能够低估。他们是很少数人，可是他们有许多特点。他们是有组织的。他们的组织是秘密的。他们的这些秘密组织在全国是互相联系的。他们有相当的纲领和“理论”。虽然各个组织的纲领和“理论”不完全相同，但是有许多是相同的。他们为实现这些纲领，有各种策略；并且，他们在不断地按照不同的形势来研究和采取不同的策略。这些人在社会上不是完全孤立的；有相当一些人在不同的程度上对他们怀有同情，甚至加以支持，虽然这些人一般地并不了解或不完全了解他们的内情。

我们的社会经历了很大的变化，我们的社会主义事业经历了很大的曲折。尽管现在，像小平同志在报告开头部分所说的那样，在过去三年里面已经有了很大的进步，可是并不是所有的人都认识这些进步，都了解这些进步，都承认这些进步。也不是所有的人都知道，这些进步中的每一步都要进行很大的斗争，要做很多很艰苦的工作才能够实现。当然，三年是一个很短促的时间，不可能做很多的事。并且，这三年的情况是这样的复杂，在这种情况下面，任何人都难免不在他们的工作中犯这样那样的错误。不能够说三年来的工作都完全正确,都叫人满意。这是不可能的。进一步说,这三年工作,当然还不足以使社会上所有的人,都打消由于过去十年我们所经历的曲折而引起的怀疑、失望和不满。要把社会上各种各样的人,由于各种各样的原因,对于社会主义事业发生的不信任、怀疑、失望、不满都打消,这是不容易的,还需要更长的时间,还需要做更多的工作。毫无疑问,这样的一天一定会到来。到那个时候,他们会重新感觉到,在我们的国家里,在我们的社会生活里,各方面都充满希望,绝大多数人都会对前途充满信心。现在的问题是我们还没有到达那一天。现在还存在着一些困难,一些问题,一些叫人不满意、叫人失望的事情。固然,无论在哪一天,都会有这些事情,不过现在更多一些。这样,就使得安定团结成为一个重要问题。

刚才我是从一个比较大的范围来说这个问题的。但这还不够。要观察我们社会上、政治上所存在的不安定团结的因素,还要看到更大的范围。

我常常听到有些同志有这样的疑问,说:既然讲我们的社会主义社会已经消灭了阶级,可是同时又说还在一定的范围里面存在阶级斗争,这两句话怎么可以联系得起来呢?这不是一种逻辑上的自相矛盾吗?究竟是不是逻辑上的自相矛盾,先不去说它。首先,这是一个事实。并不是因为过去讲了多年的阶级斗争,现在只好继续讲下去,虽然改变了提法,但要完全不提似乎不行。完全不是这样的问题。这是客观的事实。我们的社会,剥削阶级当作一个阶级,确实是不存在了。但是,我们的国家,要跟许多其他的国家,许多资本主义国家,发生关系，甚至要发生很大的关系。现在这种关系的规模，是我们建国以来从来没有达到过的，而且今后还会继续发展。这些关系一直要深入影响到我们社会生活的各个领域里面去，当然也要影响到我们社会中一些旧阶级的残余。而且，我们的国家，现在还有些特殊情况，比方说，台湾，这是中国的领土，台湾是不是存在着阶级？香港、澳门也是中国的领土，那里是不是存在着阶级？在这些地方的剥削阶级，它不是残余，还是一个阶级，它在那里进行剥削，这些阶级跟我们也在发生各种各样的关系。随着时间的进展，这种关系也会越来越多。再如西藏，从西藏跑出去了一批人，这批人是有组织的。他们并没有消失，他们还存在着，他们正在跟我们国家发生这样那样的关系，不同性质的关系。所以，当我们说，在我们国家里面，剥削阶级作为一个阶级已经不存在，这里说的并不包括台湾、香港、澳门这些地方。这些地方目前不在我们控制的范围内。那些流亡在国外的集团也是如此。当然，并不是说这些剥削阶级中的人都反对社会主义，可是，也不能说所有的人都会接近社会主义。以上这些，都是我们说到我国的阶级关系时不能不考虑的。在我国大陆周围，遍布着各种各样的特务机关。国民党的特务机关不仅仅在台湾，也不仅仅在金门、马祖，也不仅仅在香港、澳门，而且在云南、西藏的边境以外，一样地存在着，而且每天在活动。他们在进行着跟我们的国家，跟我们的社会主义制度，跟我们的社会主义社会，跟我国的人民一种你死我活的斗争。这怎么能说没有阶级斗争呢？这不是阶级斗争是什么呢？

就是从国内情况来说，我们也不能不承认，阶级斗争还在从各种不同的来源，以各种不同的残余形式存在着，并且相互之间有一定程度的联系。不能说所有的阶级斗争都是互相联系的，但是也不能说它们是没有联系的。有一些秘密团体，它们宣布成立了这一个党，那一个党，或者这一个会，那一个会。这里面，确实有这样一些组织，其中一些人不仅跟资本主义国家在北京享有合法地位的种种人有种种来往，有些来往并不那么合法。而且，他们也跟台湾、香港，或者其他我们边境以外的一些特务组织互相联系着。当然，这些团体里面有许多的人，并不存在这些问题，但是他们同上述那些联系在一起。到现在为止，他们还没有使自己跟那些反革命分子、反社会主义分子，不管是中国的，还是外国的，断绝关系，无论他们每个人自己是否了解这种关系。这些人中的有些人在密谋着恐怖活动。因此，在这些人同全国广大人民之间就发生着尖锐的阶级斗争。这是任何一个愿意客观地看待、认识这个世界的人，都不能不承认的。

如上所说，安定团结成为一个问题，是有历史的条件，是有历史的依据的。我们为安定团结而斗争，这也是历史向我们提出来的任务。安定团结并不是在任何一个社会，任何一个历史条件下面都能够提出来的。在资本主义社会，或者资本主义以前的阶级社会里面，不存在安定团结的问题。在那些社会里面，不可能安定，更谈不到团结。在社会主义的另外的发展阶段，或者说到将来的高级发展阶段——共产主义社会，更加不会发生安定团结这样的问题。我们是从当前的具体的历史条件出发提出这样的问题的。这是我们面对的客观的现实。我们不能不承认有这样一个问题，而必须加以解决。

我们做新闻工作的同志，特别不能不看到、承认、考虑、研究，并且要在自己的工作里面尽量妥善地来对待这样一个现实。这种不安定团结的因素，现在比之于三年以前或者更早一点时间，当然大大地缩小了。可是现在还不能小看，不能低估。

我们的报纸、刊物——报纸在这方面比刊物更重要——如果不冷静地、全面地来考虑一下这种形势，考虑一下我们应当怎么对待这种形势，那么，在我们的工作中就难免出现一些差错。所以，这个问题是很值得研究的。我们要解决这个问题，不是消极地去躲开它，首先要积极地来加强我们社会安定团结的力量。党中央多次宣布，我们已经基本上实现了安定团结、生动活泼的政治局面。我们首先来巩固、发展这种局面，而且特别要从思想上来巩固、发展这种局面。小平同志的报告提出，我们的报纸、刊物——他是说的党报党刊，应当成为实现安定团结的思想中心。怎么样来达到这个目的？能不能够达到这个目的？能不能够担负起这个任务？完全能够，一定能够。我们的报纸、刊物一定会像党中央所希望的、所号召的那样成为一个巩固安定团结、生动活泼的政治局面的思想中心，并且进一步促进这个局面的发展。

我们的报纸、刊物为了完成这样一个任务，需要做的事情很多。我现在想提出这样一个希望，就是我们要认真研究一下，有系统地、有计划地、长期地宣传我们的社会主义社会安定团结的一些基础、一些根据。全国人民、全国青年的思想认识一致了，那么很多不安定团结的因素也就消失了。当然不是所有的，刚才说它有各种各样的因素，有些因素不是我们的报纸刊物的力量现在所能够消除的；但是我们的力量决不能够低估。

我们的社会主义社会为什么能够安定团结，而资本主义社会就不能够呢？这首先是因为我们的社会主义是建立在所有的人民，几乎可以说所有的公民的利益基本一致的基础上的。我们有共同的利益，有共同的利害——就是说不但有共同的利益，而且也有共同的危险。我们需要在报纸刊物上把这一点充分说明白。我们的这一部分人民跟那一部分人民，他们的利益是互相联系着的，是基本上一致的，除掉那些坏分子。我们的人民和我们政府，我们的人民和我们的党，我们的人民和我们的军队的利益是基本上一致的。虽然出现过一些小矛盾，现在还有，将来也会有，但是这不妨碍我们的基本的一致。这是我们绝不能够疏忽的，绝不能够减弱我们对于整个社会有这种共同利益的宣传。因此，当我们要揭露某些矛盾的时候，如果那些矛盾是必须揭露的话，也不能减弱这种利益一致的宣传。因为我们有共同的利益，这种利益是一种根本的利益，不仅仅管着我们的今天，而且管着我们的明天，管着我们的将来，很远很远的将来。

我们的社会共同的理想，这也是资本主义社会所不可能有的。所谓理想，就是说对于将来的利益，将来的共同的利益的追求。不仅今天的社会就有共同的理想要实现；而且，将来的利益我们也要追求，也要下决心去实现。这样我们的社会就有共同的理想。我们这种理想是能够实现的，这个理想是有科学根据的，就是说这种理想的实现是有它的必然性的，因此我们就有共同的信念。

我们有共同的信念和信心，包括对现在和将来。在说到信念的时候,常常更多的是说的将来。如果有一些人对于将来的信念不足的话,那么,至少我们自己,我们大家,我们所有的新闻工作者,我们所有革命者是有信念的,我们这种信念是不动摇的。只有这样,我们才能够去说服别人。我们有一些朋友,有一些同志,有的时候讲过这样的话:“我就没有信心。”我希望这些同志不要这样说。说这样的话,就扩散了一种影响,传播了一种思想,就要引起连锁反应。“连某某人他都说他没有信心”,那么他怎么能够使得其他的人有信心呢?鲁迅在五四时期在《新青年》的《随感录》里就写过,希望我们的青年都能够满怀信心,摆脱冷气,有一分热,发一分光,而不要散布各种不信任的空气。散布这种不信任的空气是有害的,因为它妨碍了我们大家,妨碍了我们全国人民共同奋斗去实现现代化的事业。

因为我们有共同的利益,有共同的理想,有共同的信念,因此我们也有共同的道德标准。我们的道德标准受到过破坏,但是现在正在恢复。比方前些时候,报纸上报道了的,一〇八中学的一个学生落到冰水中,三位解放军同志,还有几位工人同志共同来抢救,而且抢救成功了。一〇八中的老师对于这件事情也出了一把力。但是确实有些人做了一些不应做的事,说了一些不应说的话。但是我看了这个报道后,还是感觉到一种安慰。当有些学生说“解放军你们立功的时候到了”,或者对工人说“你们大概是想入党吧”,他们的态度是错误的,但他们还是无形中间承认这样一个前提,承认解放军是真正人民利益的保卫者,承认共产党是人民的先锋。所以虽然是这样一些落后的学生,他们对于这两点还是承认的。所以不能够说我们的社会现在没有共同的道德标准了，扫地以尽了。我们的道德标准正在恢复，需要大家努力。昨天的人民日报登了一条消息，就是齐齐哈尔的一个工厂的厂长张斌被开除了党籍。人民日报的报道推动了这件事情的处理。人民日报的报道很对，齐齐哈尔对张斌的处理也很对。可见我们的社会是在发生变化，确实，每天都在变化。尽管变得还不够快，需要我们每天促进，但是首先承认，我们的社会是每天向好的方向变化，我们的道德标准也是在每天恢复自己的力量。我希望我们所有的新闻工作者都能够宣传这样一种共同的道德。我们的报纸已经做了不少工作，我今天所谈的，就是希望我们能够不仅仅报道许多事情，而且要在逻辑上、思想上、理论上加以论证。

我们有共同的利益，有共同的理想，有共同的信念，有共同的道德，这就使得我们有共同的行动，共同一致的斗争。没有刚才说的那些，一个社会也可以有共同的行动，资本主义社会也不能说它就没有共同的行动，资本家办的工厂里，也不能说就没有共同的行动，甚至于他们的工厂有的时候比我们行动得更好。但是我所说的共同行动跟那种共同行动是不相同的，因为我们是在共同利益的基础上为着一个共同的目标来行动的，这不仅仅是在一个小范围里面的共同行动，而且是整个社会的共同行动，这是资本主义国家或资本主义以前的国家所不可能实现，不可能做到的。我们能够共同行动，而且是很有效的一种共同行动，这是因为我们有共同的领导。在其他的国家，在资本主义国家，不可能有这种共同的领导。有些时候，比方说第二次世界大战的时候，也不能说罗斯福没有领导着整个的美国跟法西斯作斗争。可是这种共同领导跟我们的共同领导是不能够相提并论的。我们的这种共同领导是贯彻到我们社会生活的各个领域的。可能在今天有一些角落，这种共同领导还没有实现，或者还没有正确地、充分地实现，但是这并不否定我们的共同领导。我们的共同领导在"文化大革命"期间是破坏了，破坏得非常厉害，不过在那个时候，人民还是在心里承认这种共同领导的权威和力量的。因此怀念这种共同领导，并且为恢复这种共同领导而奋斗，这才有一九七六年的天安门事件。天安门事件不是为了破坏我们的共同领导，是为了重新建立这种共同领导。大家怀念周恩来同志，这不仅仅是怀念他个人，是怀念他的事业、他所献身的党、他一生所遵奉的原则。如果离开了这些，那么人民为什么怀念周总理？如果周恩来同志他不是共产主义者，他不是中国共产党的杰出的领导者，他不是按照党的原则、共产主义的原则奋斗了一生，那么怎么能够解释人民对于周恩来同志的怀念？怎么能够解释天安门事件？如果有人打着天安门事件的旗号，要求反对共产党的领导，要来瓦解共产党在人民心目中的权威，要来阻止人民为党所提出的奋斗目标前进，那么这些人就是在欺骗。他们不是在宣传天安门事件，而是在污蔑它。

我们的社会主义社会之所以有力量，就是因为我们刚才说的，它有这么多共同的东西，在这个一致的基础上，才能够有共同的领导。这种共同的领导现在已经恢复了，恢复得很好，它正在非常有效地行动、工作。现在我们党的领导的思想是很解放的。我们要解放思想，跟我们要团结在党中央的周围没有任何的矛盾，不应该有任何的矛盾；如果硬要制造矛盾，那么，这不是解放思想，或者可以说，这是把我们的思想重新投到资产阶级自由主义那里去，做它的奴隶。

我们的人民有共同的行动，有共同的领导，而且有共同的纪律。纪律在不同的范围可以有不同的说法。对于全国的公民来说，这是法律；对于党、青年团或其他的革命组织，叫做纪律；在一些其他的范围里面也可以说是一种共同的行动准则。我们不仅仅有共同的道德准则，而且这种道德准则，还用共同的组织纪律把它物质化了。这样就构成了社会主义在人类历史上没有任何别的东西可以比拟的强大的威力。所以我们的社会主义社会有优越性，我们的社会主义社会可以前进得比资本主义快，一定能够比他们快。我们不能只看到资本主义在有些方面、有些时候进步得比较快，而社会主义在这些方面、在这些时候进步得比较慢，就得到一个结论，认为社会主义不如资本主义。不是这样。社会主义还很年轻，它在生长的过程中间受过好些折磨，经历过好些曲折，就是这样，社会主义整个地来说还是发展得比资本主义快。现在社会主义没有达到发达的资本主义国家在许多方面——技术方面、劳动生产率方面、管理方面的水平，这首先是因为我们的起点太落后了，太低了。同时也因为除了我们犯过错误以外，有许多我们应该学会的东西还没有学会，但是我们一定会学会，而我们把这些学会了以后，我们当然能进步得更快，资本主义世界在过去的一些年份里，曾经有过一些比较快的进步。宦乡同志曾作过这样的讲话，说西欧已经走出了黄金时代。不仅仅西欧是这样，整个的资本主义世界现在在经历着危机，现在它的发展速度已经降低，而且到现在为止还不容易找出一个走出这种危机的办法。很多资本主义国家经济学家都预料，就是走出了现在的危机以后，资本主义发展的速度也不会很快。所以我们不能够因为过去有些国家有些时期有了比较快的发展，而相反的在我们自己的社会主义国家出现了一些不幸，就产生一种对于社会主义的怀疑。

参加新闻学会的各位同志们！你们是社会舆论的向导。社会舆论是靠今天在座的同志来引导的。我们希望，通过参加新闻学会的各位同志——在革命的报刊、进步的报刊工作的同志，大家来共同努力，宣传社会主义的各种为资本主义所不可能有的优越性。我们的国家经历过困难，现在还有困难，我们在座的同志要真正团结在党中央的周围，帮助党中央共同迅速地克服这种困难。同志们所拥有的武器是非常强大的，而且同志们都是很善于运用手里的武器的，所以只要同志们决心这样做，决心来把我们社会主义社会所有的这些根本的、本质的优点——我们的社会有共同的利益，有共同的理想，有共同的信念，有共同的道德，有共同的行动，有共同的领导，有共同的纪律——宣传好，那么我们就可以为整个社会安定团结作出很大的贡献，就可以把现在还存在着的我们社会里面一些不安定团结的因素大大地减少。

我们讲了这么多的共同的东西，会不会产生一个问题：说这样一来，我们就要恢复到“舆论一律”了？我们就没有“言论自由”了？没有“双百方针”了？没有生动活泼了？这个问题在一部分同志中间是存在的。所以在末了，关于这个问题，还需要说几句。“舆论一律”，并不是在任何的意义上都不需要。如果认为“舆论一律”是说在任何的问题、任何的具体的事情上面都要一律,那么这是不对的,也是不可能的,不合乎社会主义的原则,不合乎社会主义的要求。但是,不能由此走到另外一个极端,认为我们社会主义国家、社会主义社会的舆论在任何问题上,在任何意义上都应该是不一律的。比方说,究竟是社会主义好,还是资本主义好?究竟中国应该坚持社会主义,还是不应该坚持社会主义?为了建设社会主义,为了中国实现四个现代化,究竟还要不要党的领导?如果认为在诸如此类的问题上也不应该有一律的舆论,在我看来,这样想是不对的。在这些基本的问题上,我们是“一律”的。正因为这样,我们才有力量。如果在这些问题上也是不一律的,那么我们的步伐就要混乱。有人向东,有人向西,有人向南,有人向北,我们的队伍就不能前进。那么我们就不可能把我们的力量团结一致,奔向我们的共同目标,我们就会四分五裂,一事无成。

我们所主张的“言论自由”,是否包括反革命的言论自由?按照去年全国人民代表大会所通过的刑法一百零二条,如果有人用标语、传单或者其他形式来宣传推翻无产阶级专政,反对社会主义制度,那么应该判三年以上的徒刑。这是列在关于“反革命”罪这一部分的,这就是说,按照全国人民代表大会通过的刑法,反革命宣传是没有自由的。认为反革命宣传可以有自由的这种意见是错误的!我们的报纸不应该发表这种错误言论,尤其是不应该为错误观点辩护!

有一种意见说,让反革命言论自由发表,“你跟他辩论嘛!用革命的言论去反驳那个反革命言论好了!”这个话似乎“言之成理”,可是这个“理”不是无产阶级的理,不是马克思主义的理,这是资产阶级的理。如果我们让反革命的言论自由散布，然后我们再用革命的言论去打消它，作个譬喻就等于允许人放火，然后我们派消防队再去把那个火给灭了。如果是这样的话，有一百个人放火，我们该有多少消防队？要有多少人来参加这个工作？再比方说，假如有一百个人在一天里造了一千个谣言，得要有多少人把这些谣言所涉及到的事实都调查清楚，然后来加以宣布，说这是谣言，不是事实，这要用多少时间？恐怕一万个人花十天时间也不够。况且老的谣言没有调查清楚，新的谣言又出来了，你怎样疲于奔命也不行，而且，就算你更正了谣言，你怎么能让所有听过谣言的人都来听你的更正，都能相信你的更正？所以为着我们国家能够有充分的力量并且把这些力量集中起来，实现四个现代化，我们就不能够给反革命言论自由。我们的社会不是一个公园，可以你这样讲，他那样讲，讲完了以后，什么事情都没有，花也没有受伤，草也没有受伤，树木也没有受伤，然后大家走到公园外面去，各自回家。根本不是这样一回事。我们绝不能够在这一类的问题上耽误这么多时间，消耗这么多人力。所以，我认为我们的刑法规定是正确的，不能够给反革命言论以自由。这对于我们除了反革命分子以外所有的人都没有什么好处。我们为着要证明革命是正义的，社会主义是正义的，社会主义比资本主义优越，不需要请出这么多人来让他们来宣传社会主义不好，资本主义好，然后我们一个个去加以反驳。如果我们真的这样做，那么，确实我们的社会就很难安定团结，社会主义的优越性也确实不容易充分发挥。我们的国家很落后，我们所以能够有把握有信心在比较短的时间里面（当然不是很短）可以赶上资本主义国家，因为我们有资本主义国家所不能有的这种优越性，那么，我们就不应该把优越性丢掉或者丢掉一部分，不应该采取这种给反革命言论自由的方法来证明社会主义的优越性。我们要宣传社会主义的优越性，号召全国人民在共同利益的基础上，为着我们的共同的理想，在共同的领导下面，按照共同的道德标准、共同的纪律来进行共同的行动，这样我们就能够达到我们的目的，比较快地达到我们的目的。否则，我们就还会落后。实行这样的主张，宣传这样的主张，不妨碍生动活泼。我们所要求的生动活泼，就是社会主义的生动活泼，我们不需要跟反革命分子辩论的这种生动活泼。虽然有的时候我们被迫要进行这种辩论，但是我们不希望在这个方面来表现我们的优越性。因为我们要做的事情太多了，不能够把时间消耗在这个上面，所以，我希望新闻学会成立以后，能够按照小平同志的报告所提出来的方针，团结一致，充分发挥我们手里的新闻工具的强大的革命威力。我们的事业是正义的，我们一定会胜利。

对开展美术工作的一点建议

（一九八〇年三月一日在
中国美协新春茶话会上的讲话）

我对美术是完全的门外汉，但是我非常愿意借这个机会向各位表示热烈的祝贺！祝贺大家今年身体好、工作好，创作出更多更美的作品，把我们社会主义建设的新时代装饰得更加美好，使全国人民的心情更加愉快，更加对前途充满希望，在人与人之间更加充满互相了解和友爱的感情。

在我们国家建国以来，美术家做了很多工作；打倒“四人帮”以后，美术家很快恢复了工作，得到很多新的成就，这是非常值得祝贺的。当然，我们的工作像其他战线一样，都还不能满足人民的需要，也不能满足我们自己的愿望。在这个方面，美术家协会真是可以大显身手，可以为美术家和人民之间起很好的媒介作用和桥梁作用，帮助美术家解决他们在工作中、以至在生活上所遇到的困难，帮助美术家工作的成果能及时地送到人民中间去。需要做的事情很多，我作为中华人民共和国的公民，提出一点愿望。我们希望把培养在人民中间的、在青年和少年儿童中间的对于美术的兴趣，美术的鉴赏能力，以及指导美术的习作和美术的教育等方面的工作能够加强起来。

首先，我们希望把中小学的美术教育工作加强起来。如果中小学的美术教育处于一种不能令人满意的状态的话，那么，我们的美术家就会有一种后继无人的危险，而且有许多美术的天才幼芽就会因得不到应有的帮助指导而中途枯萎、夭折了。所以，中小学美术家协会能够和教育部、各省的教育厅、各市的教育局合作，加强对于中小学美术教师的培训、辅导，在这些方面给他们一些帮助。美术家联系全国的学生、青年，培养青年对于美术的兴趣，这是非常有希望，非常有前途的事业。

我们的美术家要举行展览，我想很可以在这些学校里，如果不嫌降低身份的话，在中小学校里，在各个大专院校里，举行一些美术作品展览。这种巡回展览可以引起很多青年对美术工作、对美术作品的兴趣，也许就可以把他们吸引到美术创作的道路上来，即使不是这样，美术家也就在青年中增加了很多的朋友，增加了很多的鉴赏家，很多的知音。

推广美术展览的工作，这是说我们有很多作品可以展览。姑且假定这个前提不存在什么问题，我想不会有什么问题。除了新的作品以外还有许多过去的作品也需要经常在全国各个方面进行展览。刚才说到学校，在工厂农村，在各个比较带关键性的那些机构里，比方说在一些大的旅馆、大的宾馆、大的公共建筑里。刚才江丰同志说：比如在人民大会堂也可以展览。在全国所有的公园里，在有条件陈列的饭店，乃至商店、书店都可以进行展览。我想，组织美术展览应该成为非常重要的一项工作。

为了组织展览，我们应该组织起一个专门的队伍，这个队伍如果有几百人也不算多。这几百个同志是专门组织美术展览的，他们愿意为这项工作做出贡献，他们可以到处跋山涉水，不怕各种辛苦，不怕各种困难，为美术品能得到各种机会展览而努力。在这方面有没有这样的热心家？我想是会有的。现在有一部分青年没有就业，这也可以当作一种就业的门路。当然这个就业门路是很有限的，这是个窄门，而且很多人是不愿意进这个门的。我想这个工作应该发展得越来越兴旺。现在这种工作的状态，这种工作达到的规模，这种工作的水平是远远不够的。我们要在这方面展开各种活动，要去说服各种人，劝说他们把他们的场所提供给美术家公开展览美术品。有一些旅馆，我想我们如果去搞一些定期的陈列，并且这种陈列可以经常轮换，这样，对于这些旅馆实际上是会有帮助的。现在全国很多建筑物墙壁上是空的，我们现在这个会场旁边的墙壁就没有利用，没有利用的地方很多。我希望美术家要不怕失败，不怕受人家嘲笑，不怕受别人冷淡。我们要为美术作品越来越得到更广泛的观众鉴赏，使得美术爱好者鉴赏各种美术作品的机会越来越多而奋斗。我们现在还没有一个真正的美术博物馆可以陈列我们国家从古到今的最好的美术品，这是非常可惜的事。这个问题我也提不出什么现成的答案，我只是提出来希望大家共同奋斗，共同找到解决这个问题的办法。我想，在这种陈列馆里不仅可以陈列原作，也要陈列大量的复制品、仿制品，复制各种中国的、古代的、现代的、外国的美术名作。这是非常大的任务，这方面也需要培养大批的人才，需要有摹制、复制各种美术品的各种专门家、专门人才。这种专门人才我们应该跟其他有关部门共同来培训,如果我们不做这方面的工作,在中国很多学习美术的学生、青年就得不到机会看到中国古代绘画名作。不但古代的,就是近代的绘画名作也没有机会欣赏,至于外国的绘画名作更加困难,只能从一些印刷品上面去领略。这样,我们培养出来的下一代美术家,他们所受到的教养就要停留在一个比较低的水平上。为了培养真正能够创造出杰出的以至于伟大的美术作品的人才,需要把美术学习者武装起来。我们在这方面的工作做得太少。当然复制这些作品,不仅仅是为专业——刚才说的这个目的服务,还可以为广大的普通的群众服务,大家有机会可以看到各种名画,古今中外的名画。

关于美术的应用,这对美术家以及美术教育家来说是长期苦恼的问题。美术学院不能招收很多的学生,为什么?因为招多了毕业以后不容易分配,不容易找到职业;或者就是找到职业,常常和他所学的东西也没有多少关系,不能发挥在美术方面的作用。这方面是有困难的。但我们一定要下决心来一步步地打破这些困难,一步步地扩大美术应用的范围。我想在这方面不占太多的时间,大家比我懂得更多,我不需要在这里班门弄斧。总之,在这个方面,我们可以占领的领域、地盘是很广阔的,为了开辟这些没有占领的领域,为了去拓荒,当然要有一些不怕困难的人,要有一些不怕失败的人。首都国际机场的壁画给美术家带来很大的兴奋,也给全国的美术爱好者带来很大的兴奋,可是这不过是很小的地方,很少有机会能看到,就是到那地方去也很难看到这些壁画。我们不能认为那个地方把画画出来了我们就满足了,我们还要研究各种办法使得美术品能够得到更多的公众来欣赏。

我们全国的美术工艺品，工艺品制造业，是比较繁荣的，会越来越繁荣的。而这里面非常需要美术家来合作，也就是说美术家完全可以占领这个地盘。不仅工艺美术家可以去占领，就是正统的绘画家也一样可以去占领。全国每年出口很多丝织品、毛织品，上面都有一些图案绘画，还有各种的陶瓷品，但是这里面真正好的美术品很少。在这方面并不是说制作这些工艺品的工厂都对美术家关门，这中间有很多的渠道没有沟通。我曾经在一个地毯厂参观，发现有一个当地美术学院毕业的学生在那里工作，他的工作是很努力的，但是他的艺术造诣是很低的，他得不到帮助，很难有机会找到美术界的前辈指导他。我们现在出口的地毯上面的图案在国际市场上被批评，认为过于陈旧、单调，以至于有些国家就另外设计，拿出他们自己设计的要我们去织。这绝不是说中国没有这样的美术家，仅仅是中国的美术家跟这些工厂之间没有联系，缺少桥梁。其他方面情况也一样，我们可以做的事情很多，希望美协能够不断地为扩大美术家活动的场所而奋斗。

末了，我提出一个希望，希望我们的美术家、美术理论家、美术评论家，对美术的理论、美术品的评论、美术史的评论，对画家、雕塑家、其他美术家以及对个别的美术家的研究，能够大大地加强起来。大概是在六十年代，我曾向人民美术出版社做过建议，希望他们在出版画家作品的时候都要写序言，后来很感谢人民美术出版社的同志接受了我的小小建议，后来美术品的集子前面都有了序言，不过我是喜欢吹毛求疵的人，这些序言我觉得太简单了，从这些序言中了解画家，了解这个集子里的作品是远远不够的。我不会说话,本来应该说鼓励的话,结果泼了冷水,希望人民美术出版社的同志能够继续努力加强这方面的工作。不仅仅写序言,而且要研究、评论我们现代重要的美术家,出版关于他们整个作品以及评论作品风格,他们风格的来由、发展的专书;一个画家不仅仅应该有一本书,一个画家应该有十本书,甚至于应该有更多的书。这样我们的后代在研究我们现代美术家的作品时,就可以得到非常大的帮助,就会非常感谢我们现在的这些美术评论家。尽管他们写出来的书可能卖出去的很少,可能美术出版社还要算这个账:是赔钱还是赚钱;很可能这样书籍的读者在目前是不会很多的,可是哪怕是读者不多,书销得不多,我们还是要出。我们希望人民美术出版社可以抽肥补瘦,从别的地方赚点钱来补这方面,实在没有办法就募捐。我想,我们评论当代美术家的作品,也应该说到他们的生平。有时候我看过一些美术家的作品,当时就不大知道他们的生平。像介绍司徒乔的生平和他的作品的专书是他的夫人写的,我非常感谢这本书的作者。使得我知道了吴作人、萧淑芳同志的生平,是靠了一位美籍华人赵浩生写的一篇他们三个人的谈话记录。这样我才知道同时代这些美术家的经历。我们要在这方面多多工作。

美术里面各种专门的问题,以及哪怕是最普通的问题,也可能是越普通的问题就越难解决,因为它涉及美学里面的根本问题。我因为喜欢看一些画,常常希望能够有这样的美术家、美术评论家、美学家写一些这样的文章:比方说,绘画跟宣传画的分别在什么地方,共同点在什么地方?如果能讲得全面了，那么就不单造福于美术，而且造福于整个文学艺术。因为这样的问题虽然是非常普通的，可惜到现在没有人能解释这种问题。在文学艺术其他部门也有类似的问题得不到解决，或因而引起很多长期的混乱。比方说，所谓月份牌的画，它有什么特点，跟我们大家所了解的正宗绘画的区别究竟在哪里，这是非常肤浅的问题，可是如果能够讨论讨论这些问题也是同样的可以培养公众的美术鉴赏兴趣，增加对于美术的一些基本知识，这个方面有非常大的好处。日本近代文学的萌芽时期，曾经有一位文学家坪内逍遥写了一本文学理论著作《小说神髓》。那么中国呢？从五四新文学运动到现在，没有出过这样的书，这是很可惜的，这种空白一直到现在都在发挥影响。就是什么是小说，小说和故事有什么分别？什么是新小说，新小说跟旧小说的分别究竟在哪里？同样的，新的绘画跟旧的绘画分别究竟在哪里？像这样一些题目，我想不仅仅美术刊物、美术杂志可以发表，如果有写得合适的文章，我想《中国社会科学》也很愿意发表，这样的文章在《人民日报》以及其他报刊上都可以发表，而且可以组织讲座。我们需要对于美术的意义、它的性质、它的功能作一种科学的宣传；美术的历史，需要作一种科学的解释，同时又是通俗的宣传。如果有这样的讲座，可能听众也不会很多，假如有十个人，我觉得就很值得。我们不要希望一定要有一千个人听讲才愿意开讲，如果有这样的好的讲演，我说一句可能不能兑现的话，我也很愿意听，只要在讲演的时候我如果有空，我非常愿意作美术家的学生。

携起手来，放声歌唱，鼓舞人民建设社会主义新生活

（一九八〇年三月二十八日在纪念“左联”成立五十周年大会上的讲话）

今天我们大家怀着十分热烈兴奋的心情，在这里聚会，庆祝“中国左翼作家联盟”成立五十周年。参加“左联”和左翼文化运动的许多同志，能够在经历了种种艰难、危险之后在这里聚会，参加今天这样的大会，这件事本身就值得庆祝。而且，左翼文艺和左翼文化运动的五十周年，尽管有过种种曲折，但是就整个来看，仍然是胜利发展的五十年，是光荣伟大的五十年，这尤其值得庆祝。

在今天的会议上，周扬同志要作长篇的讲话，还有阳翰笙同志、许涤新同志，他们都要讲话。我只在左翼文化运动的最后两年做过一些组织工作，是一个后辈，但是我很愿意来参加这个很有意义的庆祝会。夏衍同志、周扬同志要我先讲几句开场，我就简单地讲几句。

关于左翼文化运动的意义，毛泽东同志在《新民主主义论》里面，已经作过热情洋溢的崇高的评价。我认为这个评价今天仍然完全适用，不需要再作任何的修改和补充。在六十

年代，林彪、江青之流，曾经企图推翻这个评价。他们曾经迫害了一切与三十年代左翼文艺、左翼文化有关的人，同时也迫害了全国的革命人民。但是，他们并没有能够打倒三十年代的左翼文艺、左翼文化，也没有能够打倒中国的革命人民，他们自己却被打倒了。这就是历史的结论，它说明，三十年代的左翼文艺、左翼文化的功绩是打不倒的。它是中国革命文化先驱用血肉筑成的纪念碑，它与中国人民结成了不可分离的血肉联系。三十年代的革命文化运动，不是没有缺点和错误；甚至三十年代革命文化的伟大主将——鲁迅先生，他也是人，不是神，也不可能没有缺点和错误。但是，像毛泽东同志所说的那样，左翼文化运动的基本方向是正确的，它的功绩是永远不可磨灭的。鲁迅的旗帜仍然是我们今天的旗帜。

我们现在的文艺和文化是什么样的文艺和文化呢？我们现在的文艺和文化仍然是左翼文艺和左翼文化，是三十年代的革命的文化运动的继续。我们有过延安文艺座谈会，但是延安文艺座谈会的方向，仍然是三十年代左翼文艺运动的方向，也就是毛泽东同志所说的鲁迅的方向。我们有过建国以后十七年的社会主义文艺和社会主义文化，我们在粉碎“四人帮”以后，有过文艺和文化的复兴。但是我们现在的文艺和文化，像再生的凤凰一样，从根本上来说，仍然是三十年代的文艺和文化运动的继续。我们的文艺仍然是左翼的文艺，我们的文化仍然是左翼的文化。难道不是这样吗？难道能够是另外的样子吗？我们的文艺难道能够成为右翼的文艺或者成为什么中性的文艺吗？这是不可能的！我们现在不用左翼文艺、左翼文化这样的名词了，我们叫做社会主义的文艺、社会主义的文化，这当然不是左翼文艺、左翼文化的失败，而是它们的伟大胜利，因为这正是二十年代的左翼作家、左翼文艺工作者用生命来追求的。我们的文艺和文化是为社会主义服务的，是为培养社会主义的新人服务的。这不就是左翼文艺、左翼文化的理想吗？难道我们在今天的世界上不是站在最左翼，难道还有什么别的文化和文艺比我们社会主义的文化和文艺更先进吗？毫无疑问，中国的社会主义文艺，中国的社会主义文化，是今天全世界最先进的文化，是革命的文化，也就是最左翼的文化。可以说这是很普通的常识。可是也许因为这是很普通的常识，有的时候却会被人遗忘，被人忽略。这是不应该遗忘，不应该忽略的。忘记革命的过去，就会倒退，或者换一句大家所熟悉的话，“忘记过去就意味着背叛”。我们为什么在今天要提出这一点呢？当然是因为今天并不是没有人忘记这革命的过去，这宝贵的、不可遗忘的、革命的过去。

人们有时说：我们的国家，我们的社会，我们的文化，现在是开放的国家，开放的社会，开放的文化。在某种意义上，在同林彪、“四人帮”横行的十年比较，在同那个被封锁的十年比较的时候，也许可以这样说。那时中国的国家被他们封锁着，中国的社会、中国的文化也被他们封锁着。只是在这个意义上来说，这种开放的说法才是可以理解的。离开了这个意义就不能这样说。这是因为，除了那十年不算，第一，我们的国家、我们的社会、我们的文化，从来就是向我们自己的人民开放的；第二，我们的国家、我们的社会、我们的文化，从来也都是向全世界各国的友好人民，向我们在全世界上的一切朋友、一切对我们怀着善意的人们开放的；第三，现在对我们怀着友谊和善意的人们越来越多了，因此，就显得我们的门开得更大，进出比过去更自由了。但是，这决不是说我们跟在世界上任何的力量没有界限。我们无论在什么时候，决不会向那些对我们怀着敌意的人、想对我们施展阴谋手段、破坏我们的人开放。《上甘岭》这部卓越影片里的插曲《我的祖国》有两句歌唱得很好："朋友来了有好酒，若是那豺狼来了，迎接它的有猎枪。"这两句格言，难道现在需要做什么修改吗？也许有很少数的人以为我们"开放"得连豺狼和朋友的分别也可以不管了，这样想的人实在是犯了极大的错误。毛泽东同志说："谁是我们的敌人？谁是我们的朋友？这个问题是革命的首要问题。"这也是我们革命的文化、革命的文艺的首要问题。在这个首要的问题上如果发生了混乱，那会使得我们的文艺、使得我们的文化走到一种什么样的地步！

我们今天来纪念五十年以前左翼作家联盟的成立，这就是给我们一个机会，让我们来回想一下我们的传统，我们要坚持和发扬三十年代以来的左翼文艺、左翼文化这个光荣的传统。我们要把左翼文艺、左翼文化留给我们的战旗举得更高，我们要把左翼文艺、左翼文化所唱的战歌唱得更响亮！有一位在北京的外国朋友曾经说过这样的话，他在中国很久，他觉得中国发生了一种变化，就是现在缺少歌声。他说在抗日战争时期的中国到处充满歌声；后来解放战争时期，也是到处有歌声；在解放初期，直到六十年代上半期，也还是到处有歌声。现在呢，歌声比较少。我想这个意见确实说中了我们目前文化生活的一个方面的缺点、缺陷。难道我们真的都衰老了吗？难道我们的优秀歌手的歌喉都被"四人帮"窒息了吗？事实决非是这样。况且，我们的后代都还是年轻的，生气勃勃和前途无限的。我们和他们都不应该让自己的歌声沉默下来！我们应该永远振奋我们革命的精神，用我们革命的歌声、前进的歌声、健康的歌声来充满我们的生活，来充满我们的社会，充满我们的城市、农村、厂矿、兵营和我们一切有生命活动的场所。一些地方，革命的、前进的、健康的歌声不去占领，就会有一些不知从什么地方来的不健康的歌声去占领。如果那样，就将是我们对五十年来左翼文艺、左翼文化的革命传统的犯罪，就将是对聂耳、冼星海和其他一大批革命音乐家的犯罪！我们应该把五十年前聂耳、冼星海他们所创始的、带领我们大家唱起来的歌继续下去。大家都还记得，为了纪念他们，一九七五年我们曾经勇敢地斗争过。同志们！让我们携起手来，放声歌唱，用各种各样健康的、对祖国和自己的前途充满信心的歌声来鼓舞全国的工人、农民、知识分子、战士和广大的革命青年，鼓舞他们建设和保卫我们的祖国，建设和保卫我们的社会主义的新生活！

我们需要这样的音乐，我们需要这样的美术，这样的文学，这样的戏剧，这样的电影。我们需要这样的社会科学，这样的新闻出版事业，这样的教育事业。这些就是我在参加庆祝左翼文化运动五十年的时候，禁不住生出来的一点感想。为了这些，我极愿同大家一起努力。

拿出更多更好的研究成果来纪念鲁迅

（一九八〇年四月三日在纪念鲁迅诞辰一百周年撰稿座谈会上的讲话）

祝愿会议得到成功。希望通过这次会议，鲁迅研究工作有进一步的成就，拿出更多、更好的研究成果来纪念鲁迅先生诞辰一百周年。

同志们要我讲几句话，我恐怕很难说出什么有价值的意见，因为我虽然对鲁迅作品接触过不少，但是没有进行过多少专门的研究。鲁迅研究的著作我读过一部分，也不是读得很多。就我读过的著作来说，鲁迅研究是取得了不少成就，有许多研究相当深入，相当仔细，比过去有了很大进步。明年我们将要拿出一些进一步研究的成果。我作为一个读者，想对于我们将要拿出的成果，表示一点希望。

我希望能够把鲁迅放在整个的文化发展的历史、文学发展的历史或社会思想、政治发展的历史背景下来研究，不仅着眼于鲁迅个人，他的传记，他的每篇作品的研究。鲁迅不是一个突然的现象，也不是一个孤立的现象。这就是说，鲁迅的研究同当时或稍前稍后的一些文化现象、文学现象、思想现象不能分开。有一些研究鲁迅的著作给人这样一个印象，好像鲁迅就是鲁迅，同他的同时代人没有全面的联系，不能进行比较。这就是研究方法上的局限。鲁迅反对什么人，或者支持什么人，这是在他传记中或评论中说到了的。可是鲁迅是怎么产生的，往往说明得不够。只讲在帝国主义、封建主义压迫下面中国是什么情况，向作家提出什么要求，这当然对，但仅仅说到这一步是不够的。鲁迅和他的同时代人不能分开，他是和同时代人一起生长，一起受教育，一起进行斗争，一起在斗争中前进的。在某些方面鲁迅前进得更快一些，在另外一些方面也许鲁迅前进得不那么快，这不奇怪，历史的发展本来是参差不齐的。这样才能说明鲁迅，才能说明他的思想，他的艺术，他的各方面的活动的由来。否则就不容易得到解释。举个例子比较一下，也许能把我的意思说清楚些。过去毛选中所附的《关于若干历史问题的决议》，那里关于毛泽东思想的论述，就有这种缺点，在《决议》里，毛泽东思想好像是天上掉下来的，它形成的过程没有说明。现在我们说，毛泽东思想是中国共产党集体智慧的结晶，这就把这个问题说得比较合乎历史。对于鲁迅也有同样的问题，不能设想鲁迅的一切，他的每一句话都是他自己创造出来的，这是不可能的。他的同时代人从鲁迅那里接受了许多东西，鲁迅也从他的同时代人那里接受了许多东西。这个同时代人的范围可以说得比较广一些，包括外国的同时代人。鲁迅当时所接触到的中国古典文献和外国的各方面文献，对他发生了很重要的影响。但是正是他所接受的影响，无论是哪个时代的，现在似乎没有一位研究者画出一个轮廓来。特别是他所接触到的外国的著作，思想家的也好，艺术家的也好，这方面的论述很少。我看过一些欧洲人写的马克思研究的著作，他们可以说明马克思的哪些论点是从哪里发源的，哪些论点是他直接继承了别人的，哪些是他把别人的论点发展了，哪些是他自己创造的，当然也不可能是凭空创造。我不是说我们完全应该学习那种研究方法，但是，我们应该做到有同样的基本功。我们对鲁迅的研究还没有下这方面的工夫。在系统地研究了鲁迅的思想和艺术的来龙去脉以后，我们对鲁迅的了解就会比较正确，说话也会比较有分寸，合乎实际，合乎科学。否则我们就难免说一些如果鲁迅在世看到也不能同意的话。总之，我们把研究的范围放宽一些，就可以使研究的水平提高一些。

此外，鲁迅也不是一个一去就没踪迹的现象。鲁迅的思想，鲁迅的活动是在被继承着的，尽管有些方面的继承很明显地没有赶上鲁迅。比如说，我们现在还举不出一个散文家作为鲁迅的后继者。这是很大的遗憾。可是，不是所有的方面都这样，鲁迅活动的其他领域，鲁迅活动的某些水平早已被超过了。这才是历史，这才是发展的真正的历史。如果不这样看历史，鲁迅就是一个不可理解的现象，鲁迅的活动就整个失败了，因为他的存在随着他的生命的结束而结束了。然而事实不是这样，他的活动在许多范围里是既被继承，而且被超过，这是完全合乎规律的现象。比如鲁迅的中国小说史的研究，现在的研究已经超过他当时的水平，因为有许多东西，他当时没有看到，现在有了更多的发现。又如，鲁迅是木刻艺术的倡导者，鲁迅本人虽然不是一个木刻艺术家，但他确实是一个版画艺术的鉴赏家、评论家，但也不能说鲁迅对版画艺术的鉴赏、评论的水平达到顶点，鲁迅自己也没有这样看待。我们如果从这样的观点来观察鲁迅，研究鲁迅，看他在中国文化史上的作用，那么就可以看出鲁迅的作用是怎样广大，有怎样的贡献。他在许多方面作为一个开山祖，把那一门学问开辟了，而在他以后大大发展了。

鲁迅的小说创作、短篇小说留下了许多可以说是难以企及的成就。所谓难以企及，不是说不可以企及，也不是说不可以逾越。如果是那样的话，那么对于中国文学的发展，就要得到一个非常悲观的结论。鲁迅自己就不这样看。鲁迅所写下的小说不多，在不多的小说里所表现的他的小说艺术，他的独特风格，这是可以列举出来的，这些当然没有包括中国现代小说艺术的全部，也没有包括现代中国短篇小说艺术的全部。这样看，我们才能比较认真地来研究和讨论鲁迅，否则我们就不是在研究鲁迅，而是在讴歌，讴歌并不是研究。一味的崇拜、赞美，冠以最好的形容词，过去有些人对毛主席就用过这样的一种方法，这种方法是不对的，鲁迅研究也不能用这种方法。我们不要害怕把鲁迅和他的同时代人以及他以后的人作一种比较的研究。可能我们还没有这样做。我看的鲁迅研究的著作很不完全，说这话有点冒险，说错了我很愿意改正。无论如何我们要解放思想，在这里就要解放思想。这样，我们才能写出有更大科学价值的著作，作出颠扑不破的贡献。拿鲁迅的小说来说，大体有一些是带着相当大的抒情成分的小说，有一部分是以讽刺为主的；还有一些是着重通过小说来表达某种思想观点的；还有一些是忠实地细致地描写当代和古代多方面的生活的，当然也表达一定的思想观点。每个类型的小说，鲁迅都达到了相当高的水平。但是这些小说都是需要评论和可以评论的，在评论中才能准确地说明鲁迅的特点。我们现在鲁迅研究就缺少这种评论。因为当我们写研究文章时，差不多是用了一种崇敬的心情，这样就很难进行科学的研究，很难产生科学的评论。我们今天能说这话，是因为我们大家都从对毛主席同样的那种心情里面逐步地解放出来，这样我们也就更真实地了解毛主席，对毛主席有更接近科学的评价。对鲁迅也是这样。如果是完全用一种门徒甚至教徒的心情是不能进行研究的。任何一个个人总是有限的。鲁迅对中国社会生活的了解、观察、认识，鲁迅对于新的文学艺术的掌握，鲁迅对于马克思主义和当代科学文化的掌握，这些都不能认为是无限的，不可逾越的。这样不但不能研究，而且会妨碍进行科学研究。我们曾经把毛主席所有的话当成禁区，不能去动它，这样的结果，就妨碍了中国的马克思主义理论的研究，自己把自己封锁了起来。研究鲁迅也不能这样。当然这样说，我决没有这样的意思，即可以采取一种轻率的态度，随便地，没有根据地，更不用说抱有一种不好的动机，恶意地去贬低鲁迅，那是我们所坚决反对的。我只是说，我们把鲁迅当作一个伟大的著作家、伟大的战士、伟大的思想家来评价，这不应该妨碍而且要求我们抱一种科学的态度来对他进行研究，这两者之间毫无矛盾。

鲁迅思想的历史的文化的背景很需要研究。鲁迅受到的中国古代作家的影响，这已经有一些同志写过文章，但还没有什么系统的著作。至于鲁迅受到的外国作家的影响，这个工作比较困难一些，因为要做这个工作，他就需要相当熟悉外国文学。现在有这样的困难，研究、熟悉外国文学的人好像没有参加或很少参加研究鲁迅的行列，而研究鲁迅的同志，多数对于外国文学不像鲁迅本人那样熟悉。这样我们对鲁迅的研究就会受到一种限制。怎样打破这种限制呢？可以找人合作，可以把两方面的力量合起来。还有，鲁迅对他的同时代人（我是说中国，但也可以在某种程度上推广到日本）的相互影响，以及他对同时代人的评价，这方面我们的工作是做得远远不够的。鲁迅虽然对他同时代的许多人进行过很尖锐的批评，但是他抱有好感的作家或其他方面的人也不少。虽然这方面他在文学上留下的痕迹不是那么多，对某个作家也许只说了几句话，但是这给我们一种线索。况且我们现在还有条件去访问一些人，了解这方面的真实情况。过去有一些评论，是比较简单的评论，缺乏综合性的评论，缺乏像鲁迅在新文学大系小说二集里所作的那种评论。比方说，鲁迅和茅盾，他们曾经共同编过两部中国当代的小说选，这是为斯诺和伊罗生翻译给外国人看的。他跟茅盾推荐这些小说，当然并不等于他对它们的作者全盘肯定，但是多数是表示他对这个作家，特别是对他所选的这个作品的肯定。在其他他所留下的文字里面我们还可以看到，鲁迅所肯定的人并不少，但是在这方面我们研究、讨论太少。鲁迅对于有些作家是相当尊重的，虽然他并没有说多少话。这里固然有与他年龄相差不多的人，也有年龄比他轻的，但是鲁迅看了他的作品就认为这样的作家有相当高的成就和很大的前途。这不光是对小说，在其他的领域有的时候也谈到过。

鲁迅小说的艺术以及他的散文的艺术，在它们的渊源方面也是研究很少的。我们的评论多少还有点像中国历代流传下来的文评、诗评、诗话，科学的研究比较少，中国历史上这种研究一向就比较少。讲鲁迅和庄子有什么关系，或者说鲁迅与韩愈的关系，鲁迅与屈原的关系，只从他的著作里找一点根据，如果说是研究，也只是一种入门性质的研究。真正的研究不能停止在这样的水平。要做更加深入的、更加吃力的、更加艰苦的工作。要做更加广泛的研究，即没有那么多一眼就可以看出的根据，而是需要我们去认真、仔细地观摩，去和其他很多著作作比较，然后才能得到结论。我们需要这样的研究。这样研究的著作，不但是一种学术的工作，而且，它对我们现在小说艺术的发展，对我们现在散文艺术的发展，也有很重要的意义。鲁迅的艺术观、社会观、历史观这方面已经有些论著，我们希望在这方面能够花更多工夫。这就要求不仅仅把鲁迅说过的什么话排比出来，然后加以赞扬。鲁迅在成为马克思主义者以后，他对于过去的文学还是非常重视的，比如说，在他一生的最后，还用了极大的努力翻译了《死魂灵》。在讲到《奔流》的编辑方针时说，介绍现代的作品，应当介绍现代作品的父亲，也要介绍现代作品父亲的父亲。我们对鲁迅的研究也必须这样穷根究底。

对于参加“左联”后的鲁迅，我们应该把他放在左翼文化运动活动里面来研究，应该把他看成是左翼文化运动的旗手，不应该把鲁迅同其他一些人的争论看成是一种敌对的关系。尽管鲁迅说过一些过分的话，这些话，鲁迅在另外的时候，也感觉这是说得过分的。当时鲁迅和左翼的一部分同志或者许多同志，在艺术观点上有些分歧。他当然不赞成所谓空头文学家，就是说左而不作。对于怎么看待艺术，艺术怎样来为革命服务，鲁迅的看法和其他同志的看法，也有一些区别。

研究鲁迅的艺术观不能仅仅限于他直接说出来的，而且应该包括他没能说出来的评价。比如我刚才说的他所选的短篇小说，他并没有作什么评价，可是他的选择就代表他的评价。还有他对于他自己的文字，以及对于别人的文字，对于自己的文字怎么加工，怎么修改，怎么要求；对于别人文字怎么样评论，这些评论有时是不容易觉察到的。在这些方面我们应当注意得更宽一些，包括他愿意和什么样的人作文字上的来往，而没有和另外一些人做文字上的来往，这就可以看出他不仅仅像他在文字上已经写下来的话。如他对郁达夫，他讲郁达夫怎样，讲他与创造社其他人怎样不一样，这是他写下来的，他还有许多没有写下来的。比如他们选的小说里，就包括了像《过去》、《迟桂花》那样的作品。他并没有给这些作品作过什么评论，也没有把郁达夫作为一个小说家进行什么评论。可是，他注意到，他肯定这样的作品，这就是他的评论。所以说，鲁迅的艺术思想，我们不能限于他直接讲出来的理论性的文字和论断。如果那样，我们所能讨论的问题就很有限了。我们应把这个范围大大扩大。他自己的作品，从《呐喊》到《故事新编》中最晚写成的几篇，有一个明显的发展过程，这也是他的艺术观的发展的一种说明。当然这种说明也只是一方面的，因为一个人写什么样的作品有一定的限制，不见得能够代表他的艺术思想的全部。比方说鲁迅并没有写长篇小说，但这并不等于说，他对长篇小说没有他的想法，没有他的观点。至于他的社会观、历史观，这方面的材料就更多了。

末了，我还想提出一个题目，就是外国对鲁迅的研究，对鲁迅的评论，我们要做研究的研究，评论的评论。这个工作我们做得很少，可以说没有做。这确实是我们的弱点，分工以后（与外国文学研究的分工）带来的发展的不完全。

以上说的只是我作为读者的一些希望，说出来只能供参考。发表希望是非常容易的，不费什么气力，要实现这些希望的某一条，却要有许多同志作很大的努力。更不必说，我说的话中还会有不正确不周到的方面。这方面希望大家提出批评。

关于史学工作的几个问题

（一九八〇年四月八日在
中国史学会第二次全国代表大会上的讲话）

中国史学会重新开始活动，这是中国史学界一件非常值得庆祝的大事。史学界的同志们让我来讲几句话。我想讲这样几个问题：第一，历史学有什么用？第二，目前史学工作所遇到的困难和应采取的措施；第三，有关历史研究工作的几个思想方面的问题。

历史学有没有用？这本来不成为一个问题，可是，在今天的会上，我们居然需要把它提出来，这件事本身就说明这的确是一个严重的问题。据说，在“文化大革命”中，陈伯达曾讲过，历史这门课程根本就没有用。因此，就把学校中的历史课都砍掉了。历史课在六十年代就已经被压缩了不少，经过“文化大革命”，更是遭到一场浩劫。现在初中、高中的历史课，都已开始恢复。小学现在还没有恢复，听说，正在研究把小学的政治课改为社会常识，在这门课程里讲一些中国历史和世界历史。全国高等学校的历史系都已恢复。历史系的学生，包括综合大学、师范大学、师范学院的学生在内，共有一万二千余人。据说，这个数字现在不准备再增加了。因为如果再增加，就可能遇到毕业以后没有合适的工作可以分配的问题。为什么会发生历史系学生毕业以后出路有限的情况呢？这说明我国历史学在粉碎“四人帮”以后，虽然正在逐渐恢复它所应有的地位，可是由于种种原因，仍然没有受到应有的足够的重视。所以，我们现在还要宣传历史学的重要性，还要答复这样的问题：“历史学有什么用？”

首先要指出，马克思、恩格斯、列宁都说过，他们的学说是历史的学说。他们是用历史的眼光来看待世界上的事物的。谁要是承认马克思主义有用，谁就要承认历史学有用。反过来说，谁如果认为历史学没有用，谁就要接受这样一个推论——马克思主义也没有用。历史科学本身就是马克思主义不可缺少的基础之一，是马克思主义的一个组成部分。大家都知道，恩格斯在马克思逝世以后，曾经多次讲过，马克思生平有两个伟大的发现，第一个就是唯物主义历史观，也就是历史唯物主义。有了历史唯物主义，历史学才真正成为科学。由此可见，历史学在马克思主义中的重要地位。所以，不难了解为什么马克思、恩格斯都那样重视历史科学，他们都写过许多历史著作，不但有关于他们当代的历史著作，而且有关于欧洲古代的历史著作。在这方面，恩格斯做的工作要更多一些。列宁对于俄罗斯近代史以及当代的世界史，都做过研究。斯大林也非常重视历史的研究，他对俄罗斯历史、世界史以及联共党史，都发表过比较系统的意见。这些意见尽管有的还有可以商榷的地方，但是，很多都是非常宝贵的，到现在还是很有意义的。毛泽东同志对历史学的兴趣，更是大家都知道的。他对历史问题发表过许多有着重要价值的意见。毛泽东同志始终充分地估计了历史学的重要意义。建国以来，很多重要的历史研究、历史著作的编纂和历史典籍的整理，都是在他的推动下开始的。所有这些，都说明了历史学和马克思主义的密切关系。

其次，中国是一个具有悠久历史的大国。它拥有极其丰富的典籍文物，这是一笔非常宝贵的历史遗产，是中国史学的骄傲，值得我们认真地加以消化，从中汲取营养。中国不仅是一个大国，而且是一个世界性的大国。它不是孤立地存在着，而是跟世界许多国家有着各种各样的联系。我们需要了解我们同这些国家人民之间的友好关系、经济关系、文化关系等许多方面的历史。也需要了解我们同许多国家在领土问题上发生过的不同意见、甚至争执。我们还要弄清楚我们同周围一些邻国或相距甚远的国家所发生的一些冲突，了解它们的历史真相。正因为这样一些需要，我们研究历史的任务，特别重大。

第三，为了认识和处理当前的现实问题，不能不研究历史。刚才说过，要研究马克思主义就要研究历史；说用马克思主义的方法研究问题，也就是说用历史的方法研究问题。如果对有关问题的历史没有相当的了解，我们就不可能全面地、系统地、正确地、有说服力地对现实问题作出判断，并提出从根本上解决问题的办法。当然，这不是说，不研究历史就不能解决现实问题。也可以解决。但是，要全面地、系统地、正确地解决问题，要提出有说服力的意见，就必须从历史上来观察和分析问题。我们在处理任何问题时，都不可不首先弄清楚那个问题的历史。这个历史包括当代的历史，即包括历史在当代发展的各个侧面。所以，我们国家各个方面、各条战线的知识分子、干部、领导人，都需要研究历史。当然，各种人需要研究的历史是不同的，可是需要研究历史则是共同的。谁也不能说他不需要研究历史，恐怕只有无知的人或安于无知的人才会说出这样的话，如果一个人不善于从历史上来考察他需要解答的问题，那么，他所提出的意见就往往是不全面的，不系统的，也不会有什么说服力，而且不可避免地要包含这样的弱点，甚至是错误。这已为大量的历史事实所证明。不管多么复杂的问题，如果用历史的眼光来观察、分析，都是可以理解的。对于历史学家来说，没有不可理解的问题。

所以，我们要正确地处理任何问题，都不能离开那个问题的历史，也就是说不能离开研究那个问题的历史学。我们生活在历史里面，也可以说，我们是在相当程度上生活在历史学里面。因为，我们不能不历史地看待问题，不管我们是否能完全做到这一点。这样说，比前面说的历史学是马克思主义的一个基础、我们国家是一个历史悠久的大国，更能说明历史学的重要性。

第四，历史问题本身就经常作为各种各样的现实问题，出现在我们面前。因为我们是生活在历史中间的，历史上的问题不可避免地要出现在我们的生活里面。即使有人非常不喜欢历史学，可是生活也会迫使他们去考虑历史学上的问题。比如，直到现在，世界上还存在着关于中华民族的起源问题，中国文化、文明的起源问题。这是一个非常古老的问题，又是一个非常现实的问题，需要我们解答。我们国家从来就是多民族的国家，而不是单一民族的国家。就以汉族而言，它也是许多民族逐渐融合起来的，有着各种各样的外来成分。中国的文化、文明并不全都是土生土长的，而是有着各种各样的外来因素，正如我们的文化、文明也渗透到其他国家和民族中去一样。对这个问题，我们应当研究。另外，在我们国内各民族之间，也有许多历史问题，这些历史问题也常常成为现在的问题，要求我们有一个正确的认识。当然，要找到一个正确的、大家都能接受的答案，并不是很容易的事。需要我们各民族的学者共同研究，大家都采取正确的观点，承认客观的事实和历史的发展，都向前看，顾全大局，这样就可以得到一个正确的解决。北京人民艺术剧院演过的话剧里，有两个很成功、很受欢迎的戏，一个是《蔡文姬》，一个是《王昭君》。这两个戏在一部分同志间就引起了截然不同的评论，这就是现实问题。我们不能不对学术界的问题作出正确的答案。我们现在还缺乏一部把中国各民族的关系完整地、系统地描述出来的历史。我们非常需要这样一部历史，哪怕是画出一个比较简单的轮廓也好。

刚才讲到中国的领土问题。解放以后，我国史学界做了很多工作，其中最有成绩的工作之一，就是在谭其骧同志和其他同志领导之下编纂的《中国历史地图集》。这项工作还没有最后完成，但它是非常了不起的工作，可以帮助我们了解我国领土的历史，而了解我国领土的历史，就是非常现实的问题。我们周围的好些国家，对于中国的领土和他们自己的领土，以及相互之间的边界的历史，有各种不同的说法。仅只是不同的说法这倒没有关系，如果把这种不同的说法作为行动的依据，这就是一个严重的问题了。所以，我们不能不了解我们领土的历史。哪怕一个对历史再不感兴趣的人，对这个问题也不能不关心，不能不寻求一个正确的答案。

关于我国对外关系的历史，我们已经做了一些工作，但是，还有很多工作有待于我们去做。我们对中国和某一个国家的关系的历史写了一些书，但这只能说是刚刚开始，或者说，我们的工作还太狭窄，有很多工作还没有很好地开展。我们很需要有一部比较全面的从古到今的对外关系史。由于缺乏这方面的著作，常常会使我们遇到一些不应有的困难，我们只好临时收集材料进行研究。其实，对这些问题，我们早就应该进行全面的、系统的研究了。

在我们的生活中还有许多现实问题的历史方面没有弄得很清楚。例如，中国各个民族，作为一个民族来说，应该从什么时候算起？我们的近代经济、近代政治、近代国家，应该从什么时候算起？等等。再如，中国作为一个统一的国家，历史很久，但是，也曾有过一些时期，统一的局面破坏了。那么，在那种分裂的情况下，中国还算不算统一的国家？这些问题在我们面前都不太清楚。如果我们不把这些问题弄清楚，就有可能在这个问题上或那个问题上产生混乱。

在我们的现实生活中，不仅有民族关系问题，而且有政治关系、经济关系、文化关系等许多方面的问题。我们不仅要考虑它们的起源问题，也要考虑它们的继承问题。由于"文化大革命""左"的影响，一些人对封建社会遗留下来的东西表现出一种深恶痛绝的感情，这是可以理解的。但是，几千年之久的历史，难道什么都不值得我们继承了吗？总有些东西应当作为我们的财富继承下来。究竟哪些东西必须继承，也是我们不能回避的问题。

此外，还有许多比较抽象的问题，我们也不能回避。历史发展有没有规律性？历史学作为一门科学，有没有存在的可能？不能说因为我们有了马克思主义，这个问题就不存在了。恐怕在我们许多人的心目中，这个问题并不那么清楚。历史发展的动力问题，在最近几年，在“文化大革命”以前，都有过讨论。社会主义社会的发展动力问题，也有过讨论。什么是历史发展的动力？什么是社会主义社会发展的动力？回答这些问题的现实意义是不言而喻的。当然，回答这些问题也是不容易的，可能要用很多时间，而且在答复问题的过程中会有种种分歧，可是，我们一定要给予答复。

至于说到中国历史学本身的继承问题，我们所遇到的问题也很多。例如，关于历史分期问题我们进行过很多讨论，我们都一致同意以鸦片战争作为我国近代史的开端。但是，我们不能因为有了这样一种分期，就不对清朝的历史进行断代的研究。现在已经有同志在着手这方面的工作。那么，怎样对待前人所编写的清史呢？他们所编写的清史中，什么地方可以利用，什么地方需要补充、纠正，什么地方要由我们另行研究，这方面的问题就很多。民国史现在也有许多同志在进行研究，并且有了相当的成果，可是，在这方面也有同样的问题。地方志的编纂，也是迫切需要的工作。现在这方面的工作处于停顿状态，我们要大声疾呼，予以提倡。要用新的观点、新的方法、新的材料，继续编写地方志。不要让将来的历史学家责备我们这一代的历史学家，说我们把中国历史学这样一个好传统割断了。应当说，历史系大学毕业生的出路是很多的。我们本来应当有很多工作需要大量的合格的大学毕业生去做。例如编写地方志就是其中很重要的一项。再如，我们有许多古籍和古代文献需要整理，这就要有很多能够校订、注释、考证古籍和古代文献的人才。我们要发展旅游事业，就要对我国的名胜古迹作出适当的、合乎科学要求的说明和介绍，这也要有许多历史学家的合作。另外，我们还要建立各种各样的博物馆、图书馆；我们的档案馆刚刚恢复，也远不能满足各方面的需要；我们还要出版自己的年鉴……等等。所有这些工作，都需要有大量的历史学工作者的参加。

那么，什么是当前我们史学工作所面临的困难呢？当前的问题是，从理论上看，历史学是非常重要的，可是从我们的实际生活看，历史学的重要性又表现得不那么明显了。这就是当前史学工作最突出的一个矛盾。

为了解决这个矛盾，首先要进行大量的宣传工作，说明历史学的重要性和当前我国史学工作的落后状况。这就是说，要写文章，做报告，造成舆论，使历史学的重要性得到应有的公认。同时，也要为发展历史学创造一些必须具备的条件，要把在现有条件下可以做到的事情积极地做起来。

我曾和一些同志建议，希望历史学也像数学、语文、外语、物理、化学那样，举办全市性、全省性、甚至全国性的竞赛或某种形式的选拔、表扬。可以先不是在全国，而是在一些城市、一些中等城市或省会举办。可以设立一笔奖金，奖励在历史学习方面表现得特别优秀的学生（不仅是中学生，也可以是大学生）。这种奖励应当包括帮助这些学生得到优秀教师的指导在内。过去一些全国性竞赛中的一些缺点和流弊，我们当然应当避免。

我们还要把历史著作的出版工作很好地开展起来。学术性历史著作除少数以外,发行数字一般不会太大。我们不应当因为有些书籍发行量小而不努力出版。我向我们的出版界呼吁,我们国家的出版社,无论是全国性的还是地方性的,有责任把那些有科学价值,但发行量不大、而生产成本却可能较高的学术著作出版出来。社会主义的出版工作绝不能是仅仅为着盈利,如果仅仅为着盈利,那就同资本主义的出版工作难以划清界限了。清华大学化学系同学提出"从我做起,从现在做起"的口号,我很赞成这个口号。根据这个口号,应当从社会科学院领导的中国社会科学出版社做起。如果我国的历史学家有什么有价值的科学著作在别的出版社得不到应有的出版机会的话,请送到中国社会科学出版社。如果中国社会科学出版社拒绝出版,那么请大家对我进行弹劾。

历史教学工作是我们培养史学工作接班人的基础。现在的历史教学状况,是很不能令人满意的。听说在北京有的高等学校里,教中国史的教师中竟有不识繁体字的,教世界史的教师中竟有不能阅读外文著作的。这种情况能适应我们历史研究工作向前发展的需要吗?我刚才说到研究历史的重要性时,我是说得很不完全的,我忘了说研究世界史的重要性,而这是不应当遗漏的。我现在也不去补充了,免得占时间太长,而且这个问题也不容易说好。可是,当我看到教育部规定的历史系世界史专业学生的阅读书目时,我不能不感到遗憾。难道读了这些书就能够成为一个合乎要求的世界史专业大学毕业生?当然,把这些书读完可能也就很不错了。可是,我们不能停止在这种水平。我们要改变这种状态，要一年一年地改变。这次会议时间虽然很短，但如果能推动一些同志，特别是在京的同志，提出一个改进历史教学工作的建议，由中国史学会提交给教育部，我想这会是很有帮助的。当然，我们也要考虑到现实的条件。可以提出最低方案，最高方案，也可以提出不是最低最高的方案，而是逐年前进的一种方案。教育部门是希望提高全国历史教学水平的。我们应当帮助、督促教育部门，使建议能够得到实现。

在这次会议上，还将讨论全国历史学研究规划。这也是很必要的。我只是匆匆地看了一下提交到这个会议上的规划。我希望这次会议能对这个规划作出进一步的改进，并把规划里面没有完全落实的部分落实下来。

重新成立中国史学会，这对全国历史研究工作的开展会有重要的推动作用。为了充分发挥它的作用，可以采取许多办法加强史学界的联系。除了召开会议以外，办刊物也是一种方法。现在有些地方出版了各种名目的《动态》。既然叫《动态》，顾名思义应当是报道研究工作的进展和问题的，可是，现在有些《动态》却不这样做，而只是登了一些文章，我希望中国史学会的恢复工作能够改变这种状况，能使史学界利用这种刊物加强相互间的联系，并对工作提出各种建议和讨论，从而减少一些没有必要召开的会议。这对中国史学会尤为重要，因为今天到会的同志中，很多人年事已经很高。要这么多老前辈长途跋涉赶来开会，实在是太辛苦了。我们应当尽量使这些同志减少这种劳累，让大家能把宝贵的时间和精力用在更有价值的地方。

最后，谈几个与历史研究有关的思想方面的问题。由于我没有做多少调查，所以，究竟这些问题说得对不对，没有把握，可能很多地方是不对的，请同志们指正。

第一个问题，我们还是要强调理论研究的重要性。历史本身就是一种理论性的研究。如果仅仅是记录过去的史实，那么这还构不成历史学。历史学是一门科学，它当然要包含一种理论，要研究历史发展的规律性，这就离不开马克思主义理论的指导。我们讲理论的作用，主要指马克思主义理论的重要作用。应当说，从实际的成果来看，我们史学界对于马克思主义理论的掌握还是很不够的，还存在很大的片面性和很多的武断，而这种主观武断的东西和马克思主义是没有什么共同之处的。

我们都知道，历史学的历史是比较久远的，也就是说，历史学作为一门科学的历史，也是比较久远的。马克思本人就说过，无论是发现现代社会中有阶级存在或发现各阶级间的斗争，都不是他的功劳。在他以前很久，资产阶级的历史学家就已经叙述过阶级斗争的历史发展。可见，不能说在马克思主义以前的历史学都不是科学或完全不是科学，至少它们也是有科学的成分的。否则，怎样解释马克思的这样一个重要的说明呢？同样的道理，对于马克思主义产生以后的一些非马克思主义的历史学，我们也不能认为全都不是科学或没有科学的成分和价值。

马克思主义是一门不断发展的科学，不是一个封闭的孤立地存在的体系。马克思主义要发展，就要不断地用历史科学以及其他科学所提供的新成果来丰富自己，只有这样，马克思主义才能经常保持它的强大的生命力，才能在各门科学研究方面，保持它的指导地位。毛泽东同志经常说，马克思主义只是为我们提供了解决中国革命的理论和实际问题的立场、观点和方法。所谓立场、观点、方法，不是几个抽象的条条，而是包括了一些基本原理，这些基本原理是在吸收新的科学成果中不断地发展和充实起来的。所以，马克思主义的历史科学也要不断地吸收在马克思主义产生以后的（当然也吸收马克思主义产生以前的）非马克思主义的或至少是没有标明是马克思主义的历史研究的成果。如果说，在摩尔根没有发表他的科学著作《古代社会》以前，马克思、恩格斯就不会形成他们关于古代社会的一整套观点。那么，在摩尔根以后，当许多学者对原始社会又有了许多新的研究和发现以后，我们也不能把这些新的研究和发现一概都当成是没有价值的，而不予理睬。如果采取这种一概否认的态度，我们就会变成教条主义者，而马克思主义也就不能说明新的问题了。

马克思主义理论是一个非常广阔的领域，里面有许多复杂的问题需要探讨。无论是马克思、恩格斯、列宁或其他的人，都不可能把全部的真理统统说完。事实上，没有任何人能把全部真理说完。如果认为真理可以全部说完，那么，这种真理就会变为谬误，我们就会由科学滑向宗教迷信。所以，当我们说到马克思主义历史理论的时候，不能把它简单化了。马克思主义的立场、观点、方法，应当成为历史研究的向导，而不能成为我们研究的终点。

第二个问题，关于历史研究的基本功。要研究历史，掌握马克思主义是一门不容忽视和不易掌握的基本功。但是，这还不是唯一的基本功，还有其他方面的基本功。马克思主义并不能代替其他科学的独立的内容。就是马克思主义的历史科学，也不可能把历史学的全部内容一概都囊括无余。因为马克思主义只是向历史科学提出一种基本的观点，而不是对历史学的一切问题都给予了现成的答案。

我听说，邓广铭同志曾经提出过所谓“四把钥匙”，就是：年代学、职官学、地理学、目录学。是不是就是这四把钥匙，我想这是可以讨论的。可是，后来曾引起一种批判，说这“四把钥匙”的说法是反马克思主义的，为什么不提马克思主义是钥匙而提这四种东西是钥匙？我认为，这样的批判和批评是不能成立的。这不只是给邓广铭同志恢复名誉的问题，也不只是给“四把钥匙”恢复名誉的问题。研究历史怎么能不研究年代学、职官学、地理学和目录学呢？如果这些都不清楚，怎么能够研究历史呢？这里说的是研究中国的历史，如果研究世界史，那么这四把钥匙就不够了。还应该有其他的钥匙。要研究中国的历史，不能不通晓古汉语；如果涉及其他民族，还要研究其他民族的历史和文学。研究世界史怎么能够不精通外国语呢！研究某一个外国的历史，仅仅精通这个国家的语文是不够的，因为一个国家的历史，不是一个国家的文献所能包罗无遗的，就如同研究中国的历史也不能不通晓一定的外国文献一样。所以，语言这把钥匙又是少不了的。

总之，我们既然要研究历史，研究科学，那就要把历史当作科学来研究。没有什么“捷径”可走。当然，邓广铭同志提出“四把钥匙”时，本是当作“捷径”提出来的，但是我认为研究历史科学不下苦工夫是不行的，不要寻求什么“捷径”。我想，邓广铭同志的意思实质上恐怕跟我说的没有什么矛盾，我只是把他的意思引申了一下，如果以为只用那么几句话或者一本小册子就完成了研究任务，那就没有什么科学可言了。你要研究物理学，你就要具备有关物理学的各方面的基础知识，不具备这些知识要研究物理学是不可能的。你要研究高等数学，你不把数学的一些基本门类的知识掌握了，要研究高等数学也是不可能的。研究历史是一件艰苦的工作，这方面的基本功，是不能排除、不能贬低、不能忽视的，必须狠下工夫。当然，我今天这些话应当是向学历史的学生说的，我不是说我们在座的同志没有掌握这些基本功。不过假如我们的基本功还有什么欠缺的地方，那么，我们也要继续学习。任何科学研究都不能满足于第二手、第三手的资料，必须掌握原始资料，在这个方面，确实没有任何“捷径”可走。所以，我们要重视马克思主义理论的作用，同时，我们又必须练好这些基本功。如果说，马克思主义是我们的向导，而路则是要我们自己走的，究竟能走多远，要看我们自己付出了多大的努力。

第三个问题，要放宽研究课题的视野。多年以来形成了一种现象，我们在有些题目上，不知不觉地，或者不是不知不觉而是有意识地集中了过多的力量。比方说，关于通史的研究就确实是消耗了过多的力量。当然，通史可以越编越好，可是，这个方面的工作如果不是依靠其他方面的工作按比例地给以支持的话，不是有许多断代的研究和专题的研究作为基础的话，它的发展前途显然是很有限的。我们不仅仅要作通史的研究或断代的研究，我们更需要用更多的力量进行富有意义的专题的研究。

还有一些题目，它既不属于断代的，也不属于那种传统的专题，而是新的现代的科学研究的题目，在这个方面，我们的努力就做得比较少。在解放初期，全国都学习社会发展史，差不多几亿人都学了社会发展史。由此可以设想和要求在中国出现研究社会发展史的专门家，可是却没有。我们到现在连一本比较像样的社会发展史也没有，甚至连比较好的小册子也没有。因为没有牢固的研究基础，小册子怎么能编得好呢？我们也可以利用国外的一些著作，但是我们不能满足于利用外国的著作，因为它们究竟说的是别的国家的情况，而不是我们国家的情况。我们需要有以中国的事实为主体的社会发展史。

我们现在也没有一部科学的文化史。文化史一般都是在通史里面，大概说到哪一个或几个朝代后，就有那么一个章节来介绍一下这个时期的文化。但是，按照现代的科学水平来要求，这恐怕还不能说是文化史，顶多能说是文化史的一些简单的介绍或材料。我们现在在这个方面还没有很好地开展研究。

在经济史方面，我们虽然进行了一些研究，有些专题研究还比较有成绩，但是这究竟是一个很困难的题目，总的说起来，成绩是不多的。

我们要研究经济史、社会史、文化史，还要研究政治制度史、政治生活史，等等。要研究的课题很多，并不是说这里提了什么大家就都去研究什么，而是说要把中国的历史科学研究推进到一个新的高度，有很多题目可以研究。如果说到世界史，范围就更广了。在世界史研究上，我们感到特别困难的是，我们翻译的外国的无论是史学著作还是历史资料都太少了。中国的学生要进行这方面的研究，如果他不满足像我刚才说的教育部规定的阅读书目的话，他会感觉到很大的困难。当然如果他是有志气、有决心的，他就会学习外语，直接钻研外国的原著。但是，我们毕竟还是要多介绍一些外国的著作和资料，来帮助整个的史学界。

第四个问题，科学与政治的关系。我不倾向于提倡科学要为政治服务的口号。我认为这种口号本身不能说是十分科学的。马克思主义认为，从长远的历史来看，政治不是目的，政治主要是实现各个历史时期经济目的的手段，同时也是实现各个历史时期其他社会目的的手段。社会主义的政治，是实现劳动人民经济文化目的的手段。因此，毛泽东同志一向教育我们为人民服务，我们从来不说也不可能说“人民为政治服务”。那样说就颠倒了主从关系，就违反了马克思主义历史唯物主义的基本原理。人民的需要才是目的。科学也是人民的需要。当然，科学在一定意义上也可以说是一种手段，要追求一种真理就发展起来一种科学。

我们这样说，并不意味着政治是不重要的，科学可以脱离政治。在我们的时代科学是不能同政治脱离的。政治是实现人民经济文化需要的最重要、最强有力的手段，其他手段包括科学在内，在特定的条件下，不能不使自己的活动和政治要求协调一致。所以意识形态的各个领域，各种各样的思想形式，各种科学思想的发展都不能离开政治。在某种意义上也可以说，科学为政治服务，但是这是在特定意义上讲的，而不是一般意义上讲的。可以拿打仗作比方，打仗不是目的，而是一种手段，可是打仗的时候，作战的部队是最重要的，其他的方面就要做支援工作。在这种意义上，也仅仅在这种意义上，科学也可以说是为政治服务的。

所以，如果要问，历史科学能为政治服务吗？可以回答说不能，也可以回答说能。这就看我们怎样解释这句话的含义。如果借口有政治需要，就要求历史科学违背历史科学的真实，篡改客观事实，那样将不仅破坏历史科学，也将破坏社会主义的政治。因为依靠虚假的事实，不能构成历史科学，同样也不能构成社会主义的政治。事实是最有力量的。事实不能永远被掩盖住。历史科学满足政治需要的正确理解应当是，历史向社会也向政治提供新的科学研究的成果，而社会和政治则利用这种成果作为自己活动的向导。这样做，既完成了历史科学本身的任务，也完成了政治所给予的任务。这不但丝毫没有伤害历史作为一门科学所应有的尊严，相反，它既增加了历史的荣誉，也增加了社会主义政治的荣誉。因为这种政治是科学的政治，是建立在科学研究的基础上的政治。历史学家能以自己的研究来为这种科学的政治提供科学的基础和依据，这是它的光荣。所以，要看我们怎样理解它。如果把历史科学和其他科学为政治服务理解成为一种从属于政治的临时的局部的甚至错误的需要，那就会像刚才说的，既破坏了历史科学，也破坏了政治本身。我们的历史学家当然要拒绝这种毁坏历史科学的做法。我们的马克思主义革命家也要拒绝这种毁坏社会主义政治的做法。因为这种政治离开了科学，也就离开了马克思主义。马克思主义要求的是科学的政治，真正适合时代需要的政治，为生产关系服务的政治，也就是为人民服务的政治。

应当提出,历史学家为人民服务,可以是提出与迫切的现实问题有关的科学见解或建议;也可以是写出高水平的科学著作,开拓人们的历史视野,提高人们的科学认识能力,推动学术进步,争得祖国荣誉。我们的社会主义政治是有远见的政治。我们对历史科学的这两方面工作都需要,都重视。

我在社会科学院举行的几次会议上曾经提出过一个口号,就是我们的社会科学院应当成为党和政府的忠实的得力的助手。所谓做助手,不是意味着做应声虫。如果要做应声虫,那就不需要科学,不需要社会科学院这样的机构,也不需要社会科学家的存在了。所以需要助手,是因为这个助手,能够用他以科学家的良心和毕生的心血从事研究而取得的科学成果,贡献给党和政府,并且通过党和政府,贡献给人民,贡献给历史。历史学家是历史的研究者,同时也应当是历史的促进者。我想,我们应当这样来看待科学和政治的关系。这样做,我们既不会对不起我们所从事的历史研究工作,也不会对不起我们所献身的社会主义政治。我们可以问心无愧地说,我们完成了历史所赋予的光荣使命。

中国社会科学院的根本任务

（一九八〇年五月二十八日在
中国社会科学院第一次党代会上的报告）

这次社会科学院党代表大会，是我院成立以来第一次大会。在过去，哲学社会科学部时期也没有举行过像这样作为全院党的领导机关的代表大会。我们是按照党章修改草案的规定，得到中央书记处的同意，在中国社会科学院实行党委领导下的院长负责制的。过去实行党组制。党的代表大会选举了党的委员会以后，党组就结束了它的工作。这次代表大会，虽然经过了很长时间的准备，工作仍然不能够完全合乎理想，但是无论如何这是我们向理想方向前进的重要一步。

在这次代表大会上，我想讲一下社会科学院的根本任务问题，主要是这样几个方面：社会科学院为国家的现代化所要完成的任务；为社会科学的现代化所要完成的任务；为社会科学院本身的现代化所要完成的任务。最后谈一谈关于党的工作问题。

关于社会科学院的任务，我不想具体列举了。我想说一说社会科学院这样一个科学机构，在我们国家应该起哪些方面的作用。

首先，它应该通过科学研究的成果，来做好党和政府的助手。这也就是为社会和人民服务。

其次，它要探讨当代社会生活中的重大社会科学问题，努力作出解答。当代社会生活中的重大社会科学问题，包括中国的和世界的。对于这些问题要作出答案，是不容易的，但我们要努力求得解答。这是一个社会科学机构所不可推卸的责任。

第三，要总结和普及前人的以及当代的社会科学方面的成果，并且在这个基础上来提高中国社会科学的水平。

以上三方面的作用有互相重复的地方，但是着重点不同。

社会科学院应该在这几个方面进行工作，来对党、政府、社会和人民作出贡献。社会科学院成立的三年中间，全国各方面对于社会科学院的期望很高。我想我们的工作也许可以这样说，期望很高，成就有限，影响不小，责任很大。成就有限这是正常的，这不是我们的过错。我们可以不去回溯解放以后十七年的历史，只从中国社会科学院的成立算起到现在，不过三年零一个月。在这三年中间，全院的同志在很困难的条件下面，工作是很努力的，在党中央的领导下，贯彻十一届三中全会精神方面做了不少工作，特别是哲学、经济学、法学、历史学、文学等方面有比较显著的成就。这个成就究竟是初步的和有限的。我们要把中国社会科学院的任务全面地担当起来，全院的同志，首先是全院的共产党员，是负着非常重大的责任。党的代表大会一定会着重来讨论我们怎么样才能够更好地担负起我们的责任，怎么样才能够团结一致地为中国社会科学事业的繁荣昌盛，作出我们应有的贡献。

现在我说说关于中国社会科学院跟国家现代化的关系。

社会科学院要努力为国家的现代化服务。国家的现代化不仅仅是四个现代化。叶剑英同志去年国庆节的讲话，已经说明了这一点。我们在为国家现代化服务方面有重大的责任。

其次，我们要努力把中国社会科学提高到现代化的水平。通常说的科学技术现代化里面，当然就包括有社会科学的现代化。我们要争取中国的社会科学实现现代化。

同时，我们作为社会科学院的工作人员，作为在社会科学院工作的共产党员，就得要努力使社会科学院的工作现代化。

现在我再就这几个方面作些具体说明。

关于社会科学院怎么样为国家的现代化服务。我想我们整个的社会科学院都在为国家的现代化尽力，当然在这个方面，研究经济学的几个所担负着更直接的任务。可是，其他的所也都从不同的方面为国家的现代化作出贡献。法学所从加强我们国家的社会主义法制这一方面，来帮助、促进国家的现代化。这些是属于直接的应用的。其他有的所，比方说哲学所、考古所、语言所，它们是不是在为国家的现代化服务？都是。一个现代化的国家，不可能没有自己的哲学，没有自己的文学、文学研究工作，没有自己的考古工作，没有自己的语言学的研究。这是我随便举的例子，这些方面的研究和全国各条战线一样都在为我们国家的现代化作贡献。

有同志提出，希望把理论与实际联系的问题讲一讲。社会科学院是研究社会科学的，那就是说，它是研究理论的。它怎么和实际联系起来？理论与实际相联系，这是个总的要求。

但各个学科的研究任务不一样，同一学科研究的不同题目性质也可以很不一样，我们不能提出简单划一的要求。如果提出这样的要求，那就行不通，那就要犯错误。社会科学各门学科的客观性质早已决定了这一点，而且我们过去三十年的经验，也充分地证明了这一点。有同志说，研究哲学的人常常受到这样的批评：哲学是从概念到概念，这样的哲学不受欢迎。哲学不应该也不可能脱离现实斗争。哲学家不但要解释世界，而且要改造世界。但是哲学确实要研究大量比较抽象的问题，其中许多问题确实并不是所有的人都理解，都有兴趣。实际上任何一门科学都有类似的情况。例如数学，大家都承认它非常有用，但数学研究的问题不是都能够直接应用。我们要努力把哲学的规律性和方法性的知识运用到实际中去，这很重要。这是一方面的任务。但是，如果把哲学研究的任务缩得很小，认为哲学只能研究一些可以直接应用的问题，只能用来解释当前政治的形势和任务，这就不对了。世界是什么？人能不能认识世界和怎样认识世界？人的活动有没有规律，有没有自由，有没有意义？什么是真、是善、是美？这些永远是哲学研究的对象，我们永远不能满足于重复过去的答案。随着历史的前进和人类认识的前进，每个时代都要寻求和过去时代不完全相同的答案。我们不能停止在马列主义的现成书本上，而必须对人类的新经验、新知识作出总结。

所以研究这些哲学的根本问题和重大问题，仍然是我们马克思主义哲学家的首要的任务。实际上，在哲学史上，也只能这样来衡量和评价哲学上的成就。认为研究哲学的根本问题和重大问题，就是从概念到概念，就是脱离实际，这种批评是不对的。研究这些根本问题和重大问题也仍然是为实际服务，因为概念是从实际生活，从实际世界产生出来的，研究这些概念，是实际生活、实际世界、科学发展的要求，这并不是任何个人的玄想决定的。彻底地研究清楚这些问题，作出明确的答案，那么它也就会参加改变世界的工作。

研究历史也遇到过一些非难。例如，有人批评某些历史研究者是“为历史而历史”。我们当然不赞成为历史而历史，实际上这也是不可能的。任何一门科学都是一座庞大的殿堂，需要有很多学者在很多方面进行不同种类的工作。如果一个人的研究得到有价值的成果，这个成果会成为科学殿堂的一个组成部分，成为对人民有用的精神财富，我们就要感谢他的工作。社会科学的工作任务、工作方法是各种各样的，不可能设想所有科学问题的解决都会对社会主义建设或人民的日常生活直接有用，我们不能对科学提出这样狭隘的、短视的要求。

科学的天地是广阔的，我们要求科学的主流，但是不可能所有的科学都成为主流，这样就没有主流，主流也不可能产生。作为主流，我们当然是要重视实际的问题，研究当代最迫切的问题。但是，哪怕是我们在研究一些最实际问题的时候，例如调查某一个地方，写出某一个地方的情况、经验的调查报告，作为社会科学院派出去的调查组写出来的调查报告，应该和其他的调查组的调查报告至少有一点不同，就是我们要力求对所调查的事实作一种理论上的探讨和解释。

研究一些比较抽象的问题或者研究一些离开现在比较远的问题的时候，固然要冒受到刚才说过的各种各样批评的风险。可是另外一方面,也有同志认为,还是研究比较抽象的、古代的问题比较安全,因为在这方面即使研究得不好,也不会马上受到什么样的指责。而研究实际问题,如果被认为是不正确的,就会受到严重的批评。这也是一种风险,而且这种风险更大一些。我们认为科学研究总归会有风险,科学工作的任务既然是探索未知,就难免会犯错误,会失败。我们应该宣布解除这些风险的警报。我们决不因为有一些题目比较离开实际,去作一种不合理的指责,也不要因为研究实际问题,提出的意见被认为不正确而受到一种不合理的指责。这两方面的工作,如果作出成绩,都是对科学的贡献,也都是对社会对人民的贡献,对党对政府的贡献。当然,从科学工作者本身来讲,也应该有科学上的勇气,不因为会受到种种不合理的指责,而在科学研究的道路上畏葸不前。

究竟什么算是一种科学的成果?我想我们的科学的成果,不管是采取什么形式,它都应该至少要有这些条件:它有足够的事实的根据,经过周密的论证,提出一种有系统的创新的见解、意见。可以是成本的著作,也可以是单篇的论文。也可以是翻译,翻译也可以是一种创造。也可以是一种资料的编辑,它所编辑的资料使用了别人所没有使用过的资料,发现了别人所没有发现的价值,这就是一种创造。对于实际工作经过调查研究以后提出来的方案,也是科学成果。对于实际工作提出来的方案、意见,可以被采纳,也可以不被采纳,也可以被部分的采纳。我听说有些国家,对于科学研究机关采取这样的办法,就是向科学研究机关提出一个题目,要求科学研究机关对于这个问题提出自己的系统的意见。这样的研究成品，可以被采纳，也可以不被采纳，但是都有报酬。也许我们将来可以把我们的工作制度改革得更加合理一点，有些研究单位就可以实行这种办法，由一个政府部门来定货，然后由这个政府部门付给报酬。当然，提出的方案也不能说都是百分之百的正确的、完满的、有效的。另外，主管采纳不采纳的人，他也不可能始终是正确的，也许一个正确的研究成果没有被接受，这不证明这研究的结果没有价值。在这一方面，我们希望同志们，把刚才说到的各种各样的顾虑都打消，我们应该勇敢地进行我们的科学研究工作。

还有同志提出，学术的问题同政治的问题究竟是一个什么样的界线？在什么时候学术的问题就会变成为政治的问题？我想，学术的问题，跟政治的问题是两样的，学术就是学术。当然政治问题也可以成为学术问题。那么政治问题是不是就不可以讨论呢？政治问题当然可以讨论。讨论、研究和发表，这是不同的范围的问题。有一些比较尖锐的政治问题，它发表不发表，这不是学术问题，这是很清楚的。涉及国家的重大的利害关系的问题，这本来就是一个政治问题。政治问题就应该作为政治问题去对待。我们也要研究政治问题，但是，我们是要当作科学来研究，我们就在研究政治学。我以前说过，我们不希望把社会科学院变成一个时事的论坛，因为这不符合社会科学院的身份。社会科学院的任务不在这一方面。它如果讨论政治问题，就是把政治当作一个科学的对象，它要写出有严肃性的、有充分论证的、系统的科学著作。这样的科学著作，应该有它充分的自由。

我刚才说的，都是为着说明理论与实际联系的问题。我想我们应该采取这样的态度，就是理论与实际之间的关系，虽然总的原则是要结合，但是，在什么样程度上结合，在什么条件下结合，在哲学社会科学领域里面，是会有非常不同的情况的，我们不能用一种狭隘的简单化的尺度来对科学研究提出要求。在这个方面，为着发展我们的社会科学研究事业，确实需要不仅仅把“文化大革命”十年中间种种错误的提法，错误的观点，加以批判，加以纠正，就是在“文化大革命”以前的十七年中间，也有不少不正确的提法，不正确的观点，不正确的作法，对研究人员不正确的处理、对待，也都应该加以纠正，这样我们的社会科学才能够得到繁荣。总之，我是想说，为现代化服务这是一个很广阔的天地，我们应该在很广泛的意义上去了解，不能认为只有某些工作是为现代化服务，而另外一些工作就好像是在国家的现代化过程中间可以忽略的。如果是那样，我们的国家不可能有一种健全的现代化。

下面我要说一说我们社会科学怎么样现代化。

第二次世界大战以后到现在的三十多年中间（甚至有一些在第二次世界大战以前就开始了），哲学社会科学有很多新的发展。发展了一些新的领域，发现了一些新的研究的对象，发现了一些新的研究方法。我们需要分析这些新的发展，哪一些对我们有用，哪一些在某一方面有用，在某一方面需要批判。应该承认，我们现在所掌握的哲学社会科学的知识，整个的说来，比较旧，对于新的情况很不熟悉。有一些可以在哲学社会科学方面广泛利用的新方法，我们现在还不能够利用。这样，使得我们同世界上学术领域中共同有用的方面，处在一个相当落后的地位。我们要努力改变这种状况，使得我们的研究，能够达到世界的先进水平。在过去三十年中间，我们的科研工作不但中断一个时期，而且本来我们有一些学术领域，就非常薄弱。不仅仅是新发展起来的学科、资料、方法方面的空白，而且就是比较老的知识，我们本来就没有人研究。我们讲现代化的时候也得要包括把这方面的空白弥补起来。

还要提出这样一个问题：社会科学尽管在不同的社会制度的国家里会有不同的评价的标准，可是，还是有可比的部分。在我们过去用力量比较多的研究范围里，我们工作的成果还有一个科学水平高低的问题。如果我们的科学水平比较低，那么也需要提高。有一些方面，我们的工作确实在学术上是完全站得住的，在世界上得到公认是高水平的。但是，这样的领域不多。在多数的领域里面，我们做的工作不能够拿到“奥林匹克运动会”上去比赛。我们可以说，不同的理论的观点，应该有不同的评价的标准。可是我们有没有利用大量的资料？我们有没有对所涉及的问题作各方面的非常充分的讨论？我们的论证是不是严格的科学？这些方面都是可以比较的。我们不能不承认在大部分领域里，我们是相当落后的。作为我们三十年科学研究的成果，我们能拿出多少本书来？当然，我们的研究成果不能完全用书来表现，确实有一些研究成果不表现为书，但这毕竟是少部分。我们是社会科学的研究机关，一个工厂的成品要摆出来，不但要展览，而且要拿到市场上去，那么我们能够拿出多少产品？除了少数有系统的研究著作以外，我们只能够拿出一些小册子，或者说一些讨论集。所以，我们要进行多方面的努力。对我们已经进行的工作，我们要求有足够的高水平的成品；对于没有研究的领域，我们应该努力想办法，来开拓这方面的研究；对于战后世界上社会科学方面的一些新的发展，我们要努力地去掌握它。社会科学的现代化，是一个非常繁重的任务。我们所需要解决的问题，需要进行的新的工作，要比自然科学多得多。而我们的力量比自然科学方面要少得多，薄弱得多。我们的责任是非常繁重困难的。

现在社会科学院的各个所正在着手制定长远规划，我们整个的国家要求作长远规划，我们社会科学也要作长远的规划。有的同志希望能够谈一谈对于这些长远规划的要求，因为哲学社会科学的门类很多，社会科学院各个所研究的领域互相不同，并且对于各个所研究的情况，研究的力量，我了解得很少，所以很难在现在答复这个问题。但是从我们已经进行的工作，和现在正在进行的工作来说，往往对于一些全面的，或者从古到今，或者是一种包罗各方面的教科书式的著作要求比较多。这些著作是需要的，提出这些要求也是有理由的。但是，这里面也有一种危险，就是可能把我们本来就很不雄厚的力量拖到一个我们现在还不能完全胜任的题目上面去了。这样，就消耗了我们主要的研究力量。最后也能产生一些成品，但是这些成品，很难希望它有一个高的科学水平。因此，请大家考虑，是不是我们还是要求一些过去已经比较有研究基础的学者，在他比较熟悉的范围里面，写出一些专题的著作。因为他在这方面有专长，而这种专长是别的国家的学者所不容易有的，我们就可能对于某些方面的题目写出真正有世界价值的学术著作。这样的专著，应当像通史、概论一样，受到同等的重视。这样才不至于把我们的力量变成打消耗战，四面出击，平分兵力，结果我们真正有研究的、或者可能在这方面产生重要研究结果的题目放松了，放弃了。不仅仅是我们中国学术上的损失，也是世界学术上的损失。

比方说在中国历史方面，我们写了很多通史、农民战争史等著作。这个工作当然是需要的。可是，有一些题目，我们没有怎么考虑过，比方说中国的专制主义。研究中国历史上的专制主义，它是一个什么形态。假如我们写一部书叫《中国的皇帝》，分析中国的皇帝大约有多少个类型，皇帝的权力可以达到什么程度，这个皇帝要对他周围的大臣，或者他的宫廷之间建立什么样的关系，才能维持他的活动，诸如此类吧，这种题目，确实中国人来写比其他的国家的人来写方便。要讲发展我们的优势，恐怕这也是我们的优势吧。我们过去考虑我们研究的题目的时候，就是因为我们没有深入实际，没有深入我们的对象。就是说我们社会科学院有哪些方面的学者，这些学者在哪些方面知识比较丰富，可以利用的材料比较多，因此，可以在哪个方面作出前人所没有作过的研究。当然我这是随手举例子，是当作一个方法来讲的。就是说我们现在要制定规划，我们希望提高中国社会科学水平，可能我们过去走的路，有一些简单化。这样可能不太容易达到目的。我们对于专题的注意太少，研究太少。我们要写通史，要写概论，也就很难提高它的水平，因为很多的问题都没有专门的研究，都没有详细地占有材料，这样只能够做到一种基本上还是人云亦云的水平。虽然可以把书编得比较好看一些，但是没有什么特别新的观点和特别深刻的见解。因此，我们就经常做许多重复的工作。这里我自己要作自我批评，我就提出过这样的意见，比方说要有多少卷本的，或者是中国的什么史，或者是世界的什么史。如果没有相当长时间的，充分的专题研究作它的基础，那么，这样全线出击，这样的著作的水平是不容易提高的。

拿哲学来说，我们现在需要用新的知识作基础的，用新的方法写出来的关于唯物主义、关于辩证法、关于历史唯物主义等等著作。可是，我们现在没有这样的书，我们的书，几乎都是照一个格式写出来的。实际上，在哲学的根本问题方面，现在有很多新的事实需要我们去答复。出现了许多新的情况，我们的书不能老是用原来那样的编法。

三年以前我到社会科学院，就听到这样的谈论，说现在研究辩证唯物主义和历史唯物主义的同志最苦闷了，感觉到没有什么工作可做。这是为什么呢？就是因为我们的思想方法受了一种不合理的限制。我们应该把世界上的科学事实，用马克思主义的科学方法来加以研究。世界上的科学的事实是不断地在那里发生、发展、变化，我们怎么能用一百年以前的，或者用一百几十年以前的科学水平来加以剪裁、挑选呢？这样做我们怎么能在科学上作出贡献呢？现在有一些学校里面的一些学生，对于政治课不满意，我们不能说这是编教科书的同志的责任，或者是讲这些教科书的同志的责任，这是我们的责任。我们没有供给他们新的材料，根据中国、世界新的事实提出来的新的科学著作。我们没有拿这些著作来武装他们。有一些青年，现在思想上表现很大的混乱。其中有一些人说，由于感到苦闷，他研究了马克思的著作，特地把《资本论》从头到尾读了一遍，觉得完全不能解决他的问题，因此，他就对马克思主义发生怀疑。这些青年的很多观点是错误的，但是，他们发生这么一种现象，我们要想到我们的责任。我们一定要努力写出一系列充满事实、知识和创见的新颖生动的哲学社会科学著作，这些著作要根据历史和科学的最新发展，解答现实生活中的各方面问题，来帮助广大青年认识马克思列宁主义、毛泽东思想的基本原理，树立革命的世界观、人生观。这是当前哲学社会科学工作者的重要职责之一。我们不但过去搞了很多的清规戒律，而且直到现在还在守着这些清规戒律，使得马克思主义这一门应该是最富有生气的科学变得没有生气。我们的社会科学院的科学研究工作者，我们的共产党员应该负起这样的责任，研究新的材料，研究新的问题，研究新的方法，写出新的著作。这种著作从内容到外表，都跟过去不一样，这种不一样并不是标新立异。历史前进了这么久了，怎么能够不发生变化呢？而且，就是同一个时代，每一个人也有它的个性。虽然是研究科学，科学的著作也不能不表现出它的个性。怎么能够容忍千篇一律的著作呢？所以各门学科都要求产生大批的新的科学著作，真正有科学价值的新的著作。

这种新的科学的著作，首先是指马克思主义的著作，关于马克思主义的哲学、政治经济学、历史学的著作，还有其他的社会科学著作。有一些学科，也许跟马克思主义的关系没有那么密切，这当然也是需要的。就是那些与马克思主义比较密切的学科，我们也不能要求产生出来的著作讲的都是马克思主义。只要它是确实有学术的价值、有科学的价值，终究会为我们人民所运用，为我们的社会所运用。最重要的是要有一定的质量，是一种科学著作，而且它是有创见的，不愧是一本新的科学著作。

有些同志希望我说一下，就是要求中国社会科学院从事研究工作的同志，集中力量来进行科学研究，不要分心外骛。比方说如果每个所都想自己搞一个出版社，如果很多同志以个人自由使用业余时间为借口，把主要精力放在所里分配的科研任务以外的事情上，我们就很难集中力量来提高我们社会科学院的科学水平，我们也就没有对我们的国家作出最好的贡献。今天的报纸上发表了邓小平同志为儿童节给中国少年报的题词，上面说，希望全国的少年儿童要立志为人民作贡献，为祖国作贡献，为人类作贡献。我们不是少年儿童，可是，我们需要立志为人民作贡献，为祖国作贡献，为人类作贡献。这只有通过严肃的科学研究，拿出同我们的国家、我们的时代相称的产品才能做到。

为了使中国的社会科学达到现代的世界的先进水平，我们必须解决培养青年研究人员的问题。这个工作因为过去很长时间的耽搁、浪费，就显得特别重要，特别迫切了。我们怎么能够培养起一代青年的社会科学家？我想我们的工作应该包括这样几个方面。一个是对于现在全国各大学的同哲学社会科学有关的系提出要求。社会科学院应该在自己规划里向教育部提出培养社会科学各系各个专业的大学生的要求。对于能够培养研究生的各个大学，提出培养研究生的要求。还要提出派遣出国研究生的要求。社会科学院自己设的研究生院，应该下决心办下去，并且把它办好。现在已经办了两年多，不久以后，第一批毕业的研究生就要出来了。我不了解详细情况，我听说有好些研究生，成绩是很优秀的。现在有许多的困难，要修建研究生院的房子，包括研究生的宿舍。各个所对于研究生院作了很大的支持，希望继续支持下去；有些所的工作做得不够好，希望今后改善。我们院里面有一批老的专家。这些老年的专家，多数现在还能够做相当的工作，怎么样解决他们的助手的问题，或者是派人做他们的学生、徒弟的问题，要尽量当作一件重要的事情来研究、解决。这问题不是想像的那么容易，但是我们要尽可能的做这一件事。我们的研究人员要进修。采取什么办法进修，进修一些什么东西，这是一个比较复杂的问题。因为各个人的情况有很大的不同。我们想，青年的研究人员，首先要求他们一定要掌握一门到两门外国语，除此以外，他们还要进行一些专业的学习。我们有这样一个提议，就是我们可以在全院范围里面实行五日工作制。一个星期做五天工作，第六天专门学习。当然这是对于经常要上班的工作同志来说的。对于一些在家里进行工作的研究人员，这个方法不一定适用，有些同志说得很对，他们在进行研究工作的时间，不要说五日工作制，就是七天也不够，所以，对于这一部分同志，可以不受这个办法的限制。对青年研究人员，我们希望能够安排各种学习的条件、教学的条件来满足大家的学习要求。对于辅助工作人员以及全院所有的工作人员，五日工作制都可以使用。当然星期六还是得有人值班，必须做的工作，还是要有人做。但是可以使这一天成为大家的学习日，按照不同的需要学习。这是一个复杂的组织工作，具体的问题还需要进一步研究。

下面谈谈社会科学院的现代化问题。所谓社会科学院的现代化并不是说在这里要安装多少种自动机器、计算机或者其他的机器，那些是另外一个问题。我们现在所指的不是这个方面的问题，而是指现在的社会科学院离一个现代化的科学研究机关还相当远，有很多的工作方法、工作制度不适应，要使它们适应起来。

首先要加强全院的计划工作。要使得整个的社会科学院是一个按照计划来工作的科研组织，从上到下各个方面都要有计划，计划要有严格的检查，要能够做得到。如研究所认为这个计划是可行的，那么就必须要按计划执行，使得实现。如果要修改也必须履行一定的批准手续。个人的计划要纳入到集体的计划以内。有一部分同志有一些特殊的情况，在集体计划里也可以做出安排。因此，要加强院一级的计划的机构，加强计划的组织工作、检查工作。否则，我们提出来的关于提高和发展社会科学的计划，都难以实现。

其次，就是各个所要实行经常的考核制度。最近，我们实行了全院的评定职称工作，这个工作是必须的，因为已经有很多年没有做这方面的工作。这项工作整个的说来，是有很大的成绩，调动了大家从事科学研究工作的积极性。但是也有缺点，占的时间太多，以后不能够再继续用这种办法。那么用什么办法？就是要把考核的工作经常化。每年应该对所有的工作人员的工作考核，这种考核按照各个单位的情况不同，采取不同的方法。总之，要使它比较简便、合理。考核的结果，原则上来说，凡是工作成绩优秀的，或者有优秀的工作成果，就应该增加工资或者提高级别。国务院已经原则上确定以后工人主要用奖金来增加收入，一般的不增加工资；增加工资主要的用在机关、学校、研究机构、各种事业单位。这种增加工资，当然要同工作的成绩、工作表现的考核相结合。所以我们有可能实行这样的办法。这不是说每一年或每一件工作都要有这样一个结果，我们也还需要有其他的奖励方法。怎么样来进行考核，今后经过研究要做出具体的规定。另外一方面，对于没有完成任务，没有执行计划，考核（包括在一定范围里用考试的办法）的结果很差这部分人当然不能够享受刚才说的这些待遇。如果有相当长的时间，不但一年而且连续二年、三年都不能完成任务，那么这样的人，就要采取组织上的措施，就要实行调动。过去哲学社会科学部历史上已经形成这样一个状况，有一部分分配来的同志，不适宜于研究工作。其中有一部分人经过多年的学习努力，已经能够参加研究工作；而另一部分人因为这样或者那样的原因，仍然不适合做研究工作。可是这个问题长期没有解决。我们讲现代化，我们社会科学院提出来，批评现在的政府机关臃肿、人浮于事、效率太低，种种的不合理制度要改革。可是社会科学院自己不能在这一方面做出榜样，那么我们提出来的意见的价值就要受到很大的损害。所以，我们要把社会科学院整顿成为一个有效率的、为现代化而奋斗的一个机关。这样做不仅仅对我们本身是需要的，而且还有着远远超出本机关以外的意义。当然，这个问题是一个老大难问题，很不容易解决。但是我相信我们代表大会所产生出来的党的委员会，有决心、有能力、有办法来把刚才说的这种要求加以实现，使它由理想变成现实。我们要求各位代表同志，请你们在全体的党员里面，然后再在全院的工作人员里面，造成舆论，使之逐步实现。刚才说的，要使得我们社会科学院现代化，摆脱它多年存在的老毛病，使它变为一个有效率的、为现代化奋斗的机关，是会对一部分工作人员造成困难。但是，为着我们整个国家的利益，必须要这样做。不仅社会科学院要这样做，整个的政府机构，其他的事业机构也都要这样做。当然也可以由党中央、国务院做出统一的决定以后，我们再根据党中央、国务院的决定来施行，这样做可能比较容易些，困难少些。但是也有这种可能，我们首先创造经验，做出范例。如果是这样，我们也要下决心做下去，一定要达到目的。对于不适合于在社会科学院工作的同志，首先要向他们提出要求，并给以一定的时间进修提高，然后经过考核，仍不能适应，就要决定调动他们的工作。对于决定要调离的同志，也要做适当的处理，适当的安置。调动到对他们比较适宜的工作岗位上去，以便让他们对社会主义建设作出切实的贡献。如果说因为年龄很大了，那么现在国家已有退休的办法。新的党章已宣布，对党的干部，废除实际上存在的终身制。党的干部都要废除终身制，难道我们社会科学院可以实行一种终身制吗？所以，我们现在就是要在整个社会科学院造成一个强大的舆论。有的同志建议，社会科学院可以实行一种聘请的制度，就是对于研究人员和科研辅助人员，每年发聘书。如果有人没有接到聘书，那就是说社会科学院已经停止聘请。停止聘请都要有原因，都要有说明。这个说明本人是不是服气，会要有一些辩论的。也许可以出现这样一种情况，就是我还坐在这里，我还在这里拿工资，可是我没有聘书，别人有聘书。这也可以考虑，请大家研究一下。

总之，我们应该研究出可行的办法。我们国家要现代化，如果这样的问题都不能解决，我们国家还有什么希望现代化呢？如果单是马路建宽了，高楼也起来了，每家每户都有电视机，可是我们社会科学院以及其他的机关还是照样的机构臃肿、人浮于事，不做工作的照样在那里待着，能够说我们的国家是现代化了吗？那只能说我们只有现代化的躯壳，没有现代化的灵魂。我们大家都很痛恨封建主义的残余，如果我们不能跟这样的一种现象作斗争并且把它消灭，那么，在我们这里就保存着封建主义的残余。所以说要现代化，我们就要使社会科学院的工作制度合理。现在社会科学院不合理的事情还很多。我们先把这个问题找到一个解决的办法。

在法学所办的刊物里，正在讨论法治和人治的问题。社会科学院要现代化也有法治和人治的问题。究竟是依靠法治还是依靠人治？我看恐怕两者都需要，不管怎么样，我们需要有法。语言研究所的同志，对院部提出了一个很中肯的批评，说我们院部没有文牍主义，但是也没有文牍。院部有些部门是不是就没有文牍主义？我看也不一定。但是社会科学院确实有很多的事情没有明文规定。我们需要规定的制度很多。我们要规定一些办法，使它们具有法律效力。一种现象产生，都有一定的历史条件和社会条件。我们现在有许多落后的现象，它也是我们落后的社会条件的一种反映。我们需要有跟这种落后现象斗争的法，同时，也需要有和这种落后现象斗争的人。这人是谁呢？就是共产党员，就是各位被选出来的代表，以及全院的共产党员干部。也不仅是共产党员，还有和我们一起共同工作的非党的干部，他们可能比我们更愿意实行改革。当然责任首先还是要落在各个研究所的以及一些研究室的领导同志身上。为了把我们的工作做好，不可避免地要得罪一些人。我们尽量地要少得罪一些人。把事情做好、做通了，又不怎么样得罪人，这是最好的。总之，我们要把社会科学院改造成为一个强有力的机关，我们社会科学的研究工作能按照计划尽快发展。我们院里一共有三千七百六十二个人，党员有一千八百八十六个。我们有超过半数的党员，合乎党的利益，合乎国家的利益的事，总归是能够实现的。如果不能实现，那说明领导不得力。现在开了党的代表大会，就可对这个党委会进行监督，督促它把党代表大会作的决定加以执行。

现在我要说一下我们要实行党委制来代替过去的党组制。党组制有好些缺点，党组不能够领导全院的党员，它应该是非党组织里面的一些负责的党员的组织，但是在我院非党的组织在什么地方呢？现在要成立的党的委员会，一方面它是院的领导机关，同时也负责全院的党的工作。领导全院党的工作，这个问题比较容易解决。领导全院的业务，看起来同志们还有不少担心，担心党的委员会能否担负起这个领导责任。社会科学院的学术工作的领导，成立社会科学院的院务委员会。院务委员会由院长、副院长和社会科学院主要的、起领导作用的学者组成。名单现在没有定，最近要把它定下来。这样，党的委员会不讨论学术研究工作的具体问题。这方面的问题由院务委员会去解决。但是最重要的原则问题，要先经过党的委员会讨论通过。另外，由现在已存在的院务会议来处理院的日常工作。在党委会下面，设立党委办公室来处理党的日常工作。

末了，说一说党的工作。我们社会科学院的各处工作，共产党员首先要负起责任来做好。所以在代表大会上，对社会科学院党的工作，怎样才能做好，进行深入地讨论是很必要的。我们在开头讲，社会科学院现在在社会上有不小影响。这影响我们应该说有比较好地方面，也有不是很好的方面，这方面虽然不多，很值得我们警惕。社会科学院，是一个党领导下的社会科学的研究机关，因此，毫无疑问，应该是马克思主义占领导地位的研究机构。我们要研究马克思主义，而且我们在行动上也要按照马克思主义所要求的去做。在我们各方面的活动里，应该表现出一种行动中的马克思主义。我们要求全院所有的共产党员，要像《党的政治生活若干准则》所要求的，像党章修改草案所要求的，要成为执行党的政治路线、思想路线、组织路线的模范，成为遵守党的纪律的模范，扩大党的影响，提高党的威信。我们有这样多的共产党员，特别是其中有很多是专门研究马克思主义的共产党员，所以提出这样的要求是应该的。我们说社会科学院应该成为党和政府的忠实的得力的助手，在社会科学研究工作上，我们应该在根本的政治立场上、政治路线上同党和政府保持一致。这同我们在科学上的独立的研究是两件事情。我们代表大会产生出来的党的委员会应该保证全院的党员按照这样一个要求来行动。我院有这么多的党员，同差不多同样数量的非党同志在一起工作，在工作中间会遇到这样那样的问题，其中也会有一些带有原则性的问题，我们的同志应该模范地遵守党的纪律，同时也要模范地执行全院全所所制定的工作计划。对于所里的工作以及已经通过的计划也可以提意见，但是在没有做出改变之前，应该执行组织的决定。我们代表大会产生的党委会应该和全院的一千八百多名党员团结起来，并且团结全院的所有工作人员。我们的党员同基层的党的组织应该对院的所的领导进行监督，按照党章规定的各种方法提出意见，促使有关的领导纠正他们工作的错误，克服他们的缺点。

目前我院绝大多数的同志，生活条件还是很艰苦的。院的行政机关应该说做了不少工作。但是，固然有客观的原因，也不能否认主观上还有很多努力不够的地方，或者说采取的措施不够有力，不够有效。我们院里在三年中间因病去世的有三十一人，多数是党和非党的干部，也包括个别的工人。其中有一些是年龄比较大了，但是多数年龄并不太大。有几位是不知道他有病，突然的发病了。也有一些同志，是早知道有病，但是没有事前做很好的、应有的预防，造成了党的事业很大的损失。现在全院的干部迫切的问题就是居住太拥挤，或者是太远，或者是遇到一些非常难以忍受的困难。房子问题，陆续解决了一部分，但是现在没有解决的还有不少，还有差不多二百多户住在办公室，有六百多户住得特别的拥挤。这方面的问题，在这次代表大会结束以后，经常向领导机关、党委提出来，要求党委努力地、尽可能地、尽快地改善大家的生活。

党的工作方法，也有问题。怎样使我们的会开得比较少，开得比较有准备，开得比较短。有一些问题，怎样能够不用开会的办法来解决，使得我们有更多的时间来做工作，这问题也希望同志们提出意见，帮助新的党委能够比较好地进行工作。

我很久没有和同志们有这样的机会在一起开会。我在结束讲话的时候，我想应该对我自己工作里面的缺点进行自我批评。我虽然是因为兼职的关系，在这里工作的时间不多，但是我的工作缺乏计划性。如果在这个方面搞得好一些的话，虽然在这里时间不多，还是可以使许多工作解决得更加完满一些，可以早点提出来，或者可以提得比较有系统一些，工作可以做得有计划一些。这一点对社会科学院的工作造成的损失比较大，其次就是说了许多没有经过深思熟虑的话，以致作了一些宣布，或者是作了一些号召，没有兑现，或者不能够实现，甚至是不应该实现的。事先没有经过充分的研究，在党组里面没有经过大家充分的酝酿、讨论。虽然有许多话说了没有做，对工作没有直接造成什么大的危害，但是损害了党的领导的威信，这是我应该负责任的，应在这里进行自我批评。

我今天讲的主要的内容，曾经在党组会上讨论过，但是其中有一部分是我个人的意见。无论是我个人的意见，还是党组的意见，这些意见都是提出来作为代表大会讨论的一些线索。关于院里的长远规划的问题，需要另外的机会专门去讨论。今天所谈的不能够说就是说明了党组对长远规划的要求。

加强四项基本原则的宣传

（一九八一年一月二十三日在
中国社会科学院党委常委扩大会上的讲话）

今天谈的是学习中央第一、二号文件，我开个头。学习还在开始，整个计划要两个月。我只看了两期简报，情况了解还很不够。按照中央文件的要求应该衡量一下社会科学院的工作情况以及政治的情况。我想，首先还是要肯定社会科学院成立以来成就是主要的，大家也都同意这一点。这个成就说明我们的多数的研究人员是努力的。当然，他们的工作的成就也有帮助他们创造条件的同志的一份功劳。在政治上，我想也应该这样说，社会科学院至少是绝大多数的所，不能说个别的人，在政治上是能够跟中央保持一致的。政治上跟中央保持一致，和我们独立地进行科学研究，这两个要求之间并不矛盾，这个问题过去已经说过好几次了，我不去多说了。

现在就是有这么个问题摆在我们面前，就是在这两年中间，社会上存在着一种自由化的思潮，就是资产阶级自由化的思潮。对于这个问题，社会科学院恐怕要从两方面来考虑：一个是有没有跟这种倾向作斗争？因为社会科学院是党和国务院领导的一个社会科学机关，是以马克思主义为指导思想的一个科学研究机关，理所当然的、毫无疑义的，要同这种自由化的思潮作斗争。如果是作了斗争，那么斗争的实绩在什么地方？就是说我们写了些什么文章，什么著作？这是说科学的著作，单篇也是科学著作。我作为社会科学院的主要负责人在回答这个问题的时候，不免感到内疚。也可以说是有负于党和政府的重托。跟这种自由化的思潮作斗争的有影响的文章我看是很少的。这就非常值得我们深思。为什么会出现这种现象？这就说明我们过去的党组，现在的党委的领导软弱无力，没有纪律性，领导不具体。这是不能否认的。无论找什么理由都不能否认的，这是一个事实，而且也不是短时间的事了。所以我觉得对这个问题，有些同志把它小看了，或者认为不存在这样的问题，我不能同意这样的意见。

那么把这个问题换个形式提出来，譬如说，在这个问题上我们不是说去批判自由化的思潮，那么说我们在宣传马克思列宁主义、毛泽东思想，宣传四项原则上怎样呢？这个问题在社会科学院是有很大阻力的，一提出这个问题就遇到阻力，有相当一些负有名望的同志就反对这种提法。这就是说，我们确实是：第一是有成绩，这个我们决不能够否定，我决没有这样的意思；第二就是对于这种自由化的思潮，没有进行切实认真的斗争，而且有少数的同志还参加了一份。我们党组、党委的领导对于这种现象斗争不力，很多有名的话出自社会科学院，一个是四项原则就是四条棍子，一个是谁要首先写宣传四项原则的文章，谁就要先在社会科学院臭。倒不是说说这些话的同志不是好同志，但是好同志、积极，也可以有缺点，也可以犯错误。

所谓四项原则就是说要坚持社会主义。我不认为在社会科学院党员里比较负责的人中，有什么人反对社会主义，我想没有这样的事情。

然后就是坚持无产阶级专政了。无产阶级专政怎么样解释，这可以研究。它的实质无非是要用政权力量保障社会主义，保证社会主义一直发展下去。因为不可能说一开始走上了社会主义道路，那些反对社会主义的力量、思想影响就统统消灭掉，不存在了，这是不可能的。因此，为了保障社会主义，就要跟那些反对社会主义、破坏社会主义以至于要颠覆社会主义的人作斗争。无产阶级专政还有其他方面的意义，这个问题不在这里说了，大家都是了解的。

另外的是坚持党的领导。假如是一个非党员，对这个问题提出一种疑问，这个不奇怪。一个党员，一个有很长党龄的干部，对于要坚持党的领导发生怀疑，这就成为严重的问题了。当然有的人他不是这样说，他用别的说法，你一说党的领导，他就说是什么样的党的领导，党究竟要怎么样领导？这些问题的确要研究，但是不能因为这些问题要研究，就根本不承认党的领导。首先要承认党的领导，然后再谈党应该怎么样的领导。因为，如果根本不承认党的领导，那么去讨论党要怎么样去领导，这是毫无意义的。正像你说一个“零”，这是一个什么样的“零”？是一个大的“○”，还是一个小的“○”？这是毫无意义的。现在确实有一些可以说是明目张胆的反党分子，他也在讲，我们拥护共产党，拥护共产党的“改革派”、“民主派”等等。我们的党员干部不能允许同那样的人走到一起去。他们不过是打着这样的幌子。

对于坚持马列主义毛泽东思想，对这个问题有意见的在社会科学院可能就更多一些。党的领导这个问题也很多。今天我们不能详细讨论这些问题。对于这些问题里面涉及的一些具体问题，或者细节，在党内提出意见，提出建议性意见，在党内一定范围内进行讨论，是完全许可的。但是如果超出这个范围，在党外对于四项原则抱着怀疑、抵制或者沉默的态度，可以说这是非常不正常的，我们共产党员不应该是这样的。

在过去这两年发生的这样一种现象，这总归是一种社会历史现象，有它的原因。可是我们不能够自己站在原因的一个方面。我们不是随波逐流的人，共产党员有他自己坚定的世界观和政治立场。尤其是像在社会科学院这样的范围里面，高级知识分子，对于一些问题没有一种自觉的态度，这是不可思议的事情。社会上出现了一些怀疑以至反对四项原则潮流的时候，共产党员的天职就是挺身而出，同这种思潮、同这种倾向作斗争。否则我们为什么要做共产党员？有些事情是跟社会科学院有点关系，除了刚才说的那些，还有一些别的问题。关于中国现在是不是社会主义的讨论，在全国范围里面进行的时间，没有一年，至少有大半年。发表的文章一直达到这种程度：中国现在不应该实现社会主义（实际说这个话的人，他跟外国人讲，他根本就反对社会主义，可是他在中国人面前就不这样说，说现在不应该实现社会主义，实现太早了）。这种问题能说它是学术问题吗？决不是学术问题，这完全是一种煽动，这无非就是要退回到资本主义。像这样的问题，我们能够沉默、旁观吗？当然有许多同志的文章不是这样说的，我这是说其中极端的。但是这确实是在这个讨论里面。参加这个讨论的文章一共有三十几篇，发表了各种各样的看法，这是大概说来，我后来没有统计。这是动摇全国人心，动摇整个中国政治的局面，政治的大局，动摇整个党的大局。这种思想可以在中国社会科学院出现。虽然这个事情已经过去了，不应该过分地对于这样的问题进行责难，可是我们要永远记着这个教训。我们可以想象，假如这种讨论让它在全国长期的泛滥，一直泛滥到现在，会产生什么样的结果？那些非法刊物、非法组织不是会更加振振有词了吗？说连社会科学院的理论工作者都是这样讲的，为什么我们不能这样讲?！刚才说的这几件事情，确实是很值得我们警惕的。社会科学院工作人员里面，是有实实在在反对社会主义的，真心诚意地反对社会主义，而且希望能够跑到外国去，跑到没有社会主义的国家去。这种事情别的单位也有，我们现在可以不去讨论别的单位。社会科学院对别的单位也负有责任的，因为我们是社会科学研究的中心机关，对于各种错误的社会思潮负有批判的责任。我们千万不要以为在社会科学院大家都是拥护社会主义的。

有一个可以说是资产阶级学者跟马克思主义学者不断在争论的问题，就是有没有绝对的言论自由，或者抽象的言论自由？这个问题也在社会科学院出现。这个主张大概不是在社会科学院的同志首先提出的，但是当有人提出说反革命的言论可以自由发表，只要他没有行动，就不必去管。那么这种观点在社会科学院是有相当一些人欣赏的。北京大学的竞选运动中当选的一个胡平，是当选的区人民代表，他就是宣传言论要绝对的自由。可以说如果我们在这个问题上没有明确态度,那就不必讲什么无产阶级专政,也不必讲什么马克思主义,因为资产阶级早就讲过了。北京大学有两个学生发起,然后又加上二十个人,共计二十二个人签名写了一个"中华人民共和国出版发行法草案",在这个"出版发行法草案"里面,他的中心观点就是,任何的党派、团体、企业、机关、个人,都可以办报纸、办刊物、办出版社、办书店、办广播电台、办电视台,国家对于这些有不同背景的言论机关要一视同仁,给以同样的支持,同样的法律对待。所以,是不是让反革命言论享有自由,反革命言论应该不应该享有自由,成了我们现在同相当一股反革命势力、反党反社会主义势力斗争的一个中心的问题。这个很自然的,这些小组织他们要扩张他们的影响,靠什么呢?他们当然就要依靠掌握一部分舆论工具。就是说现在报纸、刊物以至于电台都掌握在国家手里,或者是共产党的手里,他们坚持反对。我们现在要不要依靠这些工具来宣传马克思主义、社会主义,来反对那些反对马克思主义、反对社会主义的力量呢?如果我们不要,那么我们革命干什么呢?不革命不也是一样吗?不也都可以大家自己办刊物、自己办杂志吗?!我们能够把国家团结起来,还是依靠我们的言论机关(当然还有其他方面的工作),我们的言论机关起了很大的作用。最先发表这种主张的是原来北京大学的一个教员。以后我就跟法学所的同志讲,你们能不能写篇文章批驳这种言论,当时我并建议人民日报,希望他们能够发表批评这种观点的文章。我说这个问题很简单,刑法上有规定嘛,这个法律已经通过了嘛!这是很简单的一件事,后来大概是法学研究所同志写的文章，隔了很久我才在报纸上看到，对这个观点批评得非常没有力量。除了胡平，另外两个学生写的“出版发行法草案”一直发展到这样程度，要在青岛成立为这个“出版法”征集签名的办事处。这本来既是一个法学问题，也是一个哲学问题，当然更加是马克思主义理论的重要的问题。但是我们没有人愿意为这样的题目来写书，我们没有这种积极性。

此外，哲学研究所在什么地方举行了一次道德问题的讨论会，举行这样的讨论会当然是需要的。讨论以后，也像我们其他的讨论会一样，提出一大堆的意见，然后就发表了一批报道，说关于这个问题有几种观点，关于第二个问题有几种观点，第三个问题有几种观点。对于其中有些观点有人写了文章。这写文章的人，可能不是这个所的。我们知道影响很大、影响到全国的，是什么呢？第一是反对讲共产主义道德，认为在社会主义不能讲共产主义道德；第二是反对大公无私，这个可能有几种说法，一种说社会主义不能有大公无私，第二种是说大公无私在原则上就是错误的，没有个人哪有集体、哪有社会呢？第三种就是“向钱看”，说“向钱看”是马克思主义的观点，在社会主义社会就应该“向钱看”。跟这个相联系的文章很多了，比如有这么几句话：经济学不能讲道德，讲道德不能讲经济学。按照这种观点，好像在社会主义里面，要就是讲经济学，要就是讲道德，讲道德就是唯心主义的。这个文章是登在人民日报上的，这不是社会科学院同志写的。共产党员才真是一切为了人民，为了实现这个观点，为了达到这个目的才牺牲奋斗嘛！如果不需要有大公无私的人，为群众的利益牺牲自己的人，那么资本主义不是也可以解释成一切为了人吗？

它不是也一切“向钱看”吗？这类的问题，在现在，在整个社会上，特别是在青年中间，是严重的。这些问题，像刚才讲的这些思想问题，绝不是什么小问题，是非常严重的问题。我们如果不认真对待这些问题，我就可以危言耸听一下，社会主义事业就要断送在我们手里。北京大学竞选活动中间发表了这么多的反党反社会主义的言论，我们有一位所的领导干部，他到北大去蹲点，回来讲了一篇话，说北大学生觉悟高得不得了。这个话，我倒不反对，北京大学不少学生这种政治责任心、公民感很高，这当然是好事。可是，对那么多的、公开的反党反社会主义的话，他却一句话也没讲。所以，我觉得社会科学院的党委认真严肃地讨论党中央工作会议的文件，特别是讨论小平同志的报告，是非常必要的。我们再不能够对社会科学院外，特别是社会科学院内的这些现象熟视无睹了。我所以想要在今天召集这个会，就是要说这个。尽管我早已请求辞职，大家没有同意，假如辞了职，我也答应做顾问，也要讲这篇话。我觉得我们社会科学院所有的党员不能对这种现象再采取置若罔闻的态度。否则，我们每一个人都要自己问一问：我要不要做一个共产党员？我这样算不算一个共产党员？

有些同志说，目前这样的局面是非常难得的，非常好的，现在有一点小问题，用不着这样大兴问罪之师，或者把学术讨论的自由压抑下去。我想，不是这个问题。学术讨论的自由，一定要坚决保护。我们有的同志老早就提出了学术政治的界线究竟怎么分？要求最好划出一条边界线。我确实始终没有明确地答复过。我说，界线是很清楚的。我们不是在“左”倾思想的统治之下，那个时候，什么叫政治，什么叫学术，搞不清楚。现在我认为不存在这些问题。学术是学术,政治是政治。当然,政治本身也是一种学术,这是另外一个问题了。但是有一些问题,这些问题涉及我们国家、我们社会的根本制度,对于这种制度要去动摇它,或者去反对它,那么,尽管他写的是学术著作,我们也不能够允许这种自由。这类学术著作有人非写不可,他可以写,写出来也可以印,但是不能够公开发行。当然,它确实要有印出来的价值。

人的生活,人的活动,一切为了人,人是要有自由的,这不成问题。但是,自由不是一切。这点连资产阶级的政治学家也承认,资产阶级的哲学家也承认。自由与义务,是一件事情的两方面,没有一个不负任何责任、不受任何约束的自由。这个可以用逻辑来证明它是荒谬的。在不同的国家里面,不同的社会里面,像我们这样的社会主义社会,尽管我们的社会主义社会是初级形式,但是我们还是社会主义社会。在这个社会主义社会里面,我们还是要定下这样的义务,就是不能允许反对社会主义制度的自由。这在宪法上已经规定了。所谓四项原则,就是宪法的第一条,第二条。宪法没有修改,四项原则就必须要坚持。至于宪法将来怎么样修改,四项原则怎么样表达,那是另外的问题,我想它的实质是不能改变的。我们想要我们的国家存在,建设社会主义,我们就不能动摇这个基础。动摇这个基础,什么事情都不成。

自由不仅与义务不可分,而且我想还应该承认自由不是一切,不能把自由看成是一切。社会主义社会是一个比较有组织的社会,那么资本主义社会呢,也是有它的组织,封建社会也有它的组织。不能说哪个社会没有组织。但是社会主义社会的组织,同那些维护剥削制度的组织是不相同的。我们依靠这种组织的力量,确实克服了很多的困难,创造了很多的成就。尽管我们现在组织得还不好,需要很多改进,但是我们比资本主义制度更加有组织。它所以更加有组织,是因为从根本上说,我们同人民的利益是一致的,而这一点,在资本主义社会是不能做到的。所以,我们就能有比较高度的组织性。因为有这种高度的组织性,中国本来是又穷又弱的国家,现在虽有不少进步,还是又穷又弱,可是因为我们有这个组织性,这就弥补了我们很大的弱点。这是个事实。社会主义社会的优越性,很重要的一条就是它是有组织的,它能够把人民组织起来。而我们现在的一些思潮,所谓自由化的思潮,就以为自由就是一切,高于一切。这样一来,就没有社会主义,就没有它的优越性了。我是拥护人的自由的,但要在它不反对社会的利益的范围之内。在今天就是不跟社会主义社会的利益相违背的范围之内,要讲只能这样讲。

关于民主,可惜现在也没有人来写书,究竟什么是社会主义民主?如果有人说,这个问题我没有办法写,连我自己也说不清楚。如果说这样话的人是一个普通老百姓,或者在社会科学院烧火、扫地,那是可以的。在社会科学院的研究员说这样的话,那就是替自己的失职寻找遁词。如果中国社会科学院这样的研究机关都不能解释什么是社会主义民主,那么为什么要社会科学院的存在。我们的研究总归是要有结果的,这个结果当然不能老是固定的,它要随生活的演进而演进,要坚定地明确地有系统地来解释这一系列问题。社会科学的理论的价值也就在这里。

把民主与领导对立起来，以至于走到说党性发源于人民性，说党性是人民性的集中表现，没有人民性哪里来的党性？这种奇谈怪论居然能够叮当地流行，我觉得这是社会科学界的一种羞耻。对于自由和民主，如果不作出正确的解释、宣传的话，那确实就要离开社会主义，离开马克思主义。

我也认为民主决不是一切。并不是民主就一定能产生真理。真理是跟科学研究联在一起的。我们不能不坚持民主，发展民主，只有这样才能够团结人民，使人民感觉到他是有权利的。但是我们如果进行这样一种宣传：民主高于一切，实际上就是认为资产阶级民主是最理想的制度。这样宣传民主，跟宣传上面所说的那种自由是互相关联的。

有人说，党的领导会犯错误。但是，我们应该有勇气承认人民也在那里犯错误。并不是说人民就是上帝，毫无缺点，全知全能，是永远不会犯错误的一种力量。没有这样一种力量。我不是在这里要贬低人民，我所反对的就是把人民神化。我们反对把领袖神化，也不要把人民神化。人认识真理，党认识真理，科学家认识真理，跟人民认识真理，都是一个艰苦的曲折的过程。美国人最近选了共和党，这是表示了美国人民正确地表示了自己的利益吗？是不是这样呢？产联、劳联就坚决反对共和党，可是共和党还是上台了，所以，真理不一定取决于大多数，大多数不一定就代表真理。我们要健全我们的民主制度是必须的，用民主的方法可以比较少的犯错误。至于说，采取民主制度怎么样能够更多地避免犯错误，这还是一个很复杂的问题，不是那么简单的问题。我不是说要大家去写文章说人民会犯错误，这些话用不着去讲。但是，我们要忠实于历史、忠实于客观的存在，不要去做那种不符合事实的一种报告。那样一来，就对党对社会主义要造成危害。

这些问题会产生混乱，是同我们缺少马克思主义的经常联系实际的、生动活泼的宣传有关系的。我们希望通过这次讨论，在社会科学院要能够充分地动员起来，主动地宣传。宣传工具是死的，关键在于人，在于我们研究人员的思想状态，活动的状态，工作的方向。在我们的多少是与政治有关的刊物里面，书里面，或者在各种学会、座谈会里面，要能够把马克思主义的四项原则的宣传、四项原则的这种指导地位，确立起来。有人说，假如确立四项原则的指导地位，那么就没有百家争鸣。这是完全的荒谬。毛泽东同志提出双百方针，从来也不是为着来反对四项原则。

对于现在的有些学术讨论，我想提一个建议，因为这是社会科学院面临的一个大问题。对于一些问题，在准备不成熟的情况下，就召集会议，然后又发表这样、那样的报道。这种办法，在一定的时间里面是可以的，有用处的，或者必要的。但是，如果把这个当作一种唯一的办法，每次开会就是这样，那么，我觉得这样的会议与其开不如不开。刚才说的，什么共产主义道德不能成立呀，什么大公无私不能成立呀，向钱看才能成立呀，这种话不是讨论会上产生出来的吗？如果我们一直满足于这种状态，这就叫自由主义。因为它对任何问题都不负责任，都不想追求一个科学的结论，它发表一通议论就扬长而去。不但扬长而去，还把它的影响传播开来。这不是我们共产党员应有的作风。交换意见是需要的，不同的意见是永远会有的，把这些不同的意见，在一定的时间（也要看是什么问题了)，在一定的场合公布出来这没有坏处。但是，假如常年累月，对一些根本性的问题，不努力地提出一种比较正确的结论来的话，那么这种科学研究方法，是非常危险的。在某一阶段，对某一个问题的论点，虽然得到大多数的支持，也不等于说过了一段时期就不需要修改、补充，甚至于被推翻。这是有可能的。因此，我们应该充分慎重地来做这种结论。但是，我们无论如何不能够赞同那种根本不要作结论，就是这样的自由讨论，一直到永远。我是说的我们社会科学院这样的单位，不涉及自然科学的问题，也不涉及虽然是在社会科学院，而它跟现实的政治可以说没有什么关系的问题。固然在那些领域，一个真正的有抱负的科学家，他还是要力求解答一直到现在为止没有得到答案的问题，那些问题不在今天这个范围之内。我这是说，跟现实生活直接有关系的重大问题，如果要进行一种争论，应该充分有准备。还是会有一些问题，大家的意见会不一致。这些问题只要是它离开现实生活的直接的利害比较远，那么应该承认这种状况，你总不能人为地强迫通过一种结论。这不可能的，这不是科学的态度。我是说属于一些最现实、最重要的问题的讨论，应该有准备。如果讨论的结果，没有拿出什么确实能够言之成理，持之有故的作品，那么，可以有两种办法：一个是会议暂时停止，第二个是开过以后，不必忙于发表什么宣传文章和报道，免得把社会的舆论搞糊涂了。

我就是要说这么一些，许多话以前也讲过了。讨论中央的文件，中央提出与中央保持政治上的一致，这点是非常重要的。社会上对于社会科学院的工作、活动，大概是毁誉参半。

我们应该承认我们确实发表了一些不负责任的意见。我自己就谈过不少,我也在一些会上举过这样的例子。每一个人都免不了说错话,我也说过多次错话。

有同志批评说,社会科学院党组织内批评、自我批评很少,我想这意见是对的,应该承认。在党的会议上,怎么能够没有批评与自我批评?没有批评与自我批评的会议,这就不太像党的会议。我看在这次会议上,有同志进行了一些批评,这批评中可能是会有错的,批评本身错了这也免不了,但把批评、自我批评展开是很必要的。从简报看,这次批评和自我批评展开得很差,有些党委委员,甚至党委常委,对于党的这样重要的文件讨论的时候,一直没有说话,或者是回避实质,只谈形式,这不是好的现象,有什么意见就提出来,这才是党内正常的生活。

谈军事题材文学的创作

（一九八一年四月二十七日在
军事题材文学创作座谈会上的讲话）

看了一些简报，听了一些情况，非常高兴。这个会开得很必要，开得很好。通过这个会，军内作家，军外作家增进了了解，加强了团结。会议决定成立军事文学研究会，军队方面要请军外作家到军队生活，进行创作，军队作家也准备到地方生活，这可以使军内、军外作家在各方面进行交流。会议还决定加强军事文学作品的评论、介绍，设解放军文学奖金，加紧收集关于军事文学的历史资料，同时要求各级地方组织、军队组织加强和改善对军事文学创作的领导。我热烈祝贺会议成功，希望会议的决定和要求能够尽快地、充分地实现。

白羽同志的报告已经讲了军事题材文学的重要意义，我完全同意。同志们要我就这个问题再说几句。

军事题材文学作品，是对当代人民，特别是青年进行爱国主义教育的最好的文学武器，是进行革命人生观教育、阶级斗争教育、革命传统教育、中国革命历史教育的最好的文学武器，也是进行保持敌情观念、养成自我牺牲精神和遵守纪律的精神的教育的最好的文学武器。在新中国成长起来的一代青年，很多是看了关于革命战争的文学作品、电影、戏剧，看了苏联革命战争年代的作品特别是像《钢铁是怎样炼成的》、《卓娅和舒拉的故事》、《青年近卫军》、《普通一兵》等，走上革命道路的。前不久，《中国青年报》发表我国第一个电子学女博士、南京工学院讲师韦钰同志的文章《祖国是我的理想之本》，说她在中学时代，读过上面说的这些文学作品，她走上了革命的道路。建国以来我们的一些优秀的电影和文学作品，像《钢铁战士》、《上甘岭》、《鸡毛信》、《小兵张嘎》、《黄继光》、《平原游击队》、《铁道游击队》、《保卫延安》、《林海雪原》、《红日》、《洪湖赤卫队》、《苦菜花》、《霓虹灯下的哨兵》、《雷锋》、《英雄儿女》等，以及建国前的《白毛女》、《刘胡兰》等，加上一些描写非军事的革命斗争的作品如《高玉宝》、《青春之歌》、《红旗谱》、《红岩》等，对培养新中国的一代青年，都起了不可估量的作用。这些青年，现在已经是中年，已经是社会主义建设的各条战线上的骨干了。如果没有这些作品，那么那一代青年的精神生活、政治面目，就很难是现在这样。当然，决定这些青年走上革命道路的不只是文艺作品，但是文艺作品确实产生了非常巨大的影响。这次会议的目的，就包括把过去我们军事题材文学的这样一种光荣传统继续下去、发扬光大。

军事题材文学为什么能够产生巨大的影响呢？这是因为，军事斗争是人类历史上最尖锐、最严重的斗争，没有任何其他形式的斗争比它更尖锐、更严重。人们在这种斗争中经受的锻炼、考验，是其他斗争不能相比的。中国革命战争时间特别长，经验特别丰富，涉及的地区也非常广大。全中国几乎所有的地区在不同历史阶段都有军事斗争。全国解放以后，还有抗美援朝、抗美援越的战争。我们的战士，在朝鲜战场、越南战场都流过血。这使得我们的军事题材文学，不仅是爱国主义教育，而且是国际主义教育的最好教材。我们的军队，中国共产党、毛泽东同志缔造、领导、培养起来的军队，是世界历史上最伟大的军队。这支军队，有最高的政治觉悟、革命纪律，和人民群众的联系最密切，经历过人类历史上难以想象的最艰苦的环境，进行过最困难的斗争并且取得了胜利，胜利以后自然保持着在革命战争中形成的革命传统，保持着良好的军政关系、军民关系以及军队内部的官兵关系。这种传统，在不同的历史阶段，都有新的发展。我们这样说的时候，撇开了中国革命史上经历的一些暂时的曲折。总的说来，我们的历史，是人类历史无与伦比的光荣的历史。它能够培养人民、特别是青年的最高尚的情操、最伟大的献身精神、最坚强的革命信念。我们的军队，在整个历史阶段，在每条战线上，都产生过许许多多可歌可泣的英雄人物。他们永远值得我们学习。军事题材文学不仅对于军队的教育，而且对于全国各族人民、特别是青年的教育，都是非常必要的。它在整个文学事业中占有特殊的地位。这种地位任何时候都不会改变。只要世界上还有阶级斗争，还存在帝国主义、霸权主义，我们就绝对不能放松、削弱军事题材文学作品的创作。不是说其他题材的文学作品不能在同样的方面起作用，它们也能起很大的作用，而是说，军事题材文学的独有的作用，是其他题材的文学作品不能够代替的。

“文化大革命”期间，军事题材文学创作和其他题材文学创作一样受到摧残。“文化大革命”结束以后，军事题材文学创作重新得到发展，但是还没有恢复得像“文化大革命”以前那样的繁荣兴盛，还没有达到当时它在读者中享有的崇高地位。这有多方面的原因。这些原因和它造成的后果，都是暂时的，都不能改变人民、特别是青年对于军事题材文学的客观上的需要。我们的国家、民族、社会确实有这样的需要。短期内出现的社会上的一些思想混乱，把它长期地掩盖下去，是不可能的。这些思想混乱在“文化大革命”期间已经产生了，尽管还没有随着“文化大革命”的结束而结束，但是正在慢慢从历史舞台上消失。这是必然的。社会主义事业一定要前进。随着社会主义事业的前进，各种各样的思想混乱就会一步一步被克服。我们的青年读者，也正逐渐从“文化大革命”期间产生的怀疑、迷茫、失望的情绪中转变过来。在青年群众中，爱国主义思想正在一步步高涨。随着爱国主义思想的高涨，他们逐渐恢复了对于中国共产党、中国社会主义事业和中国人民解放军的信赖。我们整个党的工作、军队的工作一天天健全发展，也必然要产生这样的结果。在一个时期里青年读者对军事题材的作品没有表现出建国初期那样的热情，这只是历史造成的暂时的现象。造成他们怀疑、迷茫、动摇的条件也是暂时的。所有这些，正在成为过去，它不可能成为长久存在的现象，因为这在我们的国家里没有客观的基础。

对于中国整个社会主义文艺事业的前途，包括对社会主义军事题材文学创作的前途，我们是有充分信心的。它的光明前途正在到来，这是必然的，不可避免的。但是我们不能因为历史发展存在着这种必然趋势而放松自己的努力。如果我们放松自己的努力，这光明前途的到来，就将被我们所延迟。

正是在这个意义上，我们认为军事题材文学创作座谈会开得非常及时，而且希望这次会能够成为“文化大革命”结束以来军事题材文学发展的一个转折点。

什么是军事题材文学作品呢？为了迎接和促成军事题材文学创作的新的繁荣、新的高涨，我们要对军事题材文学的含义，有更加宽泛的认识。所谓军事题材文学作品，并不是说作品从头到尾只能写军队、写战争本身。写战争以及同战争有关的社会生活，写我们人民解放军的活动或者同人民解放军的军人有关的社会生活，只要是人民解放军的军人起了比较重要的作用，就都属于我们所说军事题材的作品。

要写战争、写军队、写军人，但是我们的作品不能只限于写这些。否则，写作的范围就被缩小了，作品在读者中的影响、对读者的吸引力就被缩小了。

我们回忆一下，无论是在中国或在世界历史上，战争很多，描写战争的文学作品也很多，但是这二者的关系是很复杂的。并不是所有的战争都留下了和它相适应的文学作品。重要的写战争的作品，不一定都是写重要的战争。有的作品所写的战争并不重要，在文学史上却占有重要的地位，成为不朽的作品。

普法战争对法国来说是非常严重的战争。这次战争发生在法国近代文学的高峰时期。法国文学中也确实产生了不少反映普法战争的优秀的、杰出的作品。我不是研究法国文学的专家，很多作品都没有看过。介绍到中国来的作品中，有正面描写的，包括中篇和长篇小说，但是更多的是从侧面表现这场战争和它的影响。这两类作品，在近代法国文学中，都具有重要地位。我只知道左拉的《崩溃》是描写普法战争的长篇小说，但是它也没有描写整个普法战争的过程。如果没有描写战争整个过程的作品，这也并不奇怪。因为作家不是军事史家，不是战争史家。军事史、战争史的著作，是重要的历史著作，而从文学上表现战争的，则是另一类著作。

现在可能还选在中学语文课本中的都德的《最后一课》，是一个篇幅很小的短篇小说。都德还写过别的一些反映普法战争的短篇小说。《最后一课》成了法国在青年、儿童中进行爱国主义教育的，几乎是不可替代的教材。它没有直接表现战争本身，但是战争的影响笼罩着整个作品。我们大概不能说《最后一课》是军事题材的作品，但是可以说它是以普法战争为背景、表现战争在法国人民中的直接影响的作品。写这样的作品，是不是也属于我们的从事军事题材创作的作家的任务？我想，答案应该是肯定的。第二次世界大战后还有一些作品，比方维尔柯尔的《海的沉默》，也没有直接写战争，但是也非常有力地、动人地表现了爱国主义。它写了法国人民在德国法西斯入侵情况下用沉默表现出来的强烈的爱国心理。第二次世界大战后，法国作家创作了比普法战争时期更积极的、直接描写抵抗运动的作品。但是我们从事军事题材创作的同志，也应该和可以写出我们自己的《最后一课》和《海的沉默》。当然我们不能仅仅限于写这样的作品，我只是说，我们在提倡军事题材文学的时候，要把视野放宽一些。我曾听说，茹志鹃的《百合花》，在发表的时候曾经遇到很大的周折，有几家刊物拒绝刊载，但是发表以后，却得到茅盾同志的热情的赞赏。事实上这是我曾看到的最好的军事题材短篇小说之一，也是现代中国最好的短篇小说之一。这种情况现在也许已经成为过去了，但是这是一个值得记取的教训。

《战争与和平》是大家都熟悉的。它直接写了战争，也写了战争以外的广大的社会生活，既写战争，也写和平，所以叫《战争与和平》。它成了了解当时俄国社会的一个非常重要的著作。假如它局限于战争本身，当然也可能会成为托尔斯泰的一部杰作，但是将不可能产生《战争与和平》这样的世界影响。道理很简单，战争不是孤立的，而是社会生活的一部分，战争是和平的继续，正如和平是战争的继续一样。军队，无论是什么军队，特别是像我们的伟大的人民解放军，它的活动永远不能和人民的生活割断。这就是说，进行军事题材文学创作，不能不要求作家有广阔的视野。只有从这种广阔的视野出发，才能使作家懂得战争的意义，懂得战争对于人民、对于国家、对于民族、对于社会的意义，懂得军队在人民生活、在社会生活中占据的重要地位。

我在前面谈到一些我们自己的表现革命战争的、在读者和观众中发生了重大影响的作品。像《白毛女》、《刘胡兰》、《洪湖赤卫队》、《红色娘子军》、《芦荡火种》、《闪闪的红星》，都不是从正面表现战争为主体的，但是读者和观众通过这些作品，都受到了什么是革命战争，什么是革命军队的教育。《上甘岭》、《英雄儿女》这样的作品，是从正面表现了战争，同样在读者和观众中造成了非常强烈的影响。《上甘岭》所以产生如此强烈的影响，是因为它不仅表现了我们军队的勇敢，在战争中建立的伟大功勋，而且着重表现了我们军队指战员之间的特殊的同志友爱。这样的作品，不仅能够给人民以革命战争的教育，同时也能够给人民以革命伦理、革命人生观的教育。近年来出的比较成功的作品，像《西线轶事》、《天山深处的“大兵”》，虽然是中篇或者短篇，但是容量很大。两位作者都没有限于仅仅描写军队，同时还描写了军队以外的社会生活。正因为这样，这两篇作品得到了各方面读者的喜爱。法捷耶夫的《毁灭》和《青年近卫军》都没有写正面的战场或者主力部队的活动，《钢铁是怎样炼成的》也没有写主要战争，它写战争是为了表现主人公生活的时代，表现他成长的过程、觉悟的过程。但是这些作品仍然都是写军事题材的杰出作品。不是说不需要写正面的战争或者不需要写主力部队的活动，而是说，军事题材的创作，道路是很宽广的。

一些重要的战役，或者亲身参加了，或者虽然没有亲身参加但是因为各种各样的原因比较熟悉，那就应该写。但是究竟哪些战争产生哪些作品，不能用排列组合的办法，似乎因为有这样一次重要的战役，所以一定要有多少电影、多少长篇小说、多少中篇小说、多少短篇小说。作家要写他熟悉的东西。只要在心里留下深刻印象的，就可以写。判断军事题材文学创作的状况，要看总和，不能要求每部作品都表现战争的最重要部分和军队的最重要部分。只要能够写出革命战争、革命军队的本质，能够表现出革命战争、革命军队和人民的密切联系，能够塑造革命军人的不朽的形象，这样的作品就是我们所要求的，就会世世代代对我们的战士、我们的青年、我们的人民发挥不可估量的教育作用。相反，如果写战争、写解放军，但是缺乏感染人的力量，不能使读者和观众的灵魂受到强烈的震动，那就不能说达到了它应该达到的目的。我们自己已经有了大量的军事题材文学作品，其中有许多优秀作品。我们完全可以和应该从这些作品中总结经验教训，看哪些作品为什么获得了巨大的成功，另一些作品为什么没有达到这样的水平，关键在什么地方。这样，以后军事题材文学创作就会更上一层楼，写得越来越好。

我们要通过军事题材文学作品的创作和评论，培养读者、观众对人民解放军的热爱和信赖，使他们了解革命战争的深刻的正义性和不可避免性，革命战争的伟大的历史意义，了解我们付出沉重的代价所取得的光辉胜利，了解我们的人民共和国是通过革命战争创立的，而且今天仍然处在战争的威胁之下，因此必须经常保持对敌人的警惕性、仇恨心，有随时投入战斗的精神准备。我们的和平生活所以能够保持到现在，离不了人民解放军。我们的军队也离不了人民。谁也离不了谁，相互之间都是鱼水关系。要通过我们的作品，把我们的青年培养成像邓小平同志说的有理想的人、有道德的人、有纪律的人。什么样的人是有理想的人、有道德的人、有纪律的人呢？最好的榜样就是人民解放军。有几位同志说得很好：有的青年、群众甚至评论家、作家，认为中国今天没有光明，因此写不出来，写出来也是理想主义的，最好的答复就请他们去看看我们的人民解放军，去描写他们在前线、在边疆、在其他地方怎样生活和斗争。我们的指战员不仅在部队时是国家的柱石，就是复员转业以后，也在社会生活中起着非常重要的作用。最早采写赵存妮事迹的一位部队报纸的记者，我曾向他了解过赵存妮成长的过程。他告诉我，赵存妮的一位堂侄是复员军人，知道部队生活的甘苦，他和赵存妮的关系很密切，对她决心不把家里遇到的困难告诉儿子这件事起了很重要的作用。我们有很多这样的复员转业军人，在整个社会生活中，默默无闻地起着重要的作用。要教育今天的青年、群众对社会主义事业有信心，当然可以通过许多方面的工作。各条战线都有先进分子，他们的事迹都有教育作用。但是军队的确是一个伟大的学校，产生了最多的先进分子。军队中的青年入党的最多，这不是偶然的。军队生活非常艰苦，要求高度的觉悟，严格的纪律，要求把人民利益看得高于一切。正是在这种情况下，我们的军队培养出了大批的共产党员、共产主义战士。

希望写军事题材的作家，无论是军内的还是军外的，都能着重表现洋溢在军队生活中的共产主义理想，描写为实现这一理想奋不顾身的斗争、为人民利益贡献出自己一切的先进人物的形象。我们的时代要求这样的作品。这样的作品永远不会过时，永远会受到社会的感谢、人民的感谢。问题在于，作品一定要写好，要能够抓住战争生活、部队生活、军人形象以及一切有关事件的最动人的方面，要有巨大的感染力。

这里提出一个写英雄人物的问题。

写英雄人物，这不是任何人凭空捏造出来的。这是人民生活的需要，也是人民生活中的现实存在。人民生活中有各种各样英雄人物。但是这还不够，还需要在文学作品中加以刻画，使他们更丰满感人，更能够流传广远。陈沂同志说，一放日本电视系列片《姿三四郎》，上海的各电影院卖不出票，马路上人也很少。北京也是这样。吴冷西同志告诉我，广州晚上只要有好电视，公安局的同志就放心了，犯罪分子作案的就大大减少。《姿三四郎》这部片子告诉我们，日本明治维新时期产生被群众认为是英雄的人物。我们的英雄人物比姿三四郎这样的多得多，高大很多。《姿三四郎》的编剧、导演、演员的确有一定的长处。但是这些我们都可以做到，并且可以做得更好，我们为什么不能写出自己的比《姿三四郎》更好的电视系列片？需要不需要英雄人物的问题，中国的历史和现实都作了回答。人民要求诸葛亮、孙悟空这样的人物。在这些人物的身上，反映了人民的道德理想，集中了人民的智慧。诸葛亮其人，并不像《三国演义》描写的那样，但是几百年以前的人民还是希望他成为那个样子。生活中并不存在孙悟空，但是人民还是需要创造出《西游记》中的这个形象。所以不能低估优秀文学艺术作品的力量。

英雄人物有没有缺点？不能形而上学地提出和回答这个问题。姿三四郎好像就没有什么缺点，观众也不认为这是拔高。问题是要看从什么角度去写英雄人物。不能凭空设想，写英雄人物时候要写些什么缺点，或不写什么缺点，提出这样的问题是没有什么意义的。《恰帕耶夫》写了恰帕耶夫的缺点，但是没有写富尔曼诺夫的缺点。不是说富尔曼诺夫自己认为自己没有缺点，而是这部作品没有必要写他的缺点。人的生活有大大小小的各种各样的方面，文学作品不会把所有的事情都写进去。比方说吧，某个人每天都要小便，但是文学作品写到这类事情的就很少很少。如果写了，那也只是出于特殊的需要。写人物的缺点，总是出于作家的一种必要。要考虑整个作品的意图，出于一种什么目的，作家才会确定写或者不写人物的缺点，写些什么和怎样写。这与作品是否真实，是两个问题。也许有些作品，像爱尔兰作家乔哀斯的《悠利西斯》，据说是把人的二十四小时的各种各样的事情和心理过程都写到了。它也形成了一种创作流派。但是这种写法并没有发生什么重要的影响，很少有作家重复乔哀斯的写作方法。我们不需要去模仿他。有些作品反映了人物的丰富的、多方面的性格，也有些作品表现人物生活中的最光彩的段落，如果在后一种作品中硬要安排一些阴影，反而不近情理了。

军队内部的矛盾能不能写的问题，也具有同样的性质。如果必要，当然可以写军队内部的矛盾怎样发生、怎样解决，但是不是在任何时候都有这种需要。如果主题本身不在这里，当然就没有必要硬写。

关于深入生活的问题，最近一二年文艺界展开了一些讨论。有一种意见，说深入生活这个提法不对，至少有缺点。我看过这方面的一些文章。曾经有一种解释，说深入生活就是派作家到什么地方收集什么材料然后完成预定的题目。这种情况是有的。对于这样一种领导创作的方法提出批评，不能说没有理由。这把创作过程看得太简单了，好像在一个化学试验室，试管里原先有什么，加上点什么，就可以变出什么来。作家的创作过程，确实不是这么简单。我们不赞成这种简单生硬的方法，不赞成对于文学创作的这种肤浅的看法。但是我们也不能对类似的需要一概抹杀。许多报告文学作品就是这样写出来的，也可以写得很成功，发生很大影响。一个作家到他原来不熟悉的环境中去观察和感受，只要这个作家愿意并且能够去观察和感受，又能经历一段比较充分的时间，并不是一定不能写出好的作品。当然这样的作品只能出自作家自身的创作冲动，而不是由别人出题目写应景的文章。最明显的例子是，巴金同志和部队生活从无接触，也两次到朝鲜前线，时间都不太长，在这不长的时间里作了观察，受了感动，引起创作冲动，写出了成功的作品。他自己也认为这是成功的经验。像巴金这样的有丰富创作经验的作家，也可以在原来不熟悉的环境中观察、感受、写出成功的作品，可见是不能完全否认上面这种办法的。世界上许多著名作家，也有这样写作的例子。左拉写《萌芽》，亲自到煤矿去观察、去感受。可以对《萌芽》进行这样那样的评论，但是不能否认，这是一部成功的作品。法国共产党领导人多列士曾经说，他是读了《萌芽》，才决定走革命道路的。我们读这部小说，可以看到左拉的偏见在里面发生作用，但是确实不能否认它的成功。左拉的许多作品，都是这样写成的。拉法格在评论《金钱》的文章里，也认为左拉能够观察巴黎金融界的状况，使用这样的题材，写过去很少有人写的东西，是很难得的，尽管也对他进行了批评。

别人指派，把某个题目强加给作家，这种办法是不行的。不同作家有不同的创作要求，有更能发挥他的长处的题目。如果不让他写能够发挥自己长处的作品，硬让他写不熟悉的东西，这就有失败的可能。作家个人有自己的生活，但不能说作家的生活面总是足够的。作家的生活面总要不断地扩大。在扩大生活面的过程中，作家得到的感受，他在创作中进行的探索，可能不成熟。这个问题不能一概而论，要看各方面的条件。有些作家感受外在事物的能力比较强。无论怎么强，都不能说，只靠走马观花，就能够写出了不得的作品。但我们不能这样就说，作家要写他熟悉的生活，这熟悉的生活是固定的。作家的生活不是一潭死水，总要向前发展。原来想写什么，感到不是很充实了，就去熟悉原来不熟悉的东西。熟悉原来不熟悉的东西，这是可能的。像丁玲同志的《太阳照在桑干河上》，就是写原来不熟悉的东西，写得很成功。周立波同志写《暴风骤雨》，后来又写《山乡巨变》，两部作品都包含着他在生活中的新的经历，这经历是他有意识地去寻找、去体验的。《山乡巨变》比《暴风骤雨》有很多提高，在艺术上更成熟了。不能把作家的感受能力看成一成不变的东西。白桦同志最近到云南一趟。我看过他的一个讲演的记录。他说，他这次到云南，不是像别的作家那样来体验生活，他的感受和第一次去云南的作家的感受是不一样的。他第一次去和第二次去，感受也不一样。他第一次去，不是去深入生活，而是去工作。为什么其他作家不能像他那样去工作？不能把话说死，好像他的经验别人不能重复。如果别人仅仅去参观，那是另外一回事。但是我们有什么理由说我们的作家一定安于做生活的旁观者呢？安于做旁观者的，是有的，然而大多数不是这样，应该说绝大多数作家对人民、对祖国、对社会主义，都有充沛的热情。有了这种热情，就能够去感受，就像巴金同志到朝鲜，受到感动，写出真诚的作品一样。到过朝鲜的作家很多，写出的作品也很多。有的作家本来在军队，随军入朝，有的是后来去的。他们和战士一起生活、一起战斗，写出了作品，这些作品是站得住的。可能在我们军事题材作品中，写抗美援朝的作品成功的最多，有些现在还在陆续出版。像魏巍同志的《东方》，就是"文化大革命"以后的最重要的一部。

我们要求军外作家到军队去生活，但是不能要求他们当客人，总住在招待所里。自然他们也可以那样，恐怕那只能写一些速写。很多军外作家要求到军队，像白桦同志第二次去云南一样，是去自己曾经工作过、战斗过的地方。军队作家到地方，也是这样。

有的作家说，要在自己熟悉的生活范围内掘一口深井。但是能够掘深井的地方决不止一处。并不是只有在自己生长的地方才能掘深井，别的地方就不行。每个作家都可以在生活的这个地方或那个地方掘深井。毛泽东同志在延安文艺座谈会上也讲，要求作家到一个地方，七年八年甚至更长时间，在那样的地方，为什么就不能掘深井呢？我们不能排除这种可能。

在社会主义社会里，作家的自由得到或者说应该得到充分的保证。作家可以自由地生活。我们不反对作家写原来比较熟悉的生活，他们有这样的权利。同时，他们也有权利去探索新的领域，同原来不熟悉的生活建立起非常深厚的感情。《牧马人》里两个完全不相识的青年男女，在一种非常奇特的环境中结合了。我们能够断定他们一定不能建立起非常深的感情吗？《牧马人》回答了这个问题。它的答案不是没有生活根据的。所以，我建议不要反对深入生活这个提法。可以反对庸俗的、机械的、命令主义的理解和做法，那是对作家的创作过程、创作特性完全不了解的。但是要求作家深入到劳动人民中间去，这并没有错。有同志说现在到处都是劳动人民。这自然是对的。但是不能因此放弃描写我们时代真正创造社会光明和幸福的最主要的力量的义务。《人到中年》写得很好。像陆文婷这样的主人公，同样是建设社会主义的重要力量，值得写，作家也的确是深入到原来不熟悉的医院，才写出了这样的作品。但是我们不能设想，社会主义中国的文艺舞台，可以没有工人、农民、战士的地位，不能设想，社会主义中国的文艺作品，继续停留在《红楼梦》、《阿Q正传》、《子夜》、《家》这样的作品的水平。我们不是说这些作品不伟大，而是说，这些作品不能给读者以社会主义的教育。我们不能从《阿Q正传》中找社会主义。

我们要写出我们自己的《钢铁是怎样炼成的》、《青年近卫军》，来教育我们的青年、战士和全体人民，使他们建立起坚定的共产主义人生观。这个历史任务一定不能动摇。相信我们的作家会积极地把这一任务承担起来，相信不久的将来就会产生这样的作品。这也就是这次会的要求。

对我们电影艺术的进步要有信心

（一九八一年十二月二十七日在
全国故事片电影创作会议上的讲话）

就我看过的一些电影来说，我觉得，一九八一年电影成绩是很大的，确实出了好些部很有水平、很好的电影。像《子夜》、《西安事变》、《南昌起义》、《沙鸥》、《海囚》、《喜盈门》，这些片子都很不错，（补注：讲话后又看了《牧马人》、《邻居》，还有以前看过而漏提的《苦果》、《小街》、《残雪》，这些片子都很好）表明我们的电影艺术事业是在蒸蒸日上。按照这样的势头，完成明年生产九十部到一百部质量比较高的影片的计划，我们感到有信心。大家都在努力，这样的计划是能够实现的。

电影工作也发生过一些问题，也有一些片子拍得不好，引起了批评。我认为这是正常的。我们的事业应该在批评和自我批评中间前进。这种批评，不是为了打击我们的电影事业或者整个的文艺事业前进的势头，而是为了帮助这种势头。如果不是这样，那我们就犯错误了，就得检查了。我们希望，通过民主的兼顾思想和艺术的评论，也通过必要的正确的批评和自我批评，能够使我们的电影更好、更快地发展。

现在，我对讨论中提到的几个问题，稍微说几句。

第一个问题，是夏老对我在八月间的讲话里面有一个问题想不通。那次的讲话是有些话说得不周到。确实说话要说得周到，不是很容易，就如同电影要拍好也不容易。所以电影要有个样片来审查，我那个讲话稿最后发表的时候也经过了几次修改。当然要承认，八月八日的讲话，里面有些话是说得不妥的，后来付印的时候把有些话改掉了，有些话去掉了，有些话补充了。就是已发表的稿子也还有需要再推敲的地方。总之，我们就是要着重描写我们当前的人民建设新生活的斗争，围绕着建设四化的整个新生活的斗争。这个斗争里面当然往往免不了要涉及过去的历史。历史是不能割断、也不能遗忘的。这个问题不必再多说了。

第二个问题，就是关于爱情描写的问题。我想，这确实是一个值得注意的问题，就是爱情的描写在我们的电影里面有一些泛滥、过分。一方面是在情节里面占的比重过分；另一方面是关于爱情的一些描写，一些表现的方法、手法，有缺点。我前天同荒煤、陈播几位同志曾经说到，比方说，《被爱情遗忘的角落》，这是一部严肃的片子，可是这里面有个别的镜头是完全没有必要的，不出现这样的镜头，这个故事可以照样发展。考虑到我们社会的风尚，也考虑到在这些方面的这种“解放”无益而有害，希望同志们认真注意这个问题。（补注：我赞成美术家可以创作一些好的人体美术作品，但电影的作用和美术作品的作用有很明显的不同）我就不相信，一部电影里面如果不出现半裸体的镜头，这个电影就拍不好。因为当前青少年思想的状况向我们提出这样一个问题，所以我在这里要特别呼吁一下。

有同志说，现在中央提倡《喜盈门》，其实《喜盈门》有什么？不过是宣扬一种传统的、封建的伦理观念。我不能够赞成而且坚决反对这样的意见。《喜盈门》表现了在家庭关系上的社会主义美德。把社会主义的道德伦理，说成是封建主义的道德伦理，这是不可理解的。我听说有些美国人看了《喜盈门》，感到很大的兴趣，羡慕在中国能够重视这种家庭关系上的伦理，而在美国就不可能。在美国，老年人的生活是一个很难解决的社会问题。我说这个话，不是因为我自己现在年纪老了，假如我现在是二十岁，我也拥护《喜盈门》。因为有前面说的那种议论，我想究竟什么是社会主义的道德伦理，确实是值得我们艺术界认真研究和认真对待的一个问题。

我是拥护在文学艺术里面描写爱情的。怎么能不描写爱情呢？爱情是生活里面一个重要的现象，艺术特别不能离开爱情。爱情关系和家庭关系同样是社会主义伦理中的重要内容。但是，社会主义伦理决不以爱情关系和家庭关系为限。个人对社会的关系才是社会主义伦理的首要问题。从一定的意义上说，对于革命事业和人民幸福的任何献身精神，都是一种“爱情”，而且我想，这是我们的艺术家们首先需要描写的“爱情”。我看到报纸上登过一篇文章说，我们的作品里面写伦理写得不够，写得很少。我不同意这样一种观点。我们的革命的作品，都是充满了革命的伦理，无论是《红旗谱》，或者是《保卫延安》，或者是《红岩》，这一类成功的作品，里面最重要的主题都是革命的伦理。如果把伦理解释成为只是家庭伦理甚至传统的家庭伦理，这就把范围说得太小了，而且也说得不太正确。我们是要提倡新的伦理，提倡社会主义的伦理，包括对家庭关系和爱情的社会主义伦理。按照社会主义伦理的标准来观察爱情,这是我们的艺术的任务之一。按照这个新的伦理,爱情的位置应该处理得适当。我们看了《零点起飞》这部电影,我认为这部片子还够不上爱情至上的这样的评语,不过在这个片子里面,为了追求传奇性,爱情的描写确是有些泛滥,超过了适当的和可信的程度。不知道这样的看法是不是对,请大家考虑。荒煤同志在讲话里说,不能拿爱情作佐料。在文学艺术作品里是有这样的现象。从观众里面,我们也经常听到这样的呼声,认为电影里面爱情的场面太多。有位中学生写过一封非常恳切的信,说能不能拍些适合中学生看的片子。现在这样的片子很少,看来看去常常是男女情人你追我赶。这方面确实是问题很多,把爱情搬到战场上去,搬到铁甲车里面去,诸如此类的情况是需要有个节制。不是说不能写爱情。因为上次的讲话曾经造成一种印象,好像说不让写三大运动,所以现在特别说清楚。生活里面就有爱情,怎么能够回避它呢?不是要回避它,而是要摆得适当,要把它用社会主义伦理的观点正确地表现出来。我们要提倡社会主义伦理。耀邦同志引了裴多菲的诗,“生命诚可贵,爱情价更高。若为自由故,两者皆可抛。”这就是一种进步的伦理。裴多菲是一个资产阶级民主主义者,他说的自由是资产阶级性质的,我们如果把自由的含义换成另一种,即共产主义者所追求的自由,那么,借用这首诗,就可以说这是我们共产主义者对待生命、对待爱情、对待自由(就是对待我们革命的目标)这三者关系的伦理。这是一种新的伦理,是人类历史上最高尚的伦理。这当然不是说因为要争取自由,要争取社会的进步,无论是什么片子，无论在什么故事里面，都要用爱情来陪衬，来证明两者皆可抛，而是说我们应该向青年，向全国的人民，宣传这么一种人生观，这么一种世界观。

还有一个问题，就是有些同志提出，有些我们认为是现实主义的影片，有些同志却认为它们不是现实主义的，而是理想主义的。这里说的是《牧马人》。《牧马人》这个片子我没有看过，我现在不能够发言，但是我看过这个电影所依据的小说《灵与肉》；我认为这样的作品决不能称为理想主义，即脱离现实的理想主义。可以换别的例子，比方说《喜盈门》，如果说，这样的作品不是现实主义，那么我们的眼睛里面所看到的现实就发生了问题。（补注：《喜盈门》和《牧马人》的故事都是有实际生活根据的，甚至人物也有实际生活原型。）如果说，现实里面没有对光明的追求，没有为理想的奋斗，这就把我们的现实看得太黑暗了，太阴暗了。难道我们的会场上，这么多的同志，我们的精神世界能够用这样一种观点来衡量，来表述吗？我们在座的同志，以及我们周围所接触到的现实，决不能够说没有理想，没有对于理想的坚持和奋斗。如果是这样，我们党和全国人民的社会主义事业就关门了，就垮台了。决不是这样。我们没有关门，没有垮台，而是在前进。前几天我听到辽宁省委书记郭峰同志说，辽宁省委和团省委为了要在青年中间进行教育，就在沈阳市各单位进行了这么一个讨论：在你们的工厂里面，或者其他的单位里，究竟什么人是最好的，你们那里的好事是什么人干的，什么人最把公共的利益放在前面，把个人的利益放在后面？经过大家反复地讨论，反复地比较，一个个地来数，数到最后，还是共产党员居多。这样，大家就心服了。把事实摆开,多数共产党员和群众所进行的努力,他们一天到晚所干的事,大家都看得见的,这就是现实生活中的光明和希望所在。有时候好像这些东西都不存在了。在我们的生活中,既有积极面、光明面,也有消极面、阴暗面,生活就在两者的斗争中前进。一般地说,积极面总是占主导地位,并且经过斗争愈来愈占主导地位。这是我们社会主义发展的历史潮流。在我们的导演、编剧、演员以及其他的电影工作者中间,要确立这么一个信念,这个信念不是无中生有的,不是空想,是以现实生活的历史发展为基础的。那种认为描写了积极面、光明面的作品就不是现实主义而是理想主义的说法,是不正确的。我们一定要坚持革命乐观主义的信念。我希望大家能够坚定这样一个信念,无论何时何地都不动摇。如果有谁在这个信念上发生了动摇,那么我们就要跟他争论。争论,当然是要用事实去说明,是讲道理,不是施加什么行政的压力。

还有一个社会舆论跟文艺创作相互关系的问题。有各种各样的社会舆论,同样,也有各种各样的创作活动。创作活动总是要影响社会舆论的,而这种影响既有正确的情况(这是多数),也有不正确的情况。同样,社会舆论也要影响创作,有的产生积极的影响,也有的产生消极的影响。我们不能认为文艺创作永远正确,也不能认为社会舆论永远正确。有一些社会舆论是以一些人的庸俗低级趣味为基础的,另有一些社会舆论不理解艺术创作的规律、艺术创作的需要、艺术里面的真理。我们不能不承认有这样两种不正确的社会舆论。但是总起来说,舆论里面正确的部分,正确的方面是主要的。对正确的舆论，我们艺术家要有勇气，要满怀热情地去接受。对于有错误影响的文艺创作，党要通过社会舆论而不是通过行政手段来给以批评；（补注：党的负责人对文艺工作或某一文艺作品发表的个人意见，应当重视，但是不能设想任何一级的任何一个负责人的任何意见都是正确的；这些意见的性质也是一种社会舆论，而不是什么“长官”的指令或法庭的判决。）另一方面，对于不正确的舆论，对于文艺的错误的见解，或者误解，党也应当来做工作，做宣传和解释工作，指明哪些舆论是不正确的，按那么一些想法，文学艺术就不能够进行健康的或正常的创造活动。同时，艺术家也要坚决地积极地进行这两方面的宣传。社会舆论永远会存在，永远会影响艺术创作；艺术创作也永远会存在，永远会影响社会舆论。这种相互间的影响都会有正确的情况和不正确的情况，这是不可避免的。这就需要做各种工作，发展正确的情况，纠正不正确的情况。所以，只是“无为而治”是治不了的。（补注：陈毅同志一九六二年在广州会议上并没有主张无条件的“无为而治”，他是指特定的情况和方面；当然，对于文艺工作“管得太具体”也不对。）问题是对文艺创作和社会舆论都要采取分析的态度，要有不同的和适当的对待。这也说明批评和自我批评在任何时候都不可少。文艺界也不必因为现在有一些什么样的不正确的社会舆论，就说我们多么悲惨呀，我们受了多大的压力呀，我们简直是没有出路呀，不必说这种伤感的和愤激的话。我们应该有一种信心，就如同对于整个的革命和进步的事业有信心一样，对于革命的和进步的艺术事业一样有信心。

如何看待反走私斗争

（一九八二年二月十二日在
广东、福建两省座谈会上的发言）

我认为，对反走私贩私的斗争不能孤立地看，应该看成是我们当前全国在政治上、经济上、文化上面临的一场资本主义思想腐蚀与社会主义思想反腐蚀的严重斗争当中的一个重要环节。走私贩私不是一个孤立的现象，不限于经济，也有文化的走私，各种黄色的东西经过各种渠道进口；也有政治走私，一些外国在我国的间谍活动相当猖狂。现在且不说这些。为了说明走私贩私不是一个孤立的问题，可以举出这么一个事实。从我们全国刑事犯罪发案率历史的比较来看，全国刑事犯罪发案率最低的是一九五六年，万分之二点九；一九五八年跟一九六五年是万分之三点二；一九六一年曾经达到万分之六点九，那是特殊情况，三年困难时期；一九七四年达到了万分之五点九（那以前几年统计数字不全）；一九七八年略有下降，万分之五点七。但是值得注意的是，从一九七九年到一九八一年，每年都是上升的。一九七九年万分之六点六；一九八〇年万分之七点九；一九八一年万分之九点一。一九八〇年、一九八一两年思想战线做了工作，尤其是政法战线做了大量的工作，但是，刑事犯罪发案率并没有下降，还在继续上升，达到一九五六年的三倍以上。这是一个值得我们极端注意的严重现象。我们谈走私贩私的问题时，一定要放在这个背景下来看，否则，仅仅看到一些经济问题，就不容易看到问题的严重性质。上述这些刑事犯罪的统计是已经记录下来，连没有统计到的就会更多些，而且自从刑法实施以后，对确认犯罪案件的标准比过去严多了，这是可以肯定的。总之是大大超过了建国以来最高的年百分比。而且犯罪的内容也有变化，过去极少发生的现象出现了。贪污盗窃甚至公开哄抢国家物资的事实过去有，但远没有现在这样的规模；走私贩私、行贿受贿、投机诈骗都达到了空前的规模，成为一种群众性的问题了；赌博、卖淫和建国初期才有的那些迷信活动，甚至建国初期也没有、解放前才有的那些迷信活动，现在却在不少地方出现。吸毒贩毒复活的现象，现在范围还很小，但是必须赶快坚决地彻底消灭。极少数犯罪分子拐卖人口的现象也必须抓紧消灭。崇洋媚外，甚至达到丧失人格、国格、卖身投靠和叛逃的地步，这些现象决不能容忍。另一方面，有一部分青年人对政治表示冷淡。在文化出版事业中也出现了一些出人意料的现象。这些现象我们应该联系起来看。我们在思想工作方面，党的工作方面做了很多的工作，党风有所好转，党的威信有所提高。可是，道高一丈，就不能允许魔也高一丈。必须看到，党风确是在好转，党的威信确是在提高，社会风气也确有进步，好人好事确是大大增多。譬如团中央曾经作过统计，先进工作者、先进集体在最近几年内是成百倍地增加。所以，我们的工作有了很大的成绩，决不能在这方面低估了。但对另一方面的问题也决不能小看了。

另一方面的问题是种什么性质的问题?我认为,这是在社会主义条件下面阶级斗争的一个重要的现象。从中央提出来,首先小平同志在理论务虚会上讲话中提出来剥削阶级作为一个阶级已经消灭但阶级斗争还存在着这个命题以后,曾经遇到不少人的怀疑和反驳。他们认为,既然剥削阶级不存在,为什么还有阶级斗争?理论界的有些同志,也有些国外的友好人士,都提出过这个问题。有的人说墙已经倒了,砖头还存在。我曾经答复过一些同志的提问。我说,阶级斗争有几种原因还存在:一方面,存在着剥削阶级的影响,不会因为剥削阶级不存在了,它们的影响也就不存在了,这种习惯势力的影响还会存在好多年。一有空隙,这种习惯势力就会兴风作浪。另一方面,中国大陆以及海南岛、舟山群岛、西沙群岛等等消灭了剥削阶级,但是,中国还有香港、澳门,还有台澎金马,它们每天跟我们发生各种各样的关系。而且沿着中国的边境,从广西、云南、西藏、新疆一直到内蒙、东北,到处都有反对和破坏中国社会主义的有计划的活动。阶级敌人不但对我们在宣传上进攻,而且还在政治、军事、经济、文化等各条战线上,对我们进行着大量的隐蔽斗争。在这种具体情况下,阶级斗争怎么能够停止呢?不可能停止。所以,阶级斗争现在有所发展那是毫不奇怪的。在社会主义的目前发展阶段,可以肯定阶级斗争是不会消灭的,要消灭需要用很长的时间,究竟多长时间现在还难以预料。现在的问题不限于意识形态,如果限于意识形态还比较好办,当然也不能掉以轻心。现在开会讨论的走私贩私问题就不是意识形态的问题,贪污受贿也不是意识形态的问题。当然,里面也包含着意识形态问题,但不是简单的意识形态的问题了。至于同特务、间谍的斗争，打进来、拉出去的斗争，这更不是简单的意识形态的问题了。一些资本主义国家（包括一些跟中国建交多年，说过许多友好的话的）在中国进行的间谍活动很厉害。我们在三中全会以后进行了拨乱反正，社会主义事业有了很大的发展，但是，随着一些经济政策的改变，我们一些管理制度和管理措施没有跟上去，也有一些是思想工作没有跟上去。因此，阶级斗争存在，虽然大家讲了几年，可是，没有引起全党足够的注意。

刚才耀邦同志讲，目前的情况可以与一九三七年、一九三八年比，这个话说得很对。我还想作几个历史的比较。一个是还可以同一九五二年比。建国初期我们同民族资产阶级合作，这个合作是非常必要的，是完全正确的，并且是完全成功的。可是，跟民族资产阶级合作，就带来了糖衣炮弹问题，我们队伍中就有很多人被糖衣炮弹打中了。因此，才发生“三反”“五反”运动。今天，我们不搞运动。但是我们回忆一下这段历史是很有意义的。同民族资产阶级合作的政策是完全正确的，但是仍然不能不发生严重的斗争，这是历史的必然，是不可避免的。经过“三反”“五反”，继续执行对民族资产阶级利用限制改造的政策，最后基本上完成了生产资料私有制的社会主义改造。我们现在同一九五二年不同。一九五二年发动了“三反”“五反”运动，就把资产阶级的猖狂进攻打下去了，党内也挽救了一大批干部，只杀了几个人。现在的斗争，规模比一九五二年要大，可是，不能用“三反”“五反”运动来解决。为什么呢？中华人民共和国建立以后，我们同民族资产阶级继续合作，但他们向我们发动进攻，我们就不得不把这种进攻击退,并且实际上也把它彻底击退了。现在我们面对着港澳、台湾以及国外的资产阶级,他们也要侵蚀腐化我们的队伍,甚至说什么要把广东香港化。我们也要跟他们斗争,但他们(除了一小部分同我们办合营企业的人以外)现在并不属于中华人民共和国主权的管辖之下,不能用一九五二年对待民族资产阶级的办法对待他们。因此,这个斗争是长期性的。任仲夷同志刚才说的那一段话我赞成,但有一点我想修正一下,就是他认为走私贩私的高潮已经过去了。在目前来说也许是这样(也还不能说是低潮),从长远来说就不能这样看,可能还有更大的高潮。除非我们从现在起就有非常清醒的头脑和非常严格的措施,否则就一定还会有更大的高潮。如果我们收回了香港、澳门,大批的资产阶级分子都成了中华人民共和国公民。港澳是中华人民共和国的领土,但照旧维持现行的制度,仍然是自由港,一个国家,两种制度,这就不可避免地会出现新的非常复杂的情况,我们要有充分的准备。台湾问题的解决即使稍微远一点,我们也要有准备。台湾跟大陆的实际来往现在就在日渐增加。广东面临港澳的问题,福建面临台湾的问题。因此,我们不能认为高潮很容易就过去。在一个相当长的历史时期里,这种斗争不会缩到很小的范围。所以,跟一九五二年有相同的地方,也有不同的地方。

此外,苏联实行“新经济政策”的时候,虽然时间并没有多久,在社会上却出现了一个阶层,叫作耐普曼,就是“新经济政策”出来的人,这就在苏联的社会上造成很大的混乱。斯大林后来同布哈林的斗争也好,对农民实行粗暴的集体化的方法也好,都有这么一个背景。实行“新经济政策”好处得到了一些，但是不多，而引进了一些麻烦，结果，斯大林就来个急转直下，“新经济政策”也就结束了。我们现在遇到的问题不是当时苏联的情况，我们也不能实行斯大林的方法，他的方法本来就不妥善。而且我们跟苏联的条件不同，我们的开放政策是长期的。

去年，小平同志提出来反对资产阶级自由化，批评了《苦恋》。资产阶级自由化问题远远不只是文化、思想战线的问题。我们反对资产阶级自由化的斗争，是我们各条战线面临的共同问题。我们完全能够基本上解决这个问题，能够控制这个局势，能够使社会安定下来，使刑事犯罪发案率减少，青年思想进步，国家机关工作人员、社会主义企业的性质不改变，坚持社会主义原则。但是，确实是要进行反对资本主义思想腐蚀的严肃斗争，对这个斗争要有清醒的认识。这个斗争不但同整顿党风党纪，提倡社会主义精神文明分不开，而且是决定的环节。不大张旗鼓地进行这种反腐蚀斗争，而孤立地整顿党风党纪，提倡社会主义精神文明，就都要落空。陈云同志对走私案件写批语的时候说，什么叫整顿党风，这就叫整顿党风。这也是执行特殊政策、灵活措施成败的决定性关键。我们进行了这个斗争，我们的经济特区，我们的特殊政策、灵活措施就会成功；不进行这个斗争，就会失败。我们不要再搞运动，不要再犯阶级斗争扩大化的错误，要划清政策的界限，要立法，对于当前发生的经济犯罪问题要根据各个人各件事的具体情况，依法处理。但对那些党组织已经烂了，或是基本上烂了的极少数单位，确实就要整党。我们并不准备现在就在全国整党，但是，在那些极少数的地方，在极少数的机关、部队、企业等单位里面问题已经非常严重了，如果不整党，那里的党组织就有名无实了，就变质了，变成了同国民党差不多的东西，完全没有了共产主义的气味。在那些地方，必须下决心重新建立真正的共产党组织。因此，要清查和打击经济犯罪，要立法，要实行法律制裁，这是全国性的任务；同时，还需要在情况特别严重的极少数地方进行整党。这也是为将来的全国性的整党打好基础。

博物馆事业要逐步有个大的发展

（一九八三年六月二十一日在
中国博物馆学会座谈会上的讲话）

关于文物工作和博物馆工作，我是外行。不过我是热情支持的。今天利用这个机会说几句话。我要讲的话，过去也讲过几次，主要就是要使中国的博物馆事业逐步有一个大的发展。这不是我个人的意见，而是国家和社会的需要。我国宪法第二十二条规定："国家发展为人民服务、为社会主义服务的文学艺术事业、新闻广播电视事业、出版发行事业、图书馆博物馆文化馆和其他文化事业，开展群众性的文化活动。国家保护名胜古迹、珍贵文物和其他重要历史文化遗产。"我现在也就是对宪法的有关规定作一些宣传。

现在我们已经有了一些博物馆，但这些博物馆主要是文物保管、文物陈列的机构。我想，我们所需要的博物馆是多方面的，不能只限于文物。现在世界上的博物馆门类很多。当然，文物非常重要，我丝毫没有想要缩小它的意义。尤其是中国的文物非常丰富，文物工作有非常大的成就，这是全国文物工作者、考古工作者辛勤劳动的成果，已经受到全国和全世界的重视，今后还要继续努力加以保护和发展。现在也还有很多非常迫切的任务，如制止文物外流、损失、被破坏、被盗窃。这些问题必须迅速解决。文物工作必须继续加强，这方面的问题我不多说了。我想说的是，从建国开始，文化部设立了文物局，那时候就没怎样考虑到博物馆的工作。这件事我是有责任的，因为我当时在政务院文教委员会工作。我们是这样一个大国，有悠久的历史，众多的民族，辽阔的土地。但是，现在从中央到地方都缺少一系列用来教育人民的从历史到现实的各种类型的博物馆。当然北京已有历史博物馆、革命博物馆、革命军事博物馆、故宫博物院、鲁迅博物馆以及初具规模的自然博物馆，各省也有博物馆，但是太少了。我也没有都去看过。我所看过的一些博物馆，大概都是陈列一些地下出土的历史文物。我曾和这些省博物馆的同志交换过意见。例如湖北省博物馆有曾侯乙墓出土文物（包括著名的编钟）和其他很珍贵的文物收藏，博物馆的同志和其他有关同志在这方面作出了很重要的贡献。但就在这个博物馆里，却看不到湖北省的一般历史、人物、地貌、地质、经济、民族、文化、风土人情等等。在近代历史方面，像辛亥革命、北伐战争、湖北省的解放斗争和解放以后的变化，这些重大的史实都没有表现，甚至连一幅湖北省的地图也没有。因此，湖北省到底怎么样，就很难在博物馆里看出来。浙江省也有很重要的文物，如河姆渡文化遗址的发现，这已经在浙江省博物馆里陈列了。浙江省博物馆还有全省矿产资源的陈列，这很难得，但在那里也看不到浙江省整个历史概貌。浙江省的历史同任何省的历史一样，是很复杂、很丰富、变化很多的，浙江省在辛亥革命中也有很重要的活动，但博物馆里没有陈列。至于今天的浙江省在做些什么事，有些什么重要建设，那就完全没有表现。关于人民生活的变化，从博物馆的角度看，如古时候人们穿什么衣服、吃什么东西、住什么房子、坐什么船、用什么生产工具、后来怎样一步步地发展的，这些史料都需要努力收集、研究和陈列。应该承认这些很难收集，因为绝大多数都烂掉了。可是如果我们努力收集，就是不能收到实物，也能收到一些图画，一些文字记载。要加强收集、整理和研究社会的历史的变化，收集有关政治制度、经济制度、文化状况、革命斗争的各种实物或文字的资料，迎头赶上，以满足新形势的需要。不能简单说一句什么时候是封建社会，什么时候是半封建社会。这样说没有什么科学根据，对群众也没有多少教育意义，因为没有具体的东西作佐证。我们非常需要博物馆。从建国初期到现在，我们就忽视了这方面的工作，没有说过应该怎么去做，使这项工作没有得到应有的发展，以致现在有的几处大型博物馆远远不能满足人民的需要。现在已经过了三十多年了，如果现在我们再不做，就太对不起我们的历史，对不起我们的国家，对不起我们的人民，我们就没有尽到做博物馆工作的责任。再说一遍，我完全承认和热烈歌颂建国以来，我国在文物工作、考古工作中所取得的为全世界所惊服的伟大成就。可是，文物工作究竟不能代替整个的博物馆工作，这是不言而喻的。

去年由于日本政府修改教科书，有关部门决定举办一个展览会，揭露日本侵略中国的罪行，表现中国人民抗日战争的伟大历史。因为事前的准备不够，参加的工作人员收集到的材料很不完全。可是就是这样的一个展览，仍然使广大观众深受教育，因为就连展出的史实他们也很不清楚。抗日战争的历史很近，但我们今天还没有一个抗日战争纪念馆。本来，八年抗战对中国的历史形成了非常重大的转折，最后导致中国革命的胜利。因此，建立这样一个博物馆是十分必要的。有一位日本作家，写了一本名为《恶魔的饱食》的小册子，北京、上海报纸都连载了。这本小册子在日本一时成了最大的畅销书。因为一般日本人尤其是青年人完全不知道日本军国主义侵略中国的真相，更不知道日本侵略者用中国人作细菌战试验品的事实。这本书的作者，不久前到哈尔滨南郊察看当年日本细菌工厂的遗址，这个遗址大部分已不存在了，只剩下很少的一点遗迹。当然，我们不可能把所有的遗迹都保存下来，但是像抗日战争这样大的事件，留下的纪念遗迹这样少，这是我们这一代人没有尽到的责任。留下的遗迹少，又没有一个博物馆加以集中的表现，这是我们这一代人多么沉重的责任！同样，对于中日两国人民几千年的友好史实，我们也需要建立一个博物馆。因为这方面的历史很丰富，意义也很重要。去年我们为纪念中日关系正常化十周年，也举办了一个展览会，但这当然是很不够的。我举这两个例子，是说明我们连眼前的，或者不久以前的很多史实，我们都还没有做系统的收集和陈列工作。这个工作该谁来做呢？大家都应该做，但是，主要的还是应该由博物馆工作的同志来做。可是长期以来，这个工作做得实在太少。这样，我们要向青年进行爱国主义教育，除了用历史教科书去讲解，或者选一些文学作品去讲解外，就缺少充分的、实际的资料，从而增加很大的困难。这应该说是我们博物馆工作中很大的弱点。我们对群众和青年进行爱国主义的教育，让群众知道我们的国家是一个什么样的国家，经历过什么样的斗争和发展，各项建设事业是在什么样的基础上进行的，现在的新事物又在怎样日新月异地前进着，这些就都需要博物馆提供大量的实物作为最生动的教材。

不仅仅是历史类的博物馆是这样，其他类的博物馆也同样。应该说，我们的文物工作、考古工作在世界上是第一流的，而我们的博物馆工作的水平，就整个说来还很低。像自然博物馆，可能只有北京和上海有，而这两个地方的自然博物馆都是比较简单的。场地很小，收藏不丰富，研究工作进行得很不够。动物园、植物园比较多一些，但是应该承认，一直到现在为止，它们的工作还没有受到社会上充分的重视。

我们的革命军事博物馆，是组织得不错的。我现在想提出这样一个问题，我们的军事博物馆当然是要陈列、研究有关革命战争的资料，但是我们祖国历史上有关军事的、战争的、武器的史料应该由什么地方来收集、陈列、研究，是否还是由现在的革命军事博物馆来进行比较合适，这个问题请有关领导机关考虑一下。

我们的其他各种专业的博物馆非常少。比方说，我们没有关于电力、煤炭、邮电、石油、纺织、轻工、冶金、机械、铁道、航海、航空、宇航、电子、地理、水利、土壤、育种、畜牧、渔业、教育、出版、电影、戏曲、美术等等的博物馆。此外，我们也没有民族博物馆、妇女博物馆、工人博物馆等等。这对于向人民进行现代化建设教育很不利。我们不能满足于一些展览会或陈列馆。我现在借这个机会鼓吹一下，希望将来文化部和其他各部，逐步地从某一部门开始搞起来。有些历史名人纪念馆和名胜古迹也应逐步建立成为有关的博物馆，如孔子博物馆、杜甫博物馆、岳飞博物馆、孙中山博物馆、长城博物馆、西湖博物馆等。这样，社会的历史资料才能有系统地留传下来，人民群众、青年才能够知道我们国家的经济生活是什么样子，是从什么基础上建设起来的，逐步演变成现在这样状况的。我们现在所使用的每种东西都有它的历史，桌子、椅子、玻璃、镜子，都有它的不同的历史。我们要实现现代化，要使人民都有知识，知道现代化以前是什么样的，跟现代化的东西有什么区别。做这工作有很多的困难，需要地方，需要房子，需要许多设备，需要做大量的收集工作，需要人。我在这里说一点希望容易，要把它实现，这是很不容易的。可是，我想我们要对人民进行这方面的教育，就要把中国的博物馆工作逐步地全面地开展起来，就要把这项工作放到重要的地位。

博物馆事业的发展，只能是逐步的，因为客观上主观上的困难很多。现在首先要培养各方面的专家和专业人才，掌握关于历史博物馆和各种专业博物馆工作的知识和技术。这除了已有的博物馆的努力外，还需要教育部在一些有条件的高等学校设立博物馆专业，培养大批的博物馆工作人员。在博物馆的各项工作里，我认为现在比较迫切的是对收藏品的保管和复制，这个方面需要培养一大批专业人员。

博物馆的工作人员，要研究体制改革，能够尽量地搞些收入，这样就可以比较容易地扩大自己的事业。但是，我想博物馆要做到完全自给自足，甚至还有些盈余，恐怕是不可能的，还是需要国家采取相应的措施来扶植。我只是在这里把这个事情提倡一下，说明我们的博物馆事业需要逐步有一个大的发展，范围要扩大，品种要增多，这是中国人民政治教育、文化教育的迫切需要，也是社会主义现代化建设的迫切需要。总之，一下子就有很大的成绩是不可能的，问题是我们要为将来的远景而努力。

做好保护珍稀动物的宣传工作

（一九八三年十二月二十二日在
中国野生动物保护协会成立大会上的讲话）

我非常高兴地参加中国野生动物保护协会的成立大会，热烈地祝贺协会成立，并且祝愿协会成立以后，工作能够得到顺利的进展。

关于保护野生动物所需要采取的措施，刚才杨钟同志的讲话里面已经说得很周到，我原来想说的话，他已经说了，我就不再重复。关于向群众宣传我国的珍贵动物，以及应该怎么样加以保护，我想对这方面的宣传工作，稍微补充一点意见。我希望协会成立以后，能够积极地通过广播、电视、电影、出版书籍、小册子、挂图以及各种宣传画，举办各种展览，巡回展出，使得大家能够知道，我国究竟有多少珍稀动物。今天到会的新闻工作单位不少，我很希望报纸能够辟一个专栏，占很小的篇幅，每天介绍一种珍稀动物，陆续地加以介绍，这样全国人民就可以了解什么是珍稀动物，保护珍稀动物要做些什么事，也就是怎样去保护，使这种知识能够在全国人民当中得到普及。科教电影制片厂在这方面已经做过不少的很好的工作，但是数量还不够，它所介绍的珍稀动物只是介绍了一部分，今天科教电影制片厂可能没有同志到会。我希望协会成立以后，能够跟电影制片厂联系，通过电影能够把中国所有的珍稀动物都介绍给群众。其次，今天广播电视部的同志到会了，希望能够通过电视、广播，经常地一种一种地介绍珍稀动物，这样就会促进保护野生动物目的的实现。其他的话，留给到会的动物学专家来说，我就不再班门弄斧了。

谈新闻工作的改革

（一九八五年一月二十三日与
中宣部新闻局同志的谈话）

新闻事业的性质和新闻工作的党性原则

我们的新闻事业既是党的新闻事业，也是人民的新闻事业，这个问题还是分开来说。如党报就是党的新闻事业，但新闻事业并不就是党报。《新民晚报》就不能说是党的新闻事业。从“反右”以后，《光明日报》也成了党报，与民主党派没有正式的、法定的关系了。政府的报纸也并非与党性毫无关系，但与《人民日报》相比，就不能相提并论。新闻工作的党性原则是有范围、有限度的。对非党的新闻工作就提不到党性原则。列宁提出党性原则，是说党派共产党员到报纸工作，不能允许发表反党和非党的言论。党本身是阶级斗争的产物，是为共产主义而奋斗的，共产主义事业是一个政治运动。推翻一个经济制度，既是政治运动，又是经济斗争。共产党执政后，很多问题成了政治问题。过去有过这种情况，一个字怎么写，一句话怎么说，英语怎么教。把一些与政治无关的问题都说成政治问题，教育部为这些事争论很大，要让党来统一。但这些问题不能作为政治问题，如果搞成政治问题，就成了苏联搞的生物学上李森科那样的问题了。

1956年中央对《人民日报》改版报告的批语，反映的是当时中央、主要是毛主席的想法，但他并没有坚持下去。所以把那个当成根本原则，究竟怎么样？中央过去作的决定，现在是否适用，不一定，因为很多东西都在发展，要解答这个问题，需要把原件送给中央，由中央重新批准。

新闻体制和新闻宣传的多样化

新闻体制可以多层次，实际也是多层次。各大部都有相应的报纸。有些专业报如《健康报》、《人民铁道报》等由来已久。政治生活本身就有多层次，从中央到省市委到支部，还有国务院，人民代表大会，政协，解放军，这就是多层次。社会结构本身就不那么单一。新闻工具宣传教育的含义也是多层次的，传播信息也可算作宣传教育。报纸对经济工作、技术发展的宣传，是可以考虑提出多层次的问题。要有个一以贯之的想法，从经济理论、经济体制、经济工作知识到工农业和各个经济部门的生产、发展情况，互相之间的关系，面临的技术改造、体制改造问题，要有一个系统的宣传计划。报纸对技术革命的重视不够，对技术知识宣传很少。有人提出热水瓶三十年一贯制，不但热水瓶，很多问题，很多东西都是三十年一贯制。日本人看我们的日光灯开关，不能一拉就亮，太落后，他们当场解决，只在小地方改一下，马上就好了。日本人觉得这都算不上专利，没有保密的需要。可我们到现在还没有解决，也不觉得有解决的必要。划船的办法有几千年了，到现在还是那样，没有任何人提出改的要求，也没有任何人去设计。说明我们革旧求新的精神太差，保持的旧的东西很多，新东西推广的阻力很大。报纸对这方面的宣传就没有紧迫感。

关于新闻自由、出版法、新闻法

新闻自由的问题，不是一个简单的问题，难以一两句话说清楚。个人是否可以办报的问题，也要提到中央讨论、决定。这些问题现在不成熟，搞不好会出乱子。比如计划生育问题，如果几个同人办报，觉得它不对，公开说不应实行，那不就出问题了？对带有根本性的重要问题，要十分慎重。对没决定的问题的讨论或已经决定的问题在执行中的细节的讨论，是一回事；对决定本身进行讨论，就是另一回事了。

中央的同志在三年前就提出搞出版法，现在看还得搞。由出版行政机关去管，当然需要加强人力。不合条件的东西就不能出。现在莫明其妙的小报很多，不是文化小报，是低级趣味的。广州不知有多少小报，净是耸人听闻的东西。当然有的不一定涉及法律，行政上管就可以了。中央的同志非常赞成管一管，说哪来的这么多纸，对纸张是极大的浪费。许多报纸用的是事业费。请你们回去时建议，由出版局去抓。一下子搞不出出版法，可以先搞个条例。法是不大容易起草好的，先搞个简单条例，也比较容易。出版自由是一个方面，但要有挂口单位，如果没有挂口单位，是私人出的，必须是那种确有必要，很有价值的，事先也要对主办的人进行调查。出了问题有个地方好找，不然找不到人。

世界上有新闻法的国家不多，主要是出版法。因新闻法本身很难写出多少条，执行起来问题更大，如关于新闻自由问题。中央原来没有考虑的问题，不能非要中央解决。这里有个时机是否成熟的问题，还有是否有必要的问题。

关于舆论一律的问题。有一种意见认为，对一种社会现象，文艺界和新闻界都要有统一意见的时代已经过去了。这个话要分析，有些事情是可以有两种意见的。但在某些问题上，如果两种意见同时宣传，工作就做不下去了，这就要十分慎重。如对深圳特区，报上一篇文章说它好，一篇文章说它坏，这就不是深圳的问题，也不是广东的问题，成了中央的问题了。许多方面都可以找到这类问题，这就要十分慎重，分量也要适当。

关于报纸宣传的内容

新闻工作要改革，新闻工作还要宣传改革，以经济改革为中心，还有教育、卫生等许多方面的改革。报纸处理这些问题要很慎重，尤其掌舵的人，接触的面要宽一点，也要与意见不同的人接触。有些报纸的内容有不少重复，有的报纸名实不相符。《工人日报》想在社会上发生影响，它的内容也要丰富一些，各方面都有，这是对的，工人也不愿意报纸专讲工运。但有好几段时间，根本不谈工人生活和工会工作，本来工会工作就不活跃，如果报纸再不支持、反映，不提出问题，进行讨论，那怎么行。对工人创造的成绩，优秀先进分子的事迹，工人中的倾向，生活中的问题，都需要反映，工人也愿意看。报纸内容与它的名义不能相去太远。地方报纸登载国内国际消息，每天都有相当比例。但有些纯粹专业性报纸，不起日报作用，也搞那些东南西北的新闻，就不一定合适，可能编辑力量不够，稿源不丰富，因此报纸上互相转载，抄袭的也不少。《文汇报》每周搞一次全国报纸摘要，搞得挺不错，可有的报纸又从它那里转载报纸太多，也产生一个问题，新华社发稿就要分一分，哪篇给哪个报。新华社的稿子上天落不了地，也是他们的苦恼。各地报纸有的对新华社重要新闻太不重视，舍不得花人花力气去缩编、摘登。各省报都要规定相当的比例，指定一些人担任这项工作，对新华社新闻选择的好坏、登载的多少，要有个责任制。《人民日报》的胡绩伟同志有个功劳，他提出无论如何所有重要的新闻都要登在第一版，重要的国际新闻也要登在第一版。我听他说过几次，印象较深。

报纸有一些商业性是可以的，但有的有点过分。新华社《参考消息》登一个新闻，然后说欲知其详请来购买资料。这样的事有好几次，就像钓鱼一样，是生意经的倾向。有的是因为版面问题或资料的专业性太强，那可以理解。这样做对新华社的政治信誉也不好。我说的全是好意，没有上纲上线的问题，只是一种劝告。对群众真正要知道的，还是要满足，对读者负责好。这些值得提醒一下。

对改革和改革中涌现出来的人的宣传，中央的同志说过几次，一定要实事求是。对天津大邱庄的宣传，新闻单位介入得过分，有点宣传大寨的味道。对先进单位的报道一定要实事求是，卷入太深了不好。大邱庄的支部书记也确实说了些过头的、不适当的话，不能把人一下子捧得十全十美，那样使他骄傲得不得了，还怎么领导他呢？他又怎么进步呢？这实际上是害了他。

记者想出名，就想采访别人不知道的、或者有争论的、或者记者本人想提出争论的独家新闻。不但是独家新闻，连记者也成了名人。这当然是记者的职责，只要在正当范围内，也不能反对。另外，还是得提倡有闻必录，短消息还是需要。通讯、人物也要写，如过去报道焦裕禄等，起了很大的作用。通讯里边有不少可歌可泣的内容。但这不能成为新闻的主体。对新闻的要求要全面，对记者的要求也要全面，记者如果连写新闻都不过关，只写人物和长篇通讯，读者和报纸都负担不起。这里也有个社会效益问题。因为群众需要各种信息嘛。新闻记者都没有信息观念，那怎么行。我们的短新闻少了，群众应该知道的信息也就少了。新华社要赶时间，提高时效，奥运会报道的战役不错。我们中央全会、人代会的消息都发得很快，抢到外国记者的前边，这是很大的成绩。

广播电视要办得更丰富活泼

我们的广播电视如何搞得更丰富、活泼，进一步引起人们的兴趣。现在电视新闻的节目比较好，比一年前丰富多了，广播也有进步。有的大学生原来听外国的广播，后来不听了，因为我们的广播的内容也丰富了。这种现象应该鼓励。但是丰富性还不够，特别是国际新闻。广播有时中断插评论。这一来就减少了播新闻的时间。同时我们广播的权威性还不强。

应该学习有些外国电台的办法，培养权威评论员，加重他们说话的分量。《人民日报》、新华社没讲的他也可以讲嘛。当然不是乱来，而是有所分工，由各人发挥自己的特长。各方面工作都有个限制，报纸不能代替广播，广播也不能代替报纸。电视也可以搞评论，但不能在那里照稿子念，而应该讲得十分吸引人，中肯、扼要、生动，说服力强。这个问题是电视台本身不易解决的。电视台自己可以有经济评论员、政治评论员，也要向各部门物色一些会说话、口齿清楚的同志，要很熟悉情况，讲起来头头是道才成。外国人关心的，我们国内的事，中国人也照样关心。电视技术越来越发展，我们也要做好准备。如每周答复观众，观众用电视电话提出问题，然后当场答复，这样效果就会好得多。在没有能力做到这一步时，起码也要说话干净，有兴趣。最怕啰啰嗦嗦讲一通空道理，又不解渴，又不解决问题，那等于把报纸评论再念一遍。要建立专门的评论员，广泛联系读者、观众，解决社会上的各种问题，电台、电视台的作用就大得多了，否则老也没有交流。这是提一个希望，慢慢向那个方向去做。

电视新闻节目是昙花一现，看过就找不到了，很可惜。我曾写信给新华社说，那里边有许多好内容，有许多非常有价值的东西，其重要性比新华社发的、报纸登的东西有过之无不及。如果新华社、人民日报不想法利用，就太可惜了。

对福建工作的几点希望

（一九八五年三月三日至二十三日在
福建与有关负责同志的谈话）

一、全面规划，打好基础，发展对外经济技术交流

福建近几年经济建设取得了巨大的成绩。一九八四年厦门经济特区建设发展速度是空前的，成就是可喜的。

对外开放以来，福建经济建设一开始就注重全面规划，扎扎实实地抓基础工业，为对外开放创造良好的条件和环境，这个路子走对了。没有基础工业，整个工业就难以得到持久稳定的发展，福建经济的振兴也就不可能。加强基础工业的建设要把面布得宽一点，轻重工业的比例和布局要合理，以适合全省的客观需要和可能。

开发闽南三角地区前途光明，但漳泉两地工业基础薄弱，有待于加强。厦门市牵个头，三市共同研究一下，根据人口、地理、周围的资源等各方面的情况，认清自己的优势和特点，确定搞些什么项目，五年、十年各达到什么目标，作出一个比较符合实际的初步规划来，然后一步步加以落实。

在开发闽南三角地区的同时，要处理好闽南三角地区、沿海地带的建设与内地发展的关系。要以开放地区和沿海地带的发展来带动内地和全省其他地区经济建设的发展，包括农业、林业、交通、能源等都得有全面规划。内地经济大幅度发展了，就能有效地支援开放地区和沿海地带，成为开放地区和沿海地带的强有力的后盾。

全面规划，抓基础工业，必须对引进工作加以通盘考虑。引进项目不论对内对外，都要有拳头产品，才有竞争能力。要保护民族轻工业，我们有名牌产品的就不要再引进了。电视机、电风扇等家用电器的生产，国内已有一定的基础，不要搞重复引进，以免内部自己打架。对已经引进的技术，一要发展，二要扩散。我们搞引进不能完全跟着别人走，如果老是跟着人家，中国要走在世界的前面就不可能。

要广泛发展对外经济技术交流。如果能通过华侨发展同东南亚的经济关系，从那里引进技术、资金，这方面的前景是广阔的。福建已经同中东国家建立金融关系，这是一项很重要的工作。中东多数国家都比较富裕，我们同中东国家在许多方面可以合作。比如，中东国家海水淡化技术应用得比较普遍、先进，这种技术我们海军和岛屿是很需要的。泉州有许多阿拉伯后裔，这是福建同中东国家发展关系的特有优势。

在开放过程中，一定要加强审计工作，把省、市政府的权威建立起来，切实按照国家有关涉外的法令和规章制度，对合营企业和独资企业加强管理和监督，以便堵塞漏洞，保护国家利益，同时也要保护外商的合法权益，做到平等互利，把吸收外资的工作做得更好。

福建与广东要进入香港市场，这是两省经济发展要解决的问题。现在许多东西不是我们输往香港，而是香港输来内地。要解决这个问题，得先从搞鲜活产品出口入手。搞鲜活产品出口也不容易。如我们的橘子比美国的好吃，但外表有黑斑，虽然不是病，却是病毒引起的，人家不要。因此，要通过科研的途径提高产品质量。依靠哪些地方、什么单位来研究解决，要有周密的计划，要抓落实，空谈不行。我们的产品在那里要争取占到百分之五十，然后再慢慢扩大。要扎扎实实地做具体工作。瞄准香港市场，要把遇到的问题开列成明细单子，如橘子长黑斑问题等，然后一个一个地解决。

二、正确认识物价上涨现象，采取措施保持物价的相对稳定

目前，物价上涨的现象比较突出。对这个问题应该怎样看？

首先，应该承认物价确有上涨，特别是副食品和蔬菜的价格上涨幅度较大。社会上有些人对改革不够理解，认为十二届三中全会通过的经济体制改革《决定》的中心就是两个字：涨价。这样理解是不正确的。改革确实要调整不合理的价格体系，那是按价值规律办事，决不是简单的“涨价”。

其次，对物价上涨要有一个客观的分析。

第一，农副产品的价格体系不合理。长期以来，国家对粮食、棉花、肉食、蔬菜都实行价格补贴，这种价格倒挂政策，既给国家财政造成了沉重负担，而又不利于农副产品生产的发

展。现在国家取消了农副产品的统派购任务，让生产者与消费者直接见面，由市场来调节价格，使原来存在于农副产品中不合理的价格体系得到纠正。副食品和蔬菜的价格因而暂时有所上涨。在农副产品生产发展后，价格是会下降的。

第二，去年票子发行得多了些，使购买力超过了可供购买的实物量。十一届三中全会以来，农村实行了生产责任制，经济发展很快，加以贷款和免税等有利条件，农民手中的钱多了。他们有了钱就要买东西，这就使购买力大大增强。这也是造成物价上涨的重要因素。

第三，职工的实际收入增加使购买力增强。工厂企业扩大自主权后，奖金实行“上不封顶，下不保底”，实际贯彻中大部分企业只执行“上不封顶”。厂长、经理为了使工人满意，调动大家的积极性，都想办法多发奖金。结果职工的钱多了，市场上的东西没有相应的增加，自然就要引起物价上涨。还有一些单位以各种名目发实物，这些都加剧了物价上涨。这是改革中出现的不正之风，要及时纠正。

物价上涨当然不仅以上这几方面的因素，还有其他因素，如有那么一部分人搞投机活动，哄抬物价，制造混乱，也是一个重要原因。对这种人要坚决处理、打击。今年国家行政和教育等事业部门要进行工资改革，物价可能还会进一步上涨。根据广州等地的经验，农副产品价格放开以后，开始一段时间物价上涨幅度大一些，过一段时间便趋于平稳，然后又有所下降，但不会降到涨价前的价格水平。要向群众做些说明工作，讲明为什么价格会上涨，使大家心中有数，也应该使大家懂得防止乱涨价人人有责。我们要采取各种强有力的措施控制物价上涨，保持物价的相对稳定，以保证改革的顺利进行。

三、多宣传为人民服务，搞好党风民风

改革阻碍生产力发展的陈规陋习，创造新型的、健康的、科学的、适应现代化生产需要的生活方式是十分重要的。

当前有一个值得注意的问题，就是在一部分人中存在着“一切向钱看”，甚至以获利多少来决定某个人身价高低的错误倾向。应该让人们明白，货币只是商品交换的一种媒介，国家的富裕，首先是物质财富的增加，而不是看货币的多少。有人说，要搞经济核算、按劳付酬就得向钱看。这不对。社会主义企业当然要赚钱，但“一切向钱看”绝对不是社会主义思想。社会主义生产的根本目的是为了满足人民的需要，而不是为赚钱而赚钱。“一切向钱看”，要害就在于“一切”两个字上。“一切”指的是从灵魂到肉体都向钱看，这同资本主义社会有什么区别？我们发展商品经济，不等于承认或者默认“一切向钱看”。共产党员和政府部门、社会主义企业，一定要毫不动摇地宣传全心全意为人民服务和富国富民、实现二〇〇〇年工农业总产值翻两番的思想。

最近有一股风，就是不少机关用各种形式发西装。钱从事业费、行政费中开支。这是一股新的不正之风，要坚决刹住。第一期整党基本结束，但纪律问题、作风问题还没有解决好。对那些用不正当手段，盗用改革旗号，违反党纪、政纪和国法，谋求本单位和个人发财的错误行为必须坚决纠正，情节严重的，要依照党纪国法给予应有的制裁。只有这样，才能巩

固和发展整党的成果，改变社会风气，保证在改革和开放的新条件下，顺利发展大好的经济形势。

在开放过程中，还要注意搞好社会风气。现在有些地方结婚要用大小汽车载，有的多达十几辆，还要摆上一二十桌酒席。排场越摆越大，花费越来越多，这不是一个好现象。共青团员要带头抵制这种旧习俗，妇联和工会也要联合起来一起做工作。旧的习俗往往是和愚昧无知联系在一起的，越是文化闭塞、文明程度低的地方，旧的习俗就越严重。所以，关键的问题在于提高整个民族的文化科学素质和文明程度，要多宣传、多教育。还有解放后早已绝迹了的妇女卖淫的丑恶现象又重新出现，要采取严厉措施加以制止。外国人来了，对他们的要求，要看什么能满足，什么不能满足。在卖淫、赌博这些坏事上，不仅不能满足他们的要求，而且要严厉惩罚，绝不能手软。

四、加强党的建设，重视在青年中发展党员

福州的同志说，全市二十五岁以下的青年党员只占党员总数的百分之三点五，这个比例还略高于全国的平均水平。现在，全国（包括解放军在内）青年党员所占比例只有百分之三，如果解放军不算，连百分之三还不到。这是建国以来我党长期忽视这个问题的结果。现在，中央已经注意到了这个问题。我这次来福建还特别向省委提起它。重视在青年中发展党员，是关系到我们党后继有人的大问题。我们强调干部队伍年轻化，如果不努力提高青年党员的比例，这个目标怎么能

达到?

要在年轻的知识分子、工人、农民和在校的高等院校、中等技术学校、职业高中、普通高中的学生中,进行党的知识的教育,把他们中间具备党员条件的青年及时吸收入党。工厂、农村、街道也要注意做好这项工作。

合资、独资企业中的党组织要公开。在合资或独资企业中不公开党组织,这是有的地方自作主张搞的。经济特区不是政治特区,合资企业、独资企业也不是租界,在那里党的组织以工会的名义出现,这样做不符合我国的宪法和党的章程。这个问题一开始就要谨慎,我们的权利不要随意放弃,对外商的非分要求不要轻易默认。要跟外商说清楚,我们还是要根据我国的法律办事的,不能做违背法律原则的让步。当然,我们在合资、独资企业中建党,目的还是发挥党员的先锋作用,支持企业的发展。

五、坚持教育要为经济建设服务,切实办好各类学校

我们搞开放,要引进先进的技术,不是那么容易。现在引进的程控电话、光导纤维、先进化工、感光材料等项目就算是比较先进的了。所以,要对引进的技术进行消化、移植和创新。如果不能消化吸收和继续改进,今后老是要靠引进过日子,那就达不到引进的真正目的。在这方面,教育要发挥作用。厦门大学应利用自身雄厚的科学基础,多帮助各企业进行科学应用和技术改造等问题的研究,开拓更多的新的发展

领域，并在生产、设计、建设、管理、经营等方面推广现代应用数学（包括运筹学、决策论、优选法等）和计算机科学，以求实现最佳经济效益。厦门将成为很重要的工业、外贸的中心，对厦大期望很高、很多。希望厦大充分发挥潜力，再用八年时间，争取学生数量能增加一倍，办成一所综合性、全面性的高等学府，以文理为主，兼办工学院、商学院、农学院，有条件甚至可以办医学院，多方面造就人才。

大学的学科设置要合理，专业不宜分得太细。因为现在许多学科都在互相联系、互相渗透、互相依靠。工科的学生要学经济学，经济学的学生要学数学，文科也是如此。如果只从狭义的范围去理解文科，进行教学，学生的知识面就会受限制，影响发展。全国目前有四十个哲学系，确实太多了。哲学中比较实用的专业，如逻辑学、伦理学，倒是很需要的。中小学以至大学都需要进行伦理道德教育。任何职业也都有道德问题，如医学道德、法学道德等。科学也离不开道德。

为什么大学不宜多办新校？因为全国现有的高等院校已经很多、很够了，目前平均一所大学还收不到一千名学生，太浪费了，不能再办。应该使现有的高等院校充分发挥作用。

要抓好中学毕业生的就业前的教育和培训，强调发展中等职业教育，为经济建设培养大批适用的中等技术人才。其他职业教育也要大力发展。要办好职业大学、业余大学以及电大、刊大等，充分发挥它们的作用。

青年工人和农民不能忽视学习。青年工人要补习文化。现在当农民的也需要学习科学文化知识。我国几千年形成一个传统看法，总认为什么都不懂的人才去当农民，这种观念要改变。新型的农民要种田，要做工，要栽果，要养鱼，没有一定的专业知识是不行的。缺乏科学文化知识，往往会发生农药中毒、破坏水土、污染空气等问题。所以，今后当农民与当工人应该同样要求，也应具备一定的文化水平。

谈到教育，有个问题应该提醒大家，就是要注意党校系统的教学质量。党校非办不可，但目前办得比较马虎。由于大批干部要求拿大专文凭，质量标准因此就降低了，使党校教育完全变成一种形式。开设的课程只有哲学、政治经济学、科学社会主义以及自然辩证法常识等几门，而且不少党校的教师本来就教不了大专课程，学生学完这些课，实际上连高中水平都达不到，就拿大专文凭。这种所谓的大专程度完全是假的。要审查一下，究竟哪些党校能开大专的课，哪些不能开。如果把党校的程度降低了，就会影响党在群众中的威信。这种名不副实的现象也不仅仅出在党校，工厂里办初中班也有类似情况，诸如代上课、代考试的现象都有。这些问题，经委和宣传部要一起研究，采取什么办法加以解决。现有党校大专班的课程要增加，质量要提高，学时要有规定。

六、搞好对台贸易，推进祖国统一大业进程

对台贸易不是一项单纯的经济工作。我们的目的是以经济促政治，通过贸易，广交朋友，促进祖国统一的大业。

最近，台湾商人之所以在贸易上跟我们来往较多，是迫于经济形势。而我们同台湾搞较大宗的贸易，也要从政治上考虑。

要解决对台贸易的货源问题。最好能打破省界，从各省组织货源，由福建来做生意。

福建面对台湾，应该为促进完成祖国统一大业做贡献；福建又是侨乡，应该面向世界，面向海内外。希望你们在这方面搞出特色来。

七、妇联要打破封闭式的状况，在开展社会活动中提高妇女的地位

妇联要培养妇女干部，首先要打破那种封闭式的状况，多开展一些社会活动，不要把自己框得那么死。要在开展社会活动中，提出问题，解决问题，取得社会的承认，提高妇女的社会地位，从中培养和发现人才，形成自然的群众领袖。

妇联的工作范围很广，保护妇女和儿童的合法权益，保护女工的合法权益是一个重要方面。现在社会上还存在着歧视妇女的问题，如许多学校不愿意招收女生，许多企业也不愿意招收女工，等等，这不符合我国的宪法，也不符合党和国家的长远利益。一些资本主义国家的妇女代表团来中国，看了我们的妇联后，反映中国的女权运动还没有开展起来。妇联要加强这方面的宣传，要把女权运动搞起来。

八、林则徐是反抗帝国主义侵略的伟大的民族英雄

今年八月三十日，是林则徐诞辰二百周年纪念日，要举行

纪念活动。中国近代史的分期是从鸦片战争开始的，林则徐是最早反抗帝国主义侵略的伟大的民族英雄。纪念林则徐，主要是纪念他在鸦片战争中英勇反抗英帝国主义侵略的爱国精神，这对于收回香港，以至促使解决台湾问题、实现祖国统一，都具有重大的现实意义。因此，不能因为林则徐是福州人，纪念活动就只在福州举行，北京也要举行。纪念大会筹备工作要抓紧进行。

对林则徐这位历史人物，有一项研究工作，我希望福建能组织历史学家来搞一搞。抗日战争时期，国民党中有一位曾当过高级外交官的文人叫蒋廷黻的，写过一本有关中国近代史的小册子。其根本论点就是说林则徐在新疆时对禁烟斗争表示后悔，认为反抗英国侵略者的战争不该打，打坏了。蒋廷黻利用这本小册子宣扬卖国有理的谬论，主张不能轻易地抗日，拥护蒋介石的不抵抗主义。这本小册子在当时影响比较大。我希望福建组织历史学家，就此写一本专著，彻底批驳蒋廷黻的谬论。也可以先出一本试样性的书，或者先写出文章来。

重视社会主义法制建设

（一九八六年二月二十五日在
全国政法工作会议上的讲话）

几年来，在经济建设和经济体制改革取得世界公认的成就的同时，我国社会治安情况也取得明显好转。这个事实充分说明，我国社会主义法制建设已经有了长足的进步。全国人民代表大会及其常委会，不仅制定、颁布了宪法，而且还制定、颁布了刑法、刑事诉讼法等几十个法律、条例和决定，且正式确定了建国以来十几年中所颁布的各项法律、条例和决定一般继续有效。可以这样说，我们的社会主义法律体系已经初步形成。

在短短几年中，在社会治安和社会主义法制建设方面的收获这么巨大，应该说是很了不起的，也是很不容易的。这是全党努力的结果，特别是政法战线上的同志们努力的结果。当然，无论在社会治安方面，还是在社会主义法制建设方面，都还有不少问题需要继续解决。这次全国政法工作会议就是在这种新形势下召开的。它的议题很多，任务很艰巨。毫无疑问，依靠党中央和中央政法委员会的正确领导，加上全体到会同志们的共同努力，这次会议一定能够达到预定的目的。

十一届三中全会以来，党中央鉴于“文化大革命”的严重教训，非常重视社会主义法制建设和社会主义经济建设的同步发展，也就是小平同志最近所说的一手抓建设，一手抓法制（这里暂且不提精神文明建设，因为广义的精神文明本来可以包括法制在内，只是由于说话时的着重点不同，用语也会变换）。党中央一再强调社会主义法制的极端重要性，并在正确解决不同时期所面临的政法工作的各项重大任务的进程中一贯重视社会主义法制建设。这是全党同志特别是政法战线的全体同志们所必须充分认识的。为了帮助大家作一番回顾，我现在很简单地很不完全地举一些重要事实。

小平同志一九七八年十二月十三日在十一届三中全会前召集的中央工作会议闭幕会上的讲话中说：“为了保障民主，必须加强法制。必须使民主制度化、法律化，这种制度和法律不因领导人的改变而改变，不因领导人的看法和注意力的改变而改变。现在的问题是法律很不完备，很多法律还没有制定出来。往往把领导人说的话当做‘法’，不赞成领导人说的话就叫做‘违法’，领导人的话改变了，‘法’也就跟着改变。所以，应该集中力量制定刑法、民法、环境保护法、劳动法、外国人投资法等等，经过一定的民主程序讨论通过，并且加强检察机关和司法机关，做到有法可依，有法必依，执法必严，违法必究。”

剑英同志在这次闭幕会上讲话说：“为了建设现代化社会主义强国，一定要加强社会主义法制。我国的社会主义法制从建国以来，还没有很好地健全起来。林彪、‘四人帮’所以能够为所欲为，也是钻了我们这个空子。他们‘砸烂公、检、法’，践踏社会主义法制。他们在所谓'加强无产阶级专政'的幌子下，对广大干部和人民实行法西斯专政，想抄谁的家就抄谁的家，想抓谁就抓谁，只要他们说一声某人是'坏人'，这个人就被投入监狱。广大干部和群众的人身安全毫无保障。有多少人被他们用这样那样的方法整死了。这是一个血的教训！林彪、'四人帮'从反面给了我们血的教育，使我们懂得，一个国家非有法律和制度不可。这种法律和制度要有稳定性、连续性，它们是人民制订的，代表社会主义和无产阶级专政的最高利益，一定要具有极大的权威，只有经过法律程序才能修改，而不能以任何领导人个人的意志为转移。检察机关和法院，在自己的工作中一定要忠实于法律和制度，忠实于事实真相，一定要保持应有的独立性，这样才能完成自己的神圣职责。我们一定要有一批大无畏的不惜以身殉职的检察官和法官，这样才能维护社会主义法制的革命威严。在人民自己的法律面前，一定要实行人人平等，不允许任何人有超于法律之上的特权。"

十一届三中全会的公报也着重强调了社会主义法制建设的问题。公报说："为了保障人民民主，必须加强社会主义法制，使民主制度化、法律化，使这种制度和法律具有稳定性、连续性和极大权威，做到有法可依，有法必依，执法必严，违法必究。从现在起，应当把立法工作摆到全国人民代表大会及其常务委员会的重要议程上来。检察机关和司法机关要保持应有的独立性；要忠实于法律和制度，忠实于人民利益，忠实于事实真相；要保证人民在自己的法律面前人人平等，不允许任何人有超于法律之上的特权。"

一九七九年七月，全国人民代表大会第五届第二次会议通过了我国建国以来首次制定的刑法和刑事诉讼法。这表明三中全会的决定得到了迅速有效的执行。

一九八二年九月，我们党召开了具有重要历史意义的第十二次全国代表大会。这次代表大会明确提出了社会主义物质文明建设和社会主义精神文明建设一起抓的方针。十二大通过的党章规定：党必须在宪法和法律的范围内活动。党必须保证国家的立法和司法机关积极主动地、独立负责地、协调一致地工作。在这次代表大会上，耀邦同志在代表党中央委员会所作的报告中着重讲了加强社会主义法制建设的问题。耀邦同志说："今后，我们党要领导人民继续制订和完备各种法律，加强党对政法工作的领导，从各方面保证政法部门严格执行法律。在这同时，要在全体人民中间反复进行法制的宣传教育，从小学起各级学校都要设置有关法制教育的课程，努力使每个公民都知法守法。特别要教育和监督广大党员带头遵守宪法和法律。新党章关于'党必须在宪法和法律的范围内活动'的规定，是一项极其重要的原则。从中央到基层，一切党组织和党员的活动都不能同国家的宪法和法律相抵触。党是人民的一部分。党领导人民制定宪法和法律，一经国家权力机关通过，全党必须严格遵守。"

一九八二年十一月五届人大第五次会议，通过了《中华人民共和国宪法》，使我国社会主义民主的发展和社会主义法制的建设进入一个新的阶段。为了严厉打击经济犯罪和其他刑事犯罪活动，一九八二年二月五届人大常委会第二十二次会议通过了《关于严惩严重破坏经济的罪犯的决定》（以后党中央、国务院还作出了更详细的政策性的决定），一九八三年八月六届人大常委会第二次会议通过了《关于严惩严重危害社会治安的犯罪分子的决定》。大家都知道，这几个决定对于加强我国社会主义法制、维护我国的经济秩序和社会治安、保证我国社会主义经济建设的健康进行，起了多么巨大的作用。

为了普遍进行社会主义法制教育，去年六届人大常委会第十二次会议还通过了《关于在公民中基本普及法律常识的决议》。

大家也都知道，在今年年初不到两个月的时间内，党中央对加强社会主义法制建设和加强政法工作又作了多么重要的指示和部署。一月六日和九日，中央召开中央机关干部大会，即八千人大会，表明了中央狠抓精神文明建设、狠抓端正党风和社会风气的重大决心。耀邦同志在大会上作了重要讲话，号召中央机关要做全国的表率。耀邦同志说："我们一定要在中央机关的一切部门，加强自上而下的监督和自下而上的监督。同时加强法纪建设，做到有法必依，执法必严，违法必究。机关越大，人民赋予的权力越大，这些机关的同志们就越是要认真遵守党纪国法，真正成为有共产主义远大理想和有严格纪律观念的模范。"一月十七日小平同志在中央政治局常委会上作了重要的讲话。小平同志讲："搞四个现代化一定要有两手，一手是不行的。所谓两手，即一手抓建设，一手抓法制。党纪、国法都是法。只有一手不行。四个坚持为什么要有一条坚持人民民主专政？只有人民内部的民主，没有对破坏分子的专政，社会就不可能保持安定团结的政治局面，就不可能把现代化建设搞成功。"小平同志又讲："今年开始，真正抓两年。经济建设这一手我们搞得相当有成绩，形势喜人，这是我们国家的成功。但风气如果坏下去，经济搞成功又有什么意义？会在另一方面变质，反过来影响整个经济变质，发展下去会形成贪污、盗窃、贿赂横行的世界。所以不能不讲四个坚持，不能不讲专政，这个专政可以保证我们的社会主义现代化建设顺利进行，有力地对付那些破坏建设的人和事。”小平同志还特别强调，“抓精神文明建设，抓党风、社会风气好转，就是要从具体案件抓起。”“越是高级干部子弟，越是高级干部，越是名人，越要抓紧查处，抓住典型。因为这些人犯罪危害大，抓了、处理了效果也大，表明我们下决心克服一切困难抓精神文明建设”。“真正抓紧大有希望，不抓紧就没有希望。”

二月三日，中央书记处由胡耀邦同志主持，举行第二百六十一次会议，专门讨论了加强法制和加强政法机构建设的问题。会议决定：

一、必须努力建设高度的社会主义民主与法制。建设高度的社会主义民主与法制，是维护国家长治久安，进行社会主义物质文明建设和精神文明建设的可靠保证和必要条件，也是我们的根本目标和根本任务之一。几年来，我国民主与法制建设的成就是显著的，但由于几千年封建社会历史的影响，由于建国以后对民主与法制建设的忽视，民主与法制还不健全，有相当数量的同志包括一些负责干部，对民主与法制建设的重要性还认识不足，有法不依、执法不严的现象在一些方面仍然存在，已经制定的法律还没有得到充分的遵守和执行。在党内，虽然这几年提出了一系列保证党内生活正常开展的重要措施，但党内的民主与党纪建设在有些方面还不周密，存在一些漏洞。这些都是潜在的不安定因素，影响社会主义物质文明建设和精神文明建设的顺利进行。对此，全党必须引起高度重视，要通过几十年的艰苦奋斗，把我国建设成为具有高度社会主义民主与法制的现代化强国。

二、必须坚决维护法律的严肃性。党员特别是党的各级领导干部，应当带头遵守宪法和法律。党的十二大通过的新党章关于“党必须在宪法和法律的范围内活动”的规定，是一项极其重要的原则。党领导人民制定的宪法和法律，全党必须严格遵守，从中央到基层，一切党组织和党员的活动都不能同国家的宪法和法律相抵触。当前，一些地方存在的一些党员和领导干部以人代法、以权代法的问题，有些是滥耍威风，有些是以权谋私，干扰了法院的正常工作，损害了党的威信和法律的尊严。如果容许这种现象发展下去，不但社会主义民主与法制无法健全，社会主义物质文明和精神文明建设没有希望，还有可能制造新的冤假错案。因此，必须在全党进行民主与法制的宣传教育，强调中央、省、地、县党委要带头知法守法。民主与法制教育应当密切结合实际，有表扬有批评，不要照本宣科，就法论法。各级法院应当坚持原则，不徇私情，敢于碰硬，执法如山，对违法干涉法院审判活动和判决执行的，要依法追究责任。

三、必须加强经济立法，保障经济活动的正常进行。随着经济的进一步搞活，经济纠纷案件逐步增多，需要进一步加强和健全经济立法。有些法律，如合同法、投资法、破产法、会计法、统计法等，应当尽快制定或进一步修订完善，以适应经济发展的需要，保障经济活动的正常进行。最近几年，各级法院在处理经济案件方面，应当特别注意两个问题：一是严肃保护人民群众的合法权益；二是严肃保护集体企业特别是困难的集体企业的合法权益。

四、必须加强各级法院、检察院的组织建设，提高队伍素质。由于长期形成的习惯，法院、检察院的干部配备规格比较低，没有权威；同时两院自身有自卑感，结果往往关门办案，同各方面的联系比较少。所以，必须下决心提高各级法院、检察院领导干部的质量，限期调整好各级领导班子，选调一定规格的政治上强、身体较好的干部充实两院系统，使两院树立起权威。同时，法院、检察院要加强队伍建设，努力提高干部的政治素质和业务素质，继承和发扬优良传统，改进工作作风，深入群众，深入实践，加强学习，勇于改革，开拓前进。

为什么党中央从十一届三中全会以来要反复强调加强社会主义法制建设呢？从根本上说，这是我们党的一项非常伟大的历史任务。中国共产党必须勇敢地承担起这个重担，而且也只有我们党才能担当起这个重担。如果不完成这个历史任务，要建设具有高度民主和高度文明的社会主义现代化强国的宏伟目标，就等于空谈。有了健全的社会主义法制，保证了社会生活的正常运转和党的路线、方针、政策的贯彻执行，我们党才能比较顺利地实现自己的经济政治任务。现在，我们的党风和社会风气一定程度的败坏，原因之一就是有一些人有法不依，执法不严，违法不究，也还有少数是属于无法可依或没有明确的法律可依，以致贪污、盗窃、贿赂等重大经济犯罪现象以及其他重大刑事犯罪现象增多。如果凭这些现象发展下去，我们怎能有安定团结的政治局面呢？怎能保证社会主义现代化建设顺利进行呢？

按照中央的部署，当前要严厉打击刑事犯罪和经济犯罪活动。特别要抓紧查处牵涉到党政军机关各级领导干部及其亲属的大案要案。要认真抓紧实干，决不可手软。只要认真抓了这些工作，就能有力地促进党风和社会风气的更加好转。这是一定能够实现的。对于这场严重的斗争，任何怀疑、观望、消极的情绪，都是极端错误的。二月十九日上海市中级人民法院开庭宣布对一个强奸流氓团伙的六名罪犯，分别依法判处死刑和有期徒刑，并立即执行，使全上海和全中国人民群情振奋。大家都感觉到，端正党风和社会风气，只要这样抓下去，就完全有信心、有希望。实行社会主义法制，就是要不管对什么人或什么人的子弟，决不姑息。这才能真正体现“在法律面前人人平等”的原则。

中央决心很大，这大家都看到了，全国人民也都看到了。现在就是要靠全党，特别是政法部门的全体同志抓紧实干。这次政法工作会议，根据中央的方针和部署，把当前政法工作方面的任务都提出来了。所有政法部门的党员和干部，都要坚决执行这次会议提出的任务。政法战线所有的同志，人人要做“包公”。从前的包公即包拯不过是封建统治阶级的一个府尹，但因为敢于从严执法，不畏权贵，所以能够博得当时和后世人民的爱戴。今天的“包青天”是共产党员，所执行的法律比宋朝的法律高明严密百倍，又有公安、检察、法院、司法四个机构分工合作地负责实施，当然应该比旧时代的包公更加正直，更加无私无畏。我们党支持政法战线上所有的同志做“包青天”。有人说从前的包公有尚方宝剑，现在的“包公”没有尚方宝剑，不好做了，这种看法是错误的。现在我们政法战线的同志们都有尚方宝剑，这就是宪法、刑法、刑事诉讼法和其他法律，而且有党中央、全国人大和人大常委会、最高检察院和最高法院、国务院做你们的坚强后盾。你们不做“包公”，谁来做“包公”？宋仁宗那么一个历史时期，还出了一个包青天，如果共产党领导的社会主义社会条件下反而不能出一大批包公，岂不是怪事？总之，我们在办案过程中，应该做到也一定要做到铁面无私，执法如山。抓大案要案要坚决，不能手软，要依法从重从快。同时也要注意防止诬告和伪证。对于查明属实的诬告和伪证必须坚决分别按照刑法第一百三十八条和一百四十八条的规定判罪。只有这样两方面都注意到了，才能保证我们的工作顺利进行，实现这次会议提出的各项任务。全体共产党员，各级领导干部，特别是高级领导干部，人人都要积极响应中央的号召，坚决拥护政法部门严厉打击经济犯罪和其他刑事犯罪活动而依法采取的所有措施。如果有些问题牵涉到自己的亲属甚至本人，那就更加要把法律看得高于一切，也就是把党和国家的利益看得高于一切，决不能有丝毫动摇。只有这样，才能做全国人民的表率。否则，这样的人就算不上共产党员，不是糊涂虫，就是坏蛋！

讲到这里，我顺便给大家讲一个关于汉文帝迫使他舅父薄昭自杀的故事。

汉文帝的舅舅薄昭，在汉文帝取得帝位的过程中曾起过很重要的作用。刘邦去世以后，出现了一段吕后政权，后来一些忠于刘邦的文臣武将联合起来，推翻了吕后和吕氏的势力，相互串连，决定拥立代王刘恒为帝。刘恒接到马上到首都长安去就帝位的请求，却不敢去，怕落入圈套，犹豫不决。他派了一个最可靠的人，就是他的舅舅薄昭去长安打探虚实。薄昭从绛侯周勃等人得到了确切的保证。薄昭向刘恒报告说："信矣，毋可疑者"。刘恒于是决定立即动身去长安，就了帝位，这就是后来所称的汉文帝。以后汉文帝同薄昭的关系一直非常亲密的，薄昭被封为将军。汉文帝十年，薄昭犯了杀人罪。《资治通鉴》是这样记载的："将军薄昭杀汉使者。帝不忍加诛，使公卿从之饮酒，欲令自引分（即自杀），昭不肯；使群臣丧服往哭之，乃自杀。"《汉书补注》记载得比较详细："昭与文帝博，不胜，当饮酒。侍郎（即宫廷近侍）酌为昭少，一侍郎谴呵之。时此郎下沐，昭使人杀之。是以文帝使自杀。"汉文帝并不是一个有作为的皇帝。李商隐《贾生》诗中的"可怜夜半虚前席，不问苍生问鬼神"，说的就是他。晚年宠幸邓通，赐以铜山，更是著名的丑事。但是他在不太糊涂的时候，还比较能尊重法律和纪律，比方他尊重廷尉张释之对于惊了他的御驾的老百姓只处以罚金的决定①以及尊重将军周亚夫军营纪律的故事②，都是历来传为美谈的。这两个故事，和我刚才讲的

---

① 《汉书》《张冯汲郑传第二十》载："上（即文帝）行出中渭桥，有一人从桥下走，乘舆马惊。于是使骑捕之，属廷尉。释之治问。……释之奏当：'此人犯跸，当罚金。'上怒曰：'此人亲惊吾马，马赖柔和，令它马，固不败伤我乎？而廷尉乃当之罚金？'释之曰：'法者天子所与天下公共也。今法为是，更重之，是法不信于民也。'"（见《汉书》八第2310页，中华书局1962年版）

② 《汉书》《张陈王周传第十》载："已而之细柳军，军士吏被甲，锐兵刃，彀弓弩，持满。天子先驱至，不得入。先驱曰：'天子且至！'军门都尉曰：'军中闻将军之令，不闻天子之诏。'有顷，上至，又不得入。于是上使使持节诏将军曰：'吾欲劳军。'亚夫乃传言开壁门。壁门士请车骑曰：'将军约，军中不得驱驰。于是天子乃按辔徐行。……既出军门，群臣皆惊。文帝曰：'嗟乎，此真将军矣！'"（见上书七第2058页）

这个让薄昭自杀的故事，并不能表明封建帝王真能知法守法，在这三件事里汉文帝都算不得什么知法守法的模范。我只是想说明，我们共产党人一定要也一定应该比任何剥削阶级统治者更加自觉地学法、知法、守法，有法必依，执法必严，违法必究。难道一个共产党人还连一个封建皇帝都不如吗？

今明两年我们要力争社会治安稳定好转，促使党风和社会风气根本好转。如小平同志所说，还要再奋斗至少十年，恢复到五十年代最好时期的党风和社会风气。这是一场十分严肃而又十分艰巨的斗争！我们一定要把这场斗争进行到底！胜利必然属于我们党和全体人民！

对上海文化教育工作的几点建议

（一九八六年六月二十日与上海市委同志的谈话）

我到上海来的任务是休息。在休息期间，听了一些汇报，学习不多，见闻有限。当然，就每一次座谈来说都有感受。财经工作过去我没有接触过。你们对今年的经济工作考虑得比较多，对明年如何适应要考虑。听了整党和端正党风的汇报，增加了新的知识。在基层听汇报时，我讲了一些意见，那些意见他们会向市委谈。我就听到的一部分、看到的一部分，提一些意见，纯粹是我个人的意见，仅供参考。

一、中等技术教育这个环节很薄弱。这不只是上海的问题，也是全国性的问题。上次谢丽娟同志作了解释，原因有几个方面，主要是“文革”以前的中专在“文革”期间都变成了“七二一大学”，中专就没有了。以后“七二一大学”合并成上海第二工业大学。我听了汇报，上海的第二工业大学办得不错，但总不能代替中专。这件事说起来，中央也有责任。中央搞的教育、科技两个体制改革的决定，都没有强调中专问题。科技体制改革主要讲科学，没有讲技术。当时我听到一些反映。有个工程师给我写了一封很长很详细的信，提了很多意见，其中有一条讲到，科技体制改革的决定一开始就没有讲技术，技术队伍中大学生和中专生的比例不相称。我这里有一本华东师大送给我的书，书中讲到一九八三年三月赵紫阳同志在延安视察工作时说，全国的大学、中专比例不合理，中专太少。不少大学生在做中专生做的工作。这个意见完全正确。可见，教育体制改革里面还有问题需要研究，在那里面没有专门讲中专。搞教育体制改革的决定，我是参加了的，也发表过意见，是同意的。但现在就没有强调中专这一点来看，还是必须考虑的。那位工程师还说到，我们这个近万人的大厂，在工程技术人员中，工程师以上的占百分之九十七点六，而技术员仅占百分之二多一点，比例很不合理。我看的工厂比较少。去年去唐山看了坑口电站，那个电站的领导同志也谈了这个问题，工程师和技师的比例不合理，结果许多学生只想当工程师。但工程师不一定能做技师的工作，就像医生不能做护士的工作一样。再加上去年调整工资，把技师这个项目取消了，职称也没有了。这是一个值得注意的问题。工业要集约化，缺少技师不行。西德中专生做经理，博士开汽车。这种情况，在我们看来非常奇怪，他们则认为是正常的。西德的职业技术教育是搞得很不错的，美国等一些国家的职业技术教育远不如西德。看来，我们还要抓中专。这次，我曾向教育局提出要参观一所中专，因为没有一所是像样的，结果看一所师专。现在，许多职业学校培养的是理发师、厨师、护士等，这同现代化建设是不相适应的。当然，厨师、理发师等也是需要的，不是说不要。从上海的发展来看，还是要多培养技师。在听职业教育和成人教育情况汇报时，有些同志提到工人觉得没有奔头。奔头是什么呢？应当是技术。当然，是不是恢复技师的职称，要由中央决定。总之，培训技师对上海经济的发展很重要，上海要建设成为太平洋西岸最大的经济贸易中心，培训技师更为重要。

现在，很多企业认为职工的双补任务已基本完成，把原来的教室改为仓库，好像教室是不需要的了。今后，上海要走集约化的道路，职工只有初中水平是不行的，要真正达到中专水平。我曾经讲过，像北京、上海的工人至少要达到高中水平。现在我修改一下，至少要达到中专水平。要认真抓培训工作，不然工人就没有奔头，也就是没有积极性。发展经济是上海的大事。工人的技术素质不向技术员的方向发展，不逐年使一批工人升为技师，工人没有奔头，上海的发展也会有问题。产品要在国际市场上竞争，单靠大学生是不行的。

座谈会上反映的另一个问题是职业培训多头领导，下面吃不消。从每个系统讲的道理来说，都对。生产安全啦，劳动保护啦，工业管理啦，等等，诸如此类的项目很多，但企业就感到负担太大。怎样统筹兼顾，使它有一个合理的比例，要研究。首先要考虑保证经济，其次再考虑其他方面的需要。

除了职工的培训以外，还要注意干部的培训，领导干部的培训。这要在保证生产、条件许可的情况下进行。现在，厂长的培训有任务，国务院抓得很紧，要考试，但对党委书记的培训没有计划。我听了纺织局的汇报，他们也讲很多干部一直到现在还没有培训过，只有厂长培训。有的干部对改革抱观望、怀疑的态度，有的甚至有抵触情绪。他们在正式的场合不讲，但背后在讲。我肯定纺织局做了许多工作，作了很大的贡献。中央各部中纺织部是最注意思想政治工作的。但有些提法不切实际,如要求所有职工都有共产主义觉悟、社会主义思想。我当时就提了意见,这是不可能的。这都是对党员的要求,不可能用来要求职工。上海文化发展战略汇报提纲中有类似的说法。提纲中说:上海文化发展的近期奋斗目标,是积极创造一个适应进一步改革和开放需要的文化氛围。要使上海人具有远大的共产主义理想,上海的人,每个市民,每个公民都有远大的共产主义理想,而且还是近期的奋斗目标,这是观念上的混乱,其实是不必要的。不讲这个好像不好。但是,讲要讲实事求是。现在不可能要求职工都有共产主义的远大目标。说到党委书记,有人讲党委书记老套套还没有丢掉,一讲就是回到五十年代,说五十年代怎么一呼百应等。现在的社会条件同五十年代的条件不同,我们不能叫时间倒流。现在恢复到刚解放时不可能,那时的历史条件不同,旧社会被推翻,旧政权被打倒,新政权刚建立,新社会刚出现,那时群众精神状态不一样。我们不可能再创造那么一种条件、环境。所以,要实事求是。我们要适应社会主义商品经济的要求,将来还要划出一片地作自由港,等等。在这样的情况下,如果做党委书记的不丢掉老套套,一个是他看不惯,另一个是群众也不需要他。所以,党委书记不懂自然科学不行,他也要懂得一些企业管理。企业管理是非常复杂的,不只是一门科学,还有管理方法,目标管理、全面质量管理,价值工程、网络要求,工业工期、应用电子计算机、提高信息反馈效率等。这些知识,如果只有厂长或只有总经济师懂得,而党委书记完全不懂,或者是一知半解,懂得很少,那么他们的工作肯定不会有成效的,而且也是很难做的。所以，许多企业里，在实行厂长负责制后，厂长和党委书记之间不协调，甚至发生要取消党委这样的事情。思想政治工作是必不可少的，但做思想政治工作的人也要认真想一想。做思想政治工作的同志，过去有一句老话，说做技术工作的人是越做越实，做思想政治工作的人越做越空。这个话确实反映了一个事实，但并不是解决问题的一种办法。昨天我讲，假如大学的党委书记能够兼一个教授，这个党委书记的地位和威信就会大大提高。他在这个大学学生中的地位用不着争，自然会提高。相反，在工厂里，党委书记跟厂长、经理的关系，假如说，他能够负责职工的一些事，做一个副厂长（中央没有这个提法），那么，这个党委书记的地位，在工人里面，在干部中间，在工厂的经理、厂长的心目中，也就不一样了。而且厂长、经理从行政的角度去看，他确实有一套本领，这就容易协调，否则，就搞不到一块。确实，有些问题在党委。思想政治工作，企业中的厂长、副厂长、车间主任、班组长都应当做。当然，在做的过程中，要同企业管理结合起来。做思想政治工作的不和企业的管理工作同步，思想上想不到一块，在工作上就会不协调。现在是两家搞不到一块。这是个问题，而且也不容易解决。但我觉得这是不能不解决的问题。

二、关于质量第一，信誉至上的问题。我想上海人是很注意的，外面的同志也是很重视的。我路过上海，看到了一些“质量第一，信誉至上”的标语。我想，质量不仅要第一，而且还要包括工业、商业、服务态度等方面。质量第一，信誉至上，加上时间就是金钱，效率就是生命，要对职工进行普及教育。我想这些方面，在生产经营工作中是必要的，都应当包含在精神文明中。重视产品质量，重视信誉，重视效率，不浪费时间，这些都是精神文明的要求，精神文明建设不能放掉这些。

其次，就是职业道德。职业道德也是精神文明中的内容。今天看到《文汇报》关于温州模式讨论的报道，有的同志提出要摒弃伦理主义的方法，采用历史主义的方法。我认为这不对。社会主义商品经济不能是一般的商品经济。如果它不讲信誉、不讲质量，那么商品经济就没法发展，这并不涉及伦理道德问题，而是商品经济本身就包含了职业道德。这在资本主义的企业中也讲的。像一些成功的大企业，为了发展，它们对这个问题是很注意的，一旦发生了差错就退货，质量不好的就赔款。这些决不是伦理道德的事情，而是商品经济本身的要求。现在我们在按劳分配同共产主义思想、目标间的差异，经常地发生一些矛盾。不足的是，用“左”的观点，把共产主义觉悟、共产主义劳动态度的要求同按劳分配对立起来。这种理解是不对的。按劳分配本身不仅仅是社会主义的原则，而且是社会主义的理想。你要进行理想教育，你要实现按劳分配，确实很不容易，要花几十年的时间才能真正实现。可是，按劳分配虽然是社会主义社会的原则，却不能把这个原则扩大到党的政治生活中来。我们毕竟是社会主义国家，是搞共产主义的。现在有些同志很强调按劳分配，认为在社会主义社会中，讲共产主义劳动，讲义务劳动是超越时代的，是不适合的。这是把两个不同范围的问题当做一个问题了。社会主义社会的经营原则是按劳分配，这是必然的。但是，按劳分配不能成为整个社会生活的原则，成为我们国家的、党内生活的原则。比如说解放军守卫边疆，或者在云南，或者在西藏、新疆，多艰苦啊！这怎么能用按劳分配原则去解释呢？解放军上前线，去打仗，去当兵，拿多少钱?！把按劳分配原则，即把经营的原则、分配的原则扩大到整个社会生活的各个方面，这恐怕是不行的。我们做保卫工作、边疆工作、公安工作的，这些都不能用按劳分配原则去解释的，如果用这个原则去解释，那么就有许多工作没有人做了。就拿我们党和国家的领导人的工作来说，他们的劳动不是共产主义的劳动吗？他们如果不是用共产主义劳动的态度来工作，而是用按劳分配的原则来工作，那就不可想象了。所以，为什么说要坚持社会主义就要坚持共产党的领导，就是因为共产党是坚持社会主义的中坚。因此，四项基本原则不能用按劳分配原则来解释，不能把按劳分配原则扩大到所有领域。

其实，义务劳动在任何时候都是需要的。封建社会有义务劳动，资本主义社会中也有义务劳动（如服兵役），为什么唯独社会主义社会就不能有呢？像植树这也是一种义务劳动。社会主义社会中有共产主义因素。把社会主义社会中生活的一切方面都用按劳分配原则来解释，这是不对的。纺织部表扬了三位同志，对党员应当这样要求，但不等于是对整个职工的要求。这要分清楚。人的觉悟本来是不同的，要求也是不同的。要做宣传教育工作。但是，宣传工作也是千变万化的。总之，对党员的要求不能用来对所有职工的要求。有些人退休后，拿了退休工资还是上班工作，这是不错的，但要求毕竟不同。所以，我们一方面要肯定社会主义社会中存在着一定的义务劳动或半义务劳动，如上海的义务交通员，这是很好的，当然也不是完全没有报酬。又如，做街道工作的，其中有很多是半义务性的或纯粹义务性的。这种劳动也是必要的，世界各国都是羡慕的，许多事不要上法院，在居委会就调解解决了。所以，否认义务劳动，否认任何情况下的义务劳动，是不对的，这会使我们走上另一个极端。我们要肯定按劳分配的原则，反对超越这个阶段。另一方面，要宣传共产主义者要有共产主义觉悟，有共产主义的劳动态度。其他的有觉悟的人，包括未退休和已退休的工人，只要他愿意做义务性的劳动，也要鼓励。因为在一个社会中，都需要有模范作用的人。义务劳动也是一种美德，对它嘲笑、挖苦是不对的。总之，夸大义务劳动是不对的，根本否认义务劳动同样是不对的。

另外，职业道德同分配问题很容易扯在一起。职业道德本身是商品经济内在的要求，也是为了取得利润。不讲职业道德，企业就站不住脚。所以，不能把职业道德同商品经济对立起来。

三、精神文明是全方位的，不能只从政治、文化等方面去讲，而是多方面的。上次我同曾庆红同志等都谈过。如果企业不讲文明，对待顾客，对待职工，不讲文明，这个企业能行吗？精神文明单靠宣传部门、文化部门是搞不起来的。物质文明和精神文明是结合在一起的。比如，追求高技术的人，常常废寝忘食，这也是精神文明。

关于文化发展战略，有些要求比较实在，有些要求比较空泛，有些又要求过高。文件中对文化的含义有些地方讲得比较宽，有些地方则讲得比较窄。我不知道上海经济发展战略中，对科教文卫、党委工作、管理工作是不是都谈到了，否则文化发展战略中的空白还很多。教育，我同意并列到文化发展战略中去,有教育、学校,或是医院,但这并不等于要讲整个教育,整个卫生,要求写明的是发展战略。文件在逻辑上前后是不一贯的,我的意见文件还要作修改。听说,中央要你们二十六号修改好,我看市委可以打一个电话给书记处,说文件不成熟,还要作修改。

“七五”期间,我希望上海能够搞好近代史博物馆的筹备工作。这个项目,“七五”期间不可能列入计划了,希望你们做筹备工作。我觉得上海近代史的内容非常丰富,可以说是中国近代史的缩影。资本主义列强怎么侵略,封建统治怎么黑暗腐败,史料很多。以后辛亥革命时上海也是发源地,孙中山改组国民党,实行三大政策,联俄联共,是在上海决定的。中国共产党的前身社会主义青年团,诞生在上海,《新青年》也在上海。上海是中国共产党的诞生地,“一大”是在上海召开的,以后党中央长期在上海。这个时期可歌可泣的事情非常多。

另一方面,如谁首先在上海创办近代的学校,谁首先在上海创办近代工厂,外国人首先在上海干什么,这些都是非常好的历史资料,可以发掘的历史资料,资源非常丰富。上海革命斗争连续不断,从来没有停止过。党中央撤离上海以后,革命斗争也没有停止过,这里有许多宝贵的史料。一直到解放前夕,上海工人的护厂斗争,对上海人民作了很大的贡献,现在的青年人都不大知道了。我希望上海搞一个近代史博物馆。“文革”也要提一下,不提是不行的。以后就是党的十一届三中全会。要搞这个博物馆,现在就要做筹备工作。我听陈国栋同志讲,《上海画报》准备编一本辛亥革命历史的画册,他们已经收集了很多照片。单是这一部分是不够的,一定要把其他方面的革命史都搞起来。因为现在还有老上海健在，再过若干年就没有了。

上海解放以前，曾经有过“华人与狗不许入内”的牌子，这在什么地方？上海的沧桑变化在什么地方？这有很大的教育作用。搞这个项目“七五”期间是不行了，“八五”期间搞。但现在就要收集资料，否则将来收集资料也困难。

宝钢我几次想去参观，恐怕体力支持不了没有去。后来调一部片子来看，拍得不错，可惜短了一些，还可以长一点。要拍系列片，上海的资料很多，主要是搞故事片，文献纪录片比较枯燥。《非常大总统》已经拍了上下集，孙中山与宋庆龄还可以拍其他影片。宋庆龄同志确实做了许多非常勇敢的事情，所以，小平同志提出宋庆龄同志担任国家名誉主席。这是非常正确的，可惜时间晚了一些。她对中国革命的贡献，确实是值得永远怀念的。我觉得应当拍一部系列片，让上海和全国人民都能看到。

我讲这些意见，供市委领导同志参考。

关于地方志工作的几个问题

（一九八六年十二月二十四日在
全国地方志工作会议上的讲话）

地方志工作会议已经开了几天，这是解放以来第一次召开这样的会议。这次会议是在全国地方志工作蓬蓬勃勃地向前开展的情况下召开的。经过同志们的努力，各地地方志工作已经开始有了收获；可以预见，在不久的将来，还会有更大的收获。这是叫人非常高兴的事。我代表党中央国务院向在这条战线上辛苦努力的各位同志表示崇高的敬意，热烈的祝贺！

最近几年地方志工作进展很快，已经有一批县志、一批省志的专志在陆续出版；更大数量的志书的编辑工作正在紧张进行中，很多地方已有了可以经过一定加工就能够出版的成果。更重要的是，锻炼了、培养了一大批从事地方志工作的优秀人才；积累了在社会主义条件下编纂新地方志的可贵经验。对于地方志工作，我虽然曾经做过宣传员，但是我在这方面没有做过任何具体的工作，对已经出版的地方志也看得很少，因此说不上能够在这次会议上有什么发言权。同志们要求我来说几句话，我只能就已看到的少量材料、少量志书、这次会议上胡绳同志讲话要点、曾三同志的工作报告、会上印发的重要材料以及我翻阅过的几本新出的县志和市志，就我临时想到的一些问题，提一点纯属个人的意见，供大家参考。

第一点，关于市志和市属县的县志问题。我看到修志的规划里面，提出市志、市（包括地区及地区级的盟、自治州）属县的县志，这样一个提法。这样提法，有它方便的地方，但也会有一些不方便的地方。假如说，一个市包括许多县，市志跟它所辖的县的县志怎样分工，好像没有说清楚。如果是一部完整的市志，它就不得不把所辖的各县都列在里面；同时，它所属各县如果又另修志，那么，这两者之间工作怎样衔接，体例上怎样协调？如果处理得不好，会不会造成人力、物力上的浪费？会不会发生重复，甚至矛盾？这个问题现在不能说出什么具体意见，希望各地对这个问题能够好好考虑一下，怎样把这两者的关系处理好。

第二点，关于新方志的体裁和科学性问题。在新方志体裁方面，大家在实践中已经解决了不少的问题，今后在工作中还会逐步使它完善起来。不可能一开始就把门类、篇目都设想得很完善，把应该包括哪些内容，应该怎样分出各种题目，以及它们的先后，它们的要求等等都考虑得十分周全，也可能我们在当代认为编得比较好的地方志，经过二三十年以后，随着我们国家社会经济、科学文化的发展，又会感到它们还不够完善了。这种趋势是不可避免的。过去的旧方志分了许多门类。许多方志设立的门类不都相同，即使相同的门类在体例上也并不完全一致。有的编了许多资料性、文献性的东西。有一些在这方面比较简略，在那方面比较详细；有一些则相反。旧的地方志给我们保存了很重要的史料。对于旧方志所有的那些门类,我们现在可以提出不同的看法。哪些门类没有必要再设,哪些门类过去没有而现在应当设。过去的地方志,别的问题且不说,它们有一个共同的缺点,就是在各个门类之间看不出相互间的影响和逻辑关系。因此,旧的地方志作为一种资料书是有价值的,但它的科学性很差,这不足为怪。新的地方志应该在这方面有很大的改善。我们不仅要门类设得比较合理,在门类的叙述上比较得当,而且要力求表现出各门类的相互关系。这种相互关系的研究本身不能在地方志里面展开,那是另外一门专门科学,地方志应当提供一种有系统的资料。这种有系统、有组织的资料应是一个有机的整体。为了研究地方志各门类之间的相互关系,这里面涉及许多学科,从历史学、各种专门的史学、史料编纂学、自然地理学、历史地理学,到人文地理学、经济地理学(也可以作为人文地理学的一部分)、社会统计学、社会学、民俗学等等。这里面最主要、最关键的也许是人文地理学,有关的专著听说正在出版中,这对方志学的建设会有很大的帮助。当然,其他方面也都是不可缺少的。地方志的编纂者要逐步地提高地方志的科学水平,但这决不能勉强要求,只有在从事这一工作的各位同志掌握越来越多的科学武器以后,才能逐步地做到。我们要求科学化,在不能做到高度科学化的时候,我们也可以要求一种比较低水平的科学化,至少要求整部地方志从头到尾都力求严谨,要保持一种科学客观的态度。

在这方面,我想提出一个问题同大家商量。作为地方志编辑工作的同志,要力求在编辑工作中避免一种所谓“政治化”的倾向。所谓“政治化”，就是不适当地表现出一种政治的色彩，这样就减弱了著作的严谨性、科学性，使地方志染上了一种宣传色彩。从我所看到的新编地方志中，我感到存在着这个问题。客观的历史就是客观的历史，不需要在地方志里画蛇添足地加评论。地方志不是评论历史的书，不是史论。多余的评论不但不为地方志增光，反而为地方志减色。事实上明清时代的地方志也有这种色彩，但是修得比较好的志书，一般说来这种过分的渲染是比较少的。当然这种志书也表现了一定阶级的世界观。现在有的地方志，还不必去看它的本文，就使人感到有一种强烈的宣传色彩。打开这本书后，首先出现的不是序言，也不是目录，首先是大批的题词，以及大批选得不适当的照片。我觉得像这样一种格式就不合乎地方志的规范。我在这里也需要做一点自我批评，因为我也为有的县志题过词，这我决定撤销。地方志不是发表题词的地方，它也不需要任何不必要的风景照片，因为不是导游手册。至于其他不相干的照片更不需要了。地方志是严肃的、科学的资料书。现在说的这种风气却损害了地方志的科学性，这是应当避免的。

在正文方面，也存在类似的问题，说明编者还不很清楚在地方志里面究竟应当表述什么内容，怎样去表述。比方说，写一个人物，写完了他的事迹以后，忽然加上一句“某某同志永远活在某某地方人民的心中”，下面还有个惊叹号。这不合乎地方志的体裁。还有像这样的措辞：“某某地方的人民正在向着四个现代化的目标奋勇前进！”这些语言都不是地方志的语言。明清时的地方志确实没有这类东西。我们不应该画蛇添足。地方志的价值，在于它提供科学的资料。在这个范围内，应该要求地方志做到一句也不多，一句也不少。如果说不能做到后一点，至少要做到前一点。希望我们所有地方志的编辑同志一定要在自己所编辑的地方志中，杜绝任何空话，摆脱任何宣传色彩，使我们编出来的书是一部朴实的、严谨的、科学的资料汇集，让它能够经受历史的考验。尽管它不是一部科学理论著作，但是它究竟还是一部科学文献。这样，它就可以赢得读者的信赖。

在地方志每个门类下面要提供哪些资料，这个问题比较复杂，需要作更多的探索。例如有的县志中有这样一个门类，叫“社会”，这是很好的，是旧志所没有的。但“社会”这个门类中，究竟要包括一些什么内容，值得研究。它可以有例如以下的内容，人口的构成和分布，居民区的结构和分布，在解放以后，特别在改革开放时期，社会职业组成所发生的一些变化。县志里常常可以看到“教育”这样的门类，但在“教育”这个门类下，只是列举了有多少学校、多少学生，或它们逐年增长的数字，却没有说到学校的实际情况如何，教育事业面临的障碍是什么，文盲所占人口百分比和组成状况，在实行义务教育制后所面临的问题。社会上有些什么样的犯罪活动，在这些犯罪活动里面，有哪些可以作为社会问题列在“社会”门类下面，怎样写才比较适当。诸如此类，都需要研究。所以地方志的体裁有很多问题要在实践中努力探索解决。希望在座的各位同志，各位地方志工作的先锋，在这方面能够多多地考虑，多多地尝试，使我们的地方志的内容更加丰富、更加符合科学的要求，使这部文献的科学价值更高。

第三点，就是地方志的分量。我想，地方志应做到详细，同时应做到简略。所谓详细，指它所应讲到的方面都讲了；所谓简略，就是指每个方面的说明要像打电报、编辞书那样地精炼，要惜墨如金。作为一部实用性的文献，不能分量太大，分量太大引起种种不便。这是一种希望，一种既不容易达到而又必须达到的奋斗目标。

第四点，关于出书的速度。曾三同志说到，有可能在二〇〇〇年或稍长点时间做到省、市、县志书都出齐。提出这样要求是非常积极的，只是我担心恐怕不容易实现，如果提出一些不切实际的要求就更不容易实现。比方说，我们能不能要求全国每个县或相当于县的单位毫不例外地都能编出自己的县志？估计大多数县有这种可能性，但是有很少数的县是没有这种可能性的。比方人口很少，居民点很少，还没有解决温饱问题的县，现在就不可能考虑编县志，还有其他不容易解决的现实问题。所以不能一概而论。在不能编县志的县，可以先由县或地区编出一些资料，哪怕这些资料是不适于印刷出版的，以便将来利用。就在可以编县志的地方，也不能把修志工作看得过分轻易。与其出一部很不得体的县志，不如暂时出一部油印或铅印的资料，作为一种稿本而不出版要更好一些。可以等到过了几年，有了合格的编辑，编写新地方志的经验更多一些，所写的稿子更加成熟以后再出版。我说这样的话，是出于对地方志工作的爱护。我不希望在我们这一代编出来的县志和其他志书有某一些很不适当、很不够格的东西混杂在里边。我希望我们这一代出版的地方志都是比较够格的，这也是符合我们时代、我们国家的要求的。

第五点，出版发行问题。如果志书的质量等条件都具备，当然应当公开出版。我们过去关于保密问题的某些规定现在看来不太合适，需要做一些改革。要使我们的社会科学工作者和实际工作者能够掌握到必需的实际资料。现在有些问题也许并不属于保密问题，而是把根本不属于地方志范围的材料硬塞进去了。类似这样的情况，负责编辑地方志的同志，负责审稿的同志当然要处理。这里所涉及的是编辑水平问题，而不是保密问题。

地方志的发行，也有很不相同的情况。有些地方志发行后可以很赚钱。另一些地方志就有困难，出版社不愿出版，要求国家补贴。在这样情况下，志书就不可能印得很多，更不能分量太大。决不能指望国家财政的补贴，而只能要求自己精打细算，做好安排，要分期分批地逐步地出版。

希望重视音乐戏曲的改革工作

（一九八七年七月十六日在
音乐、戏曲工作座谈会上的谈话）

今天邀请各位来，主要想对音乐界、戏曲界提一些意见。这些意见早已酝酿了，但是我的知识和了解的情况都很有限，说话难免出错。现在只是为了抛砖引玉，把我的一些想法、建议和大家交换意见。

我不主管文化工作，书记处分工是启立同志负责领导宣传工作，政治局也没有分配给我这个任务，我是以一个党员、一个公民、当然也是各位的一个老朋友的身份来同大家叙谈的。

首先说说音乐和其他有关方面的问题。是否能做这样的估计，这些年来成绩很大，人才辈出，但问题缺点也不少。尽管有些客观困难，但我们采取的贯彻始终的得力步骤也不够。就像茅盾同志常爱引的古话："人谋不臧"。

拿创作来说，有的同志告诉我，前几年的春节联欢晚会每年可以推出一支新的歌曲，马上就能在全国普及，像《在希望的田野上》、《十五的月亮》。我们中国的作曲家人才很多，我们应该在这方面下工夫去帮助他们创作更多的受欢迎的好作品来。说帮助，是因为作曲家也常遇到一些使他们无法安心作曲的困难，况且作曲先得有好的歌词。

其次，我感觉到当前音乐界，特别是严肃的音乐，有很多框框。比如声乐就只有独唱、合唱、几重唱等一些形式，好像再没有别的办法了。不敢越雷池一步，越过了好像就要失掉正统音乐家的名望。现在我们自己培养出来的声乐家除了到国外去演唱外，在国内市场太小。我想，应该采取种种灵活措施，使我们的声乐家能在国内生根，扩大他们的活动天地。我们当然不反对他们出国表演，这也是为国争光，进出可以自由。但国内也应该创造一个很好的或较好的表演环境，这是音协、文化部、文联和中宣部的任务。我们无论何时绝不会反对而且将努力继续支持正统的声乐表演形式，可是为了让音乐家在国内多一些活动的天地，我们似乎还得多想点新办法，这首先得排除我们自己的心理障碍。比方说，我们能不能搞一些像维吾尔族那样载歌载舞还有对唱的热烈表演形式，这在汉族听众中也是很受欢迎的；我自己也算一个，我就有一点偏爱热烈。

在苏联和东欧也有这样的民间歌舞，虽然没有歌唱，但演出非常欢快，这些形式很能够强烈地吸引观众，我对此记忆犹新。对这些形式，我们汉族的严肃音乐界为什么不可以“拿来”呢？此外，广西壮族和云南、贵州等地少数民族也有像《刘三姐》、《阿诗玛》等优美的对唱，汉族也有《小放牛》一类的歌舞剧。的确，汉族比较缺少这方面的传统，或者难登大雅之堂，或者如《荷花舞》之类又太文雅了。我们为什么不可以为美声声乐家和民间声乐家创造或推广一些能受观众热烈欢迎的新传统呢？这种歌舞也可以发展成为歌剧。前面说的《刘三姐》就是著名的歌剧之一。我看过几部电影就是以民间歌舞剧形式出现的，反过来，有几部电影也完全可以改编为歌剧。

我国“话剧加唱”的歌剧是由来已久了。从《白毛女》、《刘胡兰》、《小二黑结婚》、《洪湖赤卫队》、《红珊瑚》、《刘三姐》到《江姐》。特别是《刘三姐》和《江姐》盛极一时，有口皆碑，但为什么现在没有这样优秀的作品？歌剧也应该随着时代的发展而变化，并不一定要照从前的老样子来唱才算爱国。我们要走的路，首要的是要有新的现实的内容，要能够打动当代群众，特别是青年的心弦，使他们产生强烈的共鸣；要反映时代，反映当前迫切和尖锐的问题。地方戏曲就表明了这种生命力。

因为我对音乐不懂行，却是音乐事业的热心者，所以提出了这些也许难以实现的想法。我认为各种唱法都可以尝试，除了主要的美声唱法、民间唱法以外，甚至也可以包括我个人决不顽固反对的通俗唱法，只要唱这种唱法的人真正热心于歌剧，愿意遵守歌剧的必要规范，而不要弄成滑稽戏。总之，应该敞开门户，让大家来竞争。这样就可以逼得美声唱法和民间唱法的声乐家不得不艰苦奋斗，以求生存和发展。我相信中国的音乐听众对美声歌剧是有鉴赏能力的，不然大家为什么要那样如醉如狂地买票去看《茶花女》的歌剧片？如果搞中国歌剧，也许先搞一些喜歌剧比较容易成功，但是这种猜想可能不正确，因为过去在中国舞台上以至银幕上成功的中外歌剧大多数还是正剧和悲剧。

关于音乐，我还想给音协的同志提点意见。在一个长得可怕的时间内，墨守成规、门户之见太厉害。我对聂耳、冼星海都很尊敬，也很支持他们的歌曲和乐曲的表演。但是，长期以来把他们抬得太高了，这个问题以及其他一系列问题，引起了音乐界的争论。在这个问题上，我希望音协的同志能够对过去有所反省，因为在争论中你们是处于主宰的地位。赵元任、萧友梅、黄自他们都是爱国的音乐家，他们有的歌，我和许多人一样很喜欢，很希望各方面有人加以提倡传播。对门户之见一定要彻底扫光，不要再背上这个包袱。总之，我们应该广开乐路，中国人的好东西多得很。但在目前来说，无论是歌剧还是音乐作品的创作，我个人认为，首先是指导思想要正确，要反映我们当代生活中的问题。当然，不能对歌曲提出跟对歌剧一样的要求，艺术品种不同。但是无论在什么情况下，决不能搞低级趣味，搞性解放或其他煽动性的东西。我想这应该是不难做到的，因为在座的各位都讨厌这些东西，但是要真正做到却也不容易。我们所有的同志都要从各方面共同努力来提高青年听众的审美趣味。

再讲一讲戏曲主要是京剧的问题。京剧和音乐面临的问题有些类似。我很尊重老一辈的艺术家，特别是梅兰芳同志这一代，他们有很大的贡献和影响，他们在已有的艺术成就上继续创新，形成了各有特色的流派。现在我们还在努力培养他们的年轻的传人。困难的是，青年观众大都不再爱听京剧，使现存的老中青三辈京剧家不能常常登台表演他们的精美艺术。我们应该尽可能改善这种状况，对此还有很多工作可做，这是问题的一个方面。另一方面，我们也不能不看到，既然京剧的观众在急剧减少，为了保存和发展京剧艺术，我们就必须努力寻求新的出路，也就是说，在保存传统京剧的同时，必须对京剧进行各种改革的尝试。当前京剧界不能谈改革，一谈改革就有一些热心维护京剧传统的人大吵大闹，甚至告到中央。他们的热心是可以理解的，但是单靠热心并不能维护京剧的生命。传统京剧打不开出路，我们无权强迫观众如何如何，这是明摆着的。因此，我们固然要设法说服维护传统的热心家，同时还得要坚持改革京剧。我个人认为，文化部在这方面魄力不够，在这个问题上不敢把手伸到火里面去。文化部完全可以理直气壮地讲这个问题。我们不能看着中国的有悠久历史的主要戏曲，如京剧、昆曲等剧种在我们这一辈人中死亡。现在这些剧种在舞台上很难竞争，我们并不希望出现这种局面。在毛泽东等老一辈在世时就不是这样。但现在不行了，我们不能把八十年代硬拉到五十年代。什么事也不能硬拉，不但对京剧。我很不明白，为什么我们党的路线、方针、政策都可以变，京剧就不可以变？今天没有请剧协的同志来，这事恐怕剧协也没法讨论，只好拜托文联党组和文化部了。

京剧和音乐、歌剧等一样，完全可以反映当代群众非常感兴趣的迫切的尖锐的现实问题，其他地方戏曲成功的例子很多，唯独京剧的堡垒打不开。堡垒打不开，结果也守不住。为京剧的前途着想，我觉得京剧非改革不可。第一是非保存不可，第二是非改革不可。京剧改革可能有各种角度和范围，但一定要保持京剧的唱腔和通常所说的京剧（或整个中国戏曲）所独有的戏剧观，如果这些都改了，那就不是改革了。其他像舞台、化妆、动作、伴奏音乐以至唱词的声韵、道白，我个人的浅见认为都可以改变，什么形式和方法都可以尝试（也许最引起争议的荒诞派一类做法可以除外，这要请大家讨论），在竞争中优胜劣汰。不管什么样的形式最后占据了上风，也总算得到了一个结果，就是把京剧保存下来，使它恢复生命力。京剧本来就是经过多次改革的，梅兰芳就是一位改革大师。现在我们为什么不能进一步改革呢？仅仅是理论上的争论是不会让所有人信服的，在这个问题上不存在少数服从多数的问题，唯有实践的结果才有说服力。对昆曲也同样寄以希望。我对昆曲了解得很少，但是相信，昆曲也能在改革中保持它的生命力。它的唱腔很丰富，不一定老守着《牡丹亭》那样的传统框框。京剧、昆曲和地方戏曲都可以搞些电视连续剧，开始恐怕不宜于太长，只要编得好、演得好，就会被电视台和电视观众所接受。

党的十一届三中全会提出要面对新情况，研究新问题。我们在这些方面没有跟上三中全会提出来的口号，没有按照党的精神来改革。改革的内容很丰富，我们的步调远远没有跟上，落后了一大截。文化界很多同志希望国家支持严肃艺术，无论是中国的还是外国的好作品都支持，但不必用国家的力量去支持那些商业性的演出，因为它早就够流行了，挣钱够多了。这个意见，我个人完全赞成。

总之，我今天发表的意见只代表我个人，而且我的主张是兼容并蓄，两全其美，不是用一个打倒另一个。希望无论如何不要造成某种一面倒的声势，造成内讧，吵得不可开交，以至于什么事情都办不成。

可以把《刘胡兰》加工成为一部真正的经典作品，用第一流的演员来唱，还是可以保持相当的号召力的。可以在各高校里做好准备工作，事前邀请各高校同学来看预演，征求他们的意见，也可以获得巨大的成功。但这类作品还是不能解决当前音乐界的主要问题。我们现在还是要动员各方面的力量，寄希望于创作反映当代的尖锐题材，才能引起社会的热烈反响。演出《刘胡兰》、《江姐》可以造成声势，但不能既风靡一时又传之后世。这决不是说演出《刘胡兰》、《江姐》没有重大的教育意义，相反，演出这类歌剧是完全有必要的；只是说历史题材的作品究竟与当代生活没有最密切的关系。写现代题材，最好少涉及真人真事。

我们一定要集中优势力量反映当代的社会现实，反映社会主义建设和改革的迫切要求。当然可以采取各种方式。希望文化部抓住这个指导思想不放，不要离中心太远。启立同志特别要让我讲一下指导思想，我们不要回避，要激流勇进。但也不要一窝蜂，都搞一种题材。题材很多，特别是当代文学作品还有不少可以作为底本。

我们不能有胆怯心理。因为怕犯错误而一事不做，就是最大的错误。有些同志过去说了一些过头的话，以后不说就行了。去年搞得太不像话了，造成了学潮这样严重的后果。丁玲同志以前讲得很对，一方面说创作空前繁荣，一方面又说创作还不自由，这不是自相矛盾吗？没有自由怎么会有空前的繁荣？党中央仍然坚持双百双为的方针。现在讲改革，一切都要兴利除弊，除旧布新，创作和整个文学艺术事业的天地很广阔，而且会越来越广阔。所以现在要鼓大家的气。当然对明显的错误也不是说就此不提了，这不行。俗话说，前事不忘,后事之师。

希望文化部、音协、剧协大力支持。提倡写现实生活的题材,在这方面要实行统一领导,大力协同,和衷共济的原则。也希望中宣部加强这方面的工作,中宣部讲话是有人听的。当然工作要做得恰当,不是提出一些叫人为难的要求来。不要愁人才不能集中。只要有了好的剧本和好的曲谱,人才可以随你择优选拔。这不是空想,因为有电视连续剧《四世同堂》的经验为证。工作确实应该做细做稳。但不能因细因稳而不前进。前进固然矛盾重重,不前进一样也是矛盾重重。我赞成工作做细做稳,但反对踏步不前。

现在门户之见太多,人为的樊篱太多。我们要总结过去的经验教训,胸怀宽广一些,要能容人。黄佐临同志有一副对联说:“尊颜常笑,笑古笑今,凡事付诸一笑;大肚能容,容天容地,于人何所不容?”我不赞成无限制的凡事付之一笑,也不赞成无限制的于人何所不容,但是人要有一定的度量,这确实是真理。我们有的同志相互关系搞得那么紧张,有的是由来已久了。长时期这么内耗,浪费了许多精神,又破坏了团结,何必呢?如果大家的关系都搞得很紧张,互相很警惕,创造性和灵感何从表现?建议文艺界撤除一切樊篱,恢复应有的同志关系和团结。今后无论哪个文艺部门,再不要搞什么领袖制度,文艺家个人谁也不领导谁,都尊重党的政治领导。今年,大家都在坚持四项基本原则方面提高了认识,基本上消除了一些不好的影响和表现。文艺界还是要保持正常的自由的气氛,使创作和各种艺术活动更加活跃起来。大家都不要从自己的幻想中制造烦恼。党中央对人的处理是非常慎重的,这大家都知道。香港的《争鸣》、《九十年代》之类在那里造谣，可惜我们有几位作家也介入了《争鸣》、《九十年代》的某些活动。原来都是很有些名气的作家呀，他们竟会不知道它们都是些什么货色？我们实在难以理解。对这些作家要批评。我们要自我批评，也要批评，因为你的行动不对嘛。

对于流行歌曲，即所说用通俗唱法演唱的歌曲，我们不反对，但不大肆宣扬；承认它，但不推波助澜。这说不上是什么新章程，不过是世界各发达国家和地区，包括香港，行之已久的惯例。电视台是代表国家的，电视台宣扬什么就代表国家宣扬什么，我们应该有这样的觉悟和认识。

五十年代、六十年代初期有许多好的歌曲，现在也有不少好的歌曲，有的虽然不是革命歌曲，但很优美，人们喜爱。我们应该把那些最优秀或最优美的歌作为经典歌曲，让它们世世代代传下去。现在我们的观众、听众的爱好出现了一个多样化的现象，这很好。但是，我们的美育跟不上，一定要加强美育工作，提高青少年的音乐欣赏水平。这项任务的关键在教委，因为广大青少年的教育工作都由他们掌管；他们对于加强美育很重视，但是陈年老账指望一下子清理好也有难处。希望文化部、广播影视部积极配合，加强这方面的工作。

巩固和发扬汉字简化的成果

（一九九一年一月二十二日在《汉字简化方案》公布
三十五周年纪念大会上的书面发言）

《汉字简化方案》已经公布、使用了三十五年。三十五年来，这个方案在普及教育、提高国民文化水平、促进社会主义现代化建设等方面都发挥了积极的作用。实践证明，它是一个便于学习、应用的方案。汉字有几千年的历史，发展到后来，字数越来越多，笔画也越来越繁复，给认读、书写和印刷带来不便，需要对汉字进行整理，简化。事实上，早在政府统一地有组织地进行简化以前，群众在应用中已在自行简化，不过印刷体和手写体同时并存，而手写体又有各地区和各行业的简化方式的不同，形成不少的混乱罢了。《汉字简化方案》中所收的简化字，绝大部分都是历史上在民间流传已久的简体字。所以，对《汉字简化方案》中的简化字，大家并不陌生，掌握起来也不困难，这是《汉字简化方案》易于推行和受到人们欢迎的主要原因。

党和政府一直非常关心和重视汉字整理简化工作。建国初期，就成立了文字改革的专门机构，并草拟了《常用汉字简化方案》。随后，组成了一个七人小组，对方案进行修订。到一九五五年一月，中国文字改革委员会发表了《汉字简化方案（草案）》，在中央和地方的机关、学校、社会团体和社会各界的职工群众、专家学者中广泛征求意见，组织座谈讨论。据当时不完全的统计，全国参加讨论的共约二十万人，收到个人和集体寄来的书面意见五千一百六十七件。一九五五年七月，在专家和群众广泛讨论的基础上，国务院又聘请了董必武、郭沫若、马叙伦和我四个人组成汉字简化方案审订委员会，对草案进行审订。《汉字简化方案》经过认真的研究、讨论和反复修改后，才由国务院正式公布。当时，确定汉字整理简化工作的方针是"约定俗成，稳步前进"。《汉字简化方案》有深远的历史基础和广泛的群众基础，所以它符合"约定俗成"的原则。在简化工作中，采取了审慎的态度，即不是把需要简化的字一次予以简化，已经公布的简化字也不是一次推行，而是分批推行，这充分体现了"稳步前进"的精神。事实证明，汉字简化工作的方向是对的，方针是正确的。《汉字简化方案》推行后，根据社会需要，一九六四年又编制了《简化字总表》。一九八六年在重新发表《简化字总表》时，对个别字作了调整。今后，要消化、巩固汉字简化的成果，以《简化字总表》作为社会用字的规范，使简化字在社会主义现代化建设特别是电子计算机信息处理技术中更好地发挥作用。

文字作为信息交流的工具，它不仅用于国内，还要用于国际。所以在规范、标准一经确定后，就不能经常变动，更不能随意更改，而要在长时期内保持稳定。我国的简化汉字已被联合国确认为几种国际通用文字之一。我们对待简化汉字必须采取十分郑重的态度。当前，社会用字还比较混乱，这既不利于我国文化教育、科学技术的发展和两个文明建设，也不利于我国对外的文化交流。因此，要下决心整顿社会用字，纠正社会用字混乱的不正常现象。

总之，我们要巩固和发扬汉字简化的成果，使汉字能更好地为四化建设服务。希望这次纪念大会对这项任务的完成能发挥积极作用。

第 五 辑

青年运动中的思想问题

中国的革命运动和思想运动，从来是不可分离的。

有了龚定庵、黄遵宪、康有为、谭嗣同等的维新思想，才有戊戌变法运动。有了孙中山、章太炎等的民族思想、民主思想和社会思想，才有辛亥革命运动。民族思想、民主思想和社会思想的传布，到了《新青年》的刊行是进了一大步，到了五四运动的爆发又进了一大步。“五四”以后，因为马克思列宁主义的发展和胜利，思想运动和革命运动的关系，就格外密切起来了。革命的思想之成为革命的开路先锋，原是必然的。

在中国接受革命思想最快，传播革命思想最努力的，是中国的来自民间的青年知识分子，因为他们既有受新式教育和阅读新出书报的便利条件，又比任何人更加痛切地觉到民族压迫和民族屈辱，而他们对于旧社会又较少留恋。在革命发展的无论哪一个阶段，这些青年总努力学习当时最进步的理论，献身于实现当时最高尚的理想。这种精神，正是青年之宝。因为有这种精神，他们才不致过了年岁，就与旧社会同流合污；因为有这种精神，他们才有可能永远充满青春的进取的朝气。老年人能够一样站在时代的最前线的究竟为数不多，在旧社会里，他们常不免有孤独之感。孙中山先生之所以伟大，正因为他能在五十余岁的高龄，不怕俗众以及许多“同志”的反对和讥刺，而毅然与苏联携手，与代表中国无产阶级和下层民众的中国共产党合作，改组了国民党，也改变了许多旧时的政治观念，以求与当时新起的一代青年接近。

因此近代中国青年思想的不断进步，也就反映了中国全部思想运动的不断进步，中国青年几十年来追求新思想的过程，也就成为一步一步接受马列主义的过程。这个过程虽然曾经历尽千万种艰辛，但是它的总的基本的方向却是不曾改变过。这个事实大大引起了某些最热心于仇视马列主义的顽固分子的愤怒，但是可惜他们也不能否认，以致不得不宣布说，过去中国整个思想运动和青年运动，完全是“失败”的，“反动”的，直到现在，也还是“非常混乱”的。

如果这些人仅止于说说这种“非常混乱”的奇谈，那么也只能引起青年的一笑而已。现在的问题却是这些人不止于说，他们还要利用各种卑劣的手段，在青年中间实际封锁和取缔马列主义，阻止青年思想的进展。这就成为中国青年运动当前的一个严重问题了。

我愿意提醒这些人：从来的中国青年的思想，都在你们罐头政策的统制之下的。既然你们几十年的统制也不曾见效，你们今天无论换一个什么罐头，自然也不会更有效些。你们何不稍微冷静一点、虚心一点研究一下这种历史现象的原因何在？如你们真的研究一次，那么你们必将发现一些千真万确的道理，对于你们所要进行的任何企图，总会收一些参考之效。

究竟广大的中国青年趋向马列主义的原因何在呢？我们

略加分析，可以指出下面的几种原因来。

首先是马列主义本身的优点。

马列主义是人类有史以来唯一能够真正包罗万象的完整的正确的思想系统。马列主义说明了天文学、物理学、化学、生物学、心理学、历史学、经济学、政治学、军事学、伦理学、数学、美学、文学的一切总的法则，而且把它们组织得条理严密，正如所谓天衣无缝。马列主义是一切人类思想的总结，又是一切人类思想的基础。历史上许多反复辩论，久悬不决的思想上的纷争，遇到马列主义就迎刃而解。世界上再没有任何一种主义能够比得上马列主义的博大精深，能够如马列主义一样可以称为人类思想发展的最高峰的了。

马列主义也是人类有史以来唯一能够将客观和主观结为一体，将理论与实际结为一体的主义。马列主义因为代表着人类最后一个阶级的思想，所以是最客观最科学的思想，这使它和一切观念论的哲学和空想社会主义不同；同时它又是实际行动的指南，它教育我们怎样观察，怎样思维，怎样立身处世待人接物，怎样进行各种各样的斗争来改造自然，改造世界以至改造自己，这又是它和一切资产阶级科学不同的地方。它是宇宙观，又是认识论和方法论；它是真正的合乎人性的大智大仁大勇。它处处不离开现实，不歪曲现实，但是又处处引导我们为实现高尚的理想而奋斗，使我们对于人类前途永远抱有无限的乐观。

马列主义所指示我们的前途，是人类唯一可能的前途。除了共产主义，人类只有走向堕落、绝望和灭亡。除了共产主义，人类今天的一切危机再没有方法真正解决。只有共产主义能够引导我们去彻底地消灭阶级，消灭剥削，消灭贫困、恐慌、战争，和一切的不公道的罪恶。最有趣的就是马列主义所指示的人类前途却不是任何“方案”，它不过是人类行动和历史发展的必然结果。有几千几万种“方案”堆在我们的面前啊！它们的悲天悯人的制造家因为不敢实际参加无产阶级的斗争，因为不敢触犯资产阶级的统治的毫毛，因为要保持最“公正”的最“无党无派”的超然立场，结果这些“方案”却竟没有一种能够有马列主义的一半彻底的！一切这些“方案”的实在意义，若不是要把现状变得更坏些，那就无非是改头换面地维持现状，或者是雷声大雨点小的“改革”，其结果也只能是半途而废。把它们排列在马列主义的近旁，它们将显得怎样的虚弱，庸俗，支离破碎，自相矛盾和畏首畏尾！

马列主义正因为不是任何臆造的方案，它才具有无限的发展可能，它才能够适用于人类发展的任何环境，任何阶段。虽然人类最后必然趋于同样的前途，但是根据马列主义的观点，在不同环境和不同阶段，却必须采取一定的不同步骤来接近这个前途，只要这些步骤果然是正确的，它们就必然符合于马列主义，就必然是马列主义。这些人以为共产主义只是未来的社会的一种想象的状况或制度，这是不对的。应该说，共产主义不仅是一种最完满最幸福最高尚的社会制度，而且是使人类经过各种历史阶段走向未来共产主义社会的一种完满的革命思想和实际运动。正因为如此，所以不仅在无产阶级革命的国家有共产主义，需要共产主义，就在民族民主革命的国家也有共产主义，也需要共产主义。人类历史上像这种行诸百世而不废，放诸四海而皆准的主义，除了马列主义实在更没有第二种。

马列主义是不受国界限制的,是人类历史唯一的国际主义。马列主义所谓国际主义,决不是说国际无产阶级否认或轻视各民族和各国人民的真实利益,事实上只有马列主义能代表各民族和各国人民的真实利益,同时又顾到整个人类的根本利益,所以才叫做国际主义。各民族和各国人民的真实利益,本来必然是一致的,本来必然是与人类本质利益相符合的,但是资产阶级因为要从挑拨侵略战争渔利,却故意说本民族和本国人民的利益,一定要妨害他民族和他国人民,一定要去做全世界人类的公敌。这种政策的结果,一方面是毁灭了本民族的文化荣誉和国际同情,一方面是使百分之九十的本国人民饥寒交迫,骨肉流离,最后更在疯狂的战争中间变为炮灰和残废。穷凶极恶的资产阶级却还不要脸地说这是他们的"爱国主义"!铁一般的事实证明,唯有马列主义才能使各民族的发展和全人类的发展水乳交融,惟有它才能同时促进各民族的繁荣强大,发挥各民族的优美传统,并且保证全人类永远的和平和无穷的进步。

马列主义之所以深入广大青年的心坎而牢不可破,除了由于它本身的优点以外,更由于它实际的成绩和行动表现,由于这些活生生的马列主义的具体标本。

马列主义的绝对正确,从苏联二十二年的历史得到了辉煌无比的铁证。难道人类历史上有过第二个国家像苏联这样的伟大和幸福的么?难道人类历史有过第二种主义像马列主义这样迅速切实地解决了人类生活上的一切根本问题的么?你要说有,请举出来看看!苏联今天已经实实在在建立起没有人剥削人没有人压迫人的社会主义社会，并正在走向共产主义的黄金时代，当各个资本主义国家只在一旁继续制造着贫穷、愚昧、专制和战争的时候！在今天居然还有人说马列主义是空想，俄国革命已经失败或终止，这种死硬派的全部努力，无非是为着证明自己是白痴罢了。

马列主义的绝对正确，更表现在国际共产党的伟大行动方针和国际共产主义者的高尚人格上，共产国际和它的各国支部的存在和发展本身就已经是人类历史上破天荒的了。除共产国际以外，人类历史上从没有，现在也还是没有这样的一种政治上绝对一致的国际组织，它的每一件工作都是以实现人类的幸福为职志的。共产国际和各国共产党的正确的组织方法和战略战术，不但已成为它们的一切友军的模范，就是它们的敌党也不得不加以赞美。共产国际和各国共产党只吸收和团结人类中间一切有人格、有气节、有理性、有理想的，不求名利、不畏牺牲的优秀分子，而一切优秀分子，一切伟大的思想家、科学家、哲学家、文艺家，一切舍己为群的志士仁人，也都涌入了它们的组织，团结在它们的周围。在这一点上，它们的敌党也是完全无可奈何的。共产国际和共产党第一次把政治家，政党，政策等等名号从传统的污泥里抬到它们所应有崇高的位置，但是它们的敌党却依然埋头在污泥里蝇营狗苟，而且愈陷愈深，以致这些所谓党派，譬如全世界的法西斯蒂和托洛茨基派，中间就只是一伙不学无术而惯于颠倒是非，谋财害命的流氓，骗子，奸细，匪犯，一群疯狂的野兽和一堆冥顽不灵的化石。

马列主义这些理论的和实际的优点，对于中国青年特别来得明显。马列主义的理想，是与中国从墨子孔子起，直到孙中山先生为止的一切圣哲对于未来世界的基本梦想相合的，是与中国最大多数被侵略被压迫被剥削的人民的要求相合的。中华民族是一个文化发达最早的伟大民族，一切有为的青年在今天自然不甘于在思想上落在其他各国之后，尤其是在邻近的俄国的革命之彻底成功，对于中国青年，如同对于孙中山先生一样，更是一个太耀眼的火炬。中国青年所受的痛苦，比旧俄青年所受的更是水深火热，现在俄国青年依据马列主义已经得到解放了，而中国呢？什么时候新的中国才能诞生呢？中国青年唯有一样地使用马列主义的武器。马列主义告诉我们什么是帝国主义，什么是封建残余，什么是资本主义崩溃的必然性，什么是半殖民地半封建的中国的唯一出路——民族民主革命及其向社会主义革命转变的必要，什么是民族民主革命中的统一战线与无产阶级政党独立存在和发展的必要。马列主义关于中国一切分析判断都证实了，而且基本上被孙中山先生以来一切进步的思想家革命家和爱国人民所接受了。而中国的马列主义政党给予中国青年的印象又是何等强烈！在它存在的十八年中，在历次革命运动中，特别是在今天的抗战中，它的每一个远大的政治先见，它的每一个党员的英勇行为，凡受影响的人，谁不是“中心藏之，何日忘之”，“虽不能至，心向往之”！

马列主义在中国青年思想中的根深蒂固，既有这些客观存在的原因，岂是任何武力和金钱，任何的造谣唾骂所能动摇？

况且马列主义的存在，给予中华民族的具体利益，在中国青年的心目中也实在已经非常明显了。假如世界上没有马列主义，我们今天怎么会得到一个雪中送炭的好友苏联？假如世界上没有马列主义，我们今天怎么会得到世界反战人民和日本反战人民的援助？假如中国没有马列主义，我们今天怎么会有中国共产党、陕甘宁边区、八路军、新四军以及晋察冀边区和东北抗日联军，这样强大的抗日力量，这样优秀的统一战线和三民主义的实际模范？假如没有马列主义，我们今天怎么会有许多进步的抗日政策，怎么会有蓬蓬勃勃的抗日文化运动、群众运动和青年运动？日本帝国主义者和一切汉奸卖国贼之所以看马克思列宁主义为眼中钉，岂不是因为世界和中国有了马列主义，他们就无法在中国为所欲为？岂不是因为世界和中国没有了马列主义，中国的山河就要马上完全变色，抗战、统一战线和三民主义都要马上停顿？马列主义从它第一天在中国的母体中发展起，就推动了中国历史的前进，就和中华民族血肉不可分离，而在今天谁要来谋杀这个宝贵的婴儿，谁就是谋杀中华民族，使中华民族与它所辛苦孕育的马列主义同归于尽。这种罪恶的阴谋，必然是要受全国人首先是全国青年严厉反对的。

我们愿意再一次提醒那些靠仇视马列主义吃饭的人们：你们可曾想象过，在今天中国青年中间企图消灭马列主义的思想是什么意义，以及进行消灭马列主义的思想，在你们自己要得着何种结果？

在今天中国青年中间“消灭”马列主义，首先必然丧失三民主义。因为反对了马列主义，也就是反对了民族的内部团结和民族的彻底解放，反对了人民关于思想信仰言论出版集会结社的基本自由，反对了广大工农劳动群众的切身利益。反对了这些，三民主义还留下一个什么呢？

在今天中国青年中间“消灭”马列主义，其次，必然丧失在国内的威信和在国外的同情。中国人民一向认为“防民之口，甚于防川”，“民不畏死，奈何以死惧之”，并且一向认为对人民使用压制手段的人一定就是坏人，而被坏人压制的人一定是好人。至于各民主国家和全世界人民所以赞助中国，其主要原因之一也是因为中国正在走向进步和民主。因此，如果今天有人采取违反进步违反民主的方法来对付青年，他必然在国内国际都陷于孤立。

在今天中国青年中间“消灭”马列主义，更必然丧失自己的政治上的道德信义，必然要自欺欺人，指鹿为马，必然要不顾大局，不择手段。努力反对马列主义最后的结果，将是摧毁国家民族的元气活力，而把一切腐败黑暗的势力聚集在一起，鼓励他们的横行，甚至鼓励他们走上与日寇汉奸合流的道路。

而丧失了这一切以后，“消灭”马列主义的工作还永远只是一个幻想。马列主义的哲学思想是人类认识宇宙的必然产物，要消灭它，就只有消灭宇宙。马列主义的经济思想、政治思想是阶级社会发展的必然产物，要消灭它，就只有消灭阶级，而这正是马列主义者的目的，又正是一切反马列主义者所不愿意的。马列主义曾经遇到过许多敌人，这些敌人都曾经费过很大的人力、物力，幻想“消灭”马列主义，但是直到现在，真正消灭了的不过是他们自己。后羿自以为射中了太阳，但是在后羿和他的箭化为粪土以后的几千年，太阳还是完好如初地把它的光与热散在人间。

所以马列主义者丝毫也不忧虑马列主义被一部分人攻击和仇视，真金不怕火，马列主义是不怕人攻击的。一切倾向马列主义的青年，在可能来到的各种威胁利诱之前，只有更加努力提高自己的政治警觉，更加努力充实自己的思想武装，并更加努力用马列主义的伟大真理来教育青年，教育人民。“你必信仰真理，真理将使你得以自由！”但是对于那些仇视真理的少数人，我们除了惋惜他们的短视以外，还不得不最后申述我们的希望，希望他们要以民族的利益和抗战的前途为重，希望他们不要轻于抛弃三民主义的革命原则，不要轻于冒众叛亲离的危险，不要轻于剥夺青年的自由，破坏青年的团结和民族的团结。千秋的功罪常常系于一念之差，一切因为蓄意摧残马列主义而引起的历史事件的严重的责任，将是他们所追悔不及的。

（原载《中国青年》1939 年第 1 卷第 2 期）

严重注意投降妥协的言论

自从日寇侵略中国以来，中国就存在着两种不同的基本倾向，就是坚决抗战和投降妥协。前年“七七”全面抗战爆发，投降妥协派的活动，虽已不敢过分公开，但在暗中却还是没有一天停止过。武汉撤退之后，敌人的诱降政策步步进逼，国际的反动力量也多方的包围，于是中国投降妥协分子的气焰乘机重新高涨，到了现在，竟成为目前时局中的主要危险。目前投降妥协分子的活动，虽然大部分还是隐秘的，他们虽然还在口口声声说着抗战，但是在他们的言论中，却已露出许多蛛丝马迹，表现他们正在企图制造一种投降妥协的舆论基础，以便和缓和麻痹人民的反对情绪。在这里我们要特别唤起全国各党派各阶层青年对于这个问题的严重注意，希望大家能够加倍地警惕，并且迅速地将他们的欺骗宣传在群众中普遍地揭露出来。

投降妥协言论的第一种把戏，就是曲解中外历史，侧面地“证明”战是误国，降是爱国。汪精卫还在抗战初起的时候，就曾在所谓“大家要说老实话大家要负责任”的广播中说：“中国宋末明末曾两次亡国，其亡国之原因，最大最著的，在于不说老实话。”他的意思就是指不肯老实投降。他又引阿比西尼亚的例子，暗示中国抗战必败。在所谓“今日救国之道”的讲演里，他更硬拉苏联为投降的伴侣：“苏联为了埋头建设，曾经出卖中东路与伪满交换领事；中国也为了埋头建设，曾挂起塘沽停战协定等免战牌。”到他公开投降以后，他更无耻地说：“世人或将诋余为秦桧，然岳飞之功绩何在乎？岳飞果当，挽救南宋于覆亡乎？”而这个秦桧理论正是另一个著名投降理论家蒋廷黻在“九一八”以后不久就发明了的。如同他的同志丁文江之流，认为中国应该自动退到西南的“堪察加”，陶希圣杨立奎之流认为救亡运动是“西班牙主义”一样，蒋廷黻认为岳飞是军阀，林则徐以来至于今日的一切“一贯主张抗战”的所谓士大夫和在野党，以及对于旧日边疆的宗主权“至今仍恋恋不舍”的“谈边政者”都是误国的罪人，而承认二十一条的袁世凯则是“鞠躬尽瘁”，在鸦片战争中首先主张投降，“情愿牺牲自己以图有利于国”，而不“随着时人唱高调，因以误国为利己”的琦善为有“政治家的风度”，但是琦善毕竟还不如汪精卫，因为他“虽知道中外强弱的悬殊，经过一次的革职拿办，他也不敢再触犯士大夫的清议而有所主张了。所以他不够头等的政治家。”蒋廷黻现在任政府高级官吏，他的这些“史学试作”曾经而且正在堂哉皇哉地登在大公报、正中书局出版的《新经济》半月刊以及其他的“学术”刊物上。自然这样的“研究”宋史、明史、近百年外交史，苏联外交史，阿比西尼亚和西班牙战争史的“专家”们，还不止这伙人。难道这伙“厚貌深文”的先生们是在鼓吹投降妥协吗？那未免太煞风景了，他们不过是从事“正当娱乐”，是在用“科学的态度”“探求真理”啊！

第二种把戏就是借抗战带出投降，轻描淡写地说那不过是一种无偿的“主和论”。汪逆在前引的广播中解释所谓“老实话”道：“和呢，是会吃亏的，就老实地承认吃亏，并且求于吃亏之后，有所抵偿。战呢，是会打败仗的，就老实地承认打败仗，败了再打，打了再败，败个不已，终于打出一个由亡而存的局面来。”在这里他固然替抗战前途特别画下了一幅可怕的苦脸，但是主意还在乘机把“和”的“老实话”抬出来。汪逆的真面目暴露以后，他的潜伏的党羽却还是袭用他的故智。张君劢在一篇称为“持久战自信心”的演讲的开头就说：“一个国家有了战争，自然免不了和战两种主张。有以战到底为有利，有以和以休养为有利。在主战者言之，认为主和者为妥协为汉奸；而主和者亦自有其说，以为有战即有和，战与和是连在一起的，世间亦决无不能了的战争。”接着他更巧妙地替投降妥协的宣传放烟幕弹和打抱不平道：“两派虽各有主张，然主和说在吾们今日战争本身上丝毫不能发生什么影响，事实上还在继续地打下去。”有些人虽然反汪，却不承认有什么汪派，借此来掩护和联合汪逆以外的一切汪派分子，有些人虽然把汪逆痛骂了一通，但收尾却劝大家不要大惊小怪，以为汪逆真有什么“影响”，借此破坏开展彻底的反汪派的斗争；更有些人说“根本汪就没有主和的资格”，于是反汪就干脆变为与汪争投降的正统了！

第三种把戏是口头上高呼抗战，但是故意强调抗战的困难，宣传什么国际孤立和什么民心厌战，把胜利描写得遥遥无期，或是相反故意强调敌人的困难，说“日本天皇亟欲罢战媾和”，“这是日本官方唯一正式计划”，以达到宣传中国必须投降或不妨投降的目的。汪逆在抗战之初即再三宣传中国抗战的结果,只有全部毁灭:"因为我们是弱国,我们是弱国之民,我们所谓抵抗,无他内容,其内容只是牺牲,我们要使每一个人每一块地都成为灰烬,不使敌人有一些得到手里。"他更露骨地自加阐发道:"质而言之,我们如不牺牲,抑就只有做傀儡了。""不做傀儡,只有牺牲。""我们不但因为不愿做傀儡而牺牲自己,我们并且因为不愿自己牺牲之后,看见自己的同胞去做傀儡,所以我们必定要强制我们的同胞,一齐牺牲,不留一个傀儡的种子。"这几句话,就是明明白白煽动全国人民说,只有投降是救国救民的唯一出路,投降还可以做溥仪,而抗战的前途,却只是亡国灭种!托派首领陈独秀在各方面都是汪精卫的谋臣,他也是一向就宣传中国"在军事上会一败涂地"。另外的投降妥协的分子却不敢这样大胆。张君劢在一篇文章里这样写道:"然而,不管日本帝国如何强大,我们还要打到底的!"张君劢一方面指出"须知低估敌人力量太低,是一件最危险的事",另一方面又宣传"日本要和我们媾和,早在南京沦陷、武汉不失守之时,其所以如此,倒不在精疲力竭,不能坚持下去,而是在多保存些实力……应付四面八方的强国"。原来可怜的日本诚心正意的"要和我们媾和"已经这么久,我们却到现在还不爽爽快快的上钩,有意惹得"日本恼羞成怒,一定要蛮干一下",岂不是"一件最危险的事"!

最后,也是目前一切投降妥协言论中最有势力的一种,乃是模糊抗战的真正目标,偷偷摸摸地取消收复"九一八"以来一切失地的明确口号,而代以"牺牲到底","力量用完","国际条约生效","英美干涉实现","中国门户开放"等等暧昧的词句和羞辱的条件,以便随时以"敌国与国际情势为解决之根本”,“至于收复东北,固然是天经地义的,不过步骤上,似乎应在使之初步目标完成以后”。究竟所谓“初步目标”是什么呢?汪派汉奸在还挂着抗战招牌的时候,就曾给予种种解答。汪逆在前年年底发表的《寻求与国与团结民众》一文中,就宣传邀请苏联与德国参加的九国公约会议,可以调解中日战争,接着又在去年年初发表的《抗战期间应注意的几点》的讲演中,宣传所谓“达成国际新均势”,并宣传中国自己所以要有力量为“因应国际形势,欲于其变化中寻得出路,也要有相当的力量”。陶逆希圣之流在《政论》、《民意》等刊物上对这类理论尤其是“国际新均势”的理论,也曾鼓吹不遗余力。陈逆公博由罗马回到武汉时,甚至公然在国民外交协会宣扬日寇帮凶墨索里尼的主张,说中国绝对无法持久抗战,到了一定时期必定要想出个转圜的办法来,否则便会亡国。现在投降妥协分子实际上还是跟汪派走一条路。某些政界名人,还在去年年底就借口“研究外交”公开响应英美反动派的建议,“重新开一太平洋会议,邀请苏联和德国参加”,“成立调解委员会”,因为“根据九国公约……重建远东的秩序”,“以调解的方法解决,似乎好一点”:第一,这对于战争心理学很有关系,当民众对于这件事漫骂的时候,我们把这件事交到委员会讨论,民众的情绪就慢慢地淡薄下去,解决起来比较容易;第二,调解委员会的建议案“不必完全说哪一国对,哪一国不对,但是这种建议,有时候可以折衷,而寻得一公平可行之办法”。为什么必须调解和折衷呢?他们说:“假如中国能够完全战胜日本,则我们自可修改一般的门户开放原则;假如日本能够完全征服中国,他才可以建设他的‘东亚新秩序’。在现在看来,这两种结果均不可能。将来中日两方面都到疲惫不堪的时候，仍然由国际的力量出来收场。”为什么还要抗战呢？“因为收场时所保存的战斗力也是很重要的。”这样说来，“九一八”来全国军民一致要求的抗战到底，争取抗战彻底解放的内容，就轻轻地变为英国驻华大使克尔所称的“继续抗战，直至获取荣誉和平之时”了！无怪有人今天要和“日本温和派”一样地忙着转弯抹角发起国际会议，闪烁其词地说什么“百年战争也有和的一日，可是和必须有和的形势与条件”，什么“我们以为日本如确有诚意与中国罢战言和，应该立即恢复卢沟桥以前的状态”，姑无论卢沟桥事变以前的状态是否即系亡国的状态，以及经过“转圜”“折衷”之后能否恢复这种状态，但是至少至少东北和华北，却就此轻轻地出卖了！要知道不坚持抗战到鸭绿江边，不用武力驱逐日本帝国主义出中国，无论外表如何强硬，如何漂亮，实则步步屈膝，则一切国际会议本质上必然是东方的慕尼黑会议，由此而得的一切收场本质上必然是捷克第二的亡国收场啊！并且据周鲠生的意见，“在我们的外交工作中，对日本的活动至少应与对欧美的活动并重”，那么再明显不过的，汪派汉奸今天所正高唱的东京式的“荣誉和平”，与投降妥协分子明天所要实现的克尔式的“荣誉和平”，除了一个五十步与百步之差，就什么分别也没有！中国投降派、日本诱降派和国际劝降派对于中国人民所安排的收场，就是如此！我们解剖了投降妥协分子的这几种“抗战言论”的真相以后，对于他们的罪大恶极的阴谋和目前时局的严重危机，当能认识过半。但是为了全部完成他们的舆论基础，投降妥协派还不得不进行许多更易公开发挥的宣传工作，这就是在舆论上歪曲破坏各种为抗战所必需的正确政策的工作。

投降妥协派在讨论与抗战有关的各种政策的时候，他们的态度就大方得多了。他们只需伪装一下承认抗战的大前提，就可以肆无忌惮地反对一切有利抗战的政策而鼓吹一切有利投降的政策，因为在表面看来，这并不是宣传投降妥协，而只是一些局部的和个别的问题上的辩论罢了，因此这方面的“文献”，在今日大后方出版界中简直是满坑满谷，使我们举不胜举，我们这里只能给大家简单指出几个重要项目来，不必要的引证就从略了。

投降妥协派究竟在怎样反对一切有利抗战的政策呢？

抗战需要分清敌友和坚持以自力更生为主的外交政策，投降妥协派就努力诬蔑中国的友人苏联，说苏联的帮助中国是利用中国，说苏联不向日本宣战就是没有帮助中国的诚意，以为将来投降妥协时归咎于人的伏笔；同时却努力宣传柏林罗马路线和伦敦路线，要把日寇公开帮凶的德意法西斯和出卖阿比西尼亚、奥地利、捷克、西班牙、阿尔巴尼亚等国的老手张伯伦请出来“主持公道”。

抗战需要灵活机动的战略战术，需要武装人民，投降妥协派就努力攻击游击战，始则说它不能很壮烈地“使每一个人每一块地都成为灰烬”，继则又说它“可以消耗民力，断绝了长期抗战的生命”，终则说敌人已夺去我们的大城市和交通要道，游击战却不能恢复这些咽喉和血管，所以无论它在敌后方怎样活跃，也不能挽救抗战的危机；他们又诬蔑战区人民自动武装起来的事实，说这就是造反。

抗战需要实行孙中山先生的三民主义，首先要实行民主政治和开放民众运动，投降妥协派就伪造三民主义，把民权主义和民生主义解释做法西斯主义和国社主义，而民族主义则解释为各色各样的投降主义，结果就把孙中山先生伟大的革命面目涂改得和袁世凯、荒木贞夫、希特勒和托洛茨基的花脸差不多了！投降妥协派特别发明出许多荒谬绝伦的矛盾百出的“理论”来反对民主政治和民众运动：甲说现在的政治就是民主政治，现在的民众已经起来了；乙说现在是战时，国家需要的是独裁不是民主，民众需要的是“埋头”而不是“脱离本位”；丙说是中国不比外国，中国的人民还不配过问什么政治，参加什么运动，还需要训练一个很长的时期；丁说是外国的民主政治现在也没落了，外国的民众运动也都是统制的，他并且看见苏联也是如此；于是戊的一串结论出场了，凡是主张民主政治和民众运动的就是“西班牙主义的残余”，就是“人民阵线”，就是“唯民众论”，就是“推翻在朝党”，就是“广义的汉奸”！大家都喝彩，甲也不落后。

总之，凡是抗战所需要的，投降妥协派没有不加以反对的。抗战需要进步，投降妥协派就主张向后倒退；抗战需要反对贪污，投降妥协派就说贪污是不可免的；抗战需要肃清敌探奸细，投降妥协派就联名替托派保镖；抗战需要改善民生，投降妥协派就说这是日本帝国主义的口号，说应该使“有钱的多赚钱”；抗战需要解放青年和妇女，投降妥协派就压制青年和妇女；抗战需要国防教育，投降妥协派就说他没学过，他只知道教育是为培养建国的人才……

尤其为投降妥协派今日一切言论的攻击中心的，乃是国内团结问题。投降妥协派深知不与一切依靠民众力求进步以坚持抗战的力量造成分裂，不引起大规模的内战内乱，则他们的卖国阴谋将无从实现和无所借口，因此他们不能不集中火力来攻击国民党中的一切坚持抗日分子，攻击一切抗日的“异党”首先是共产党，攻击国共合作和整个的抗日民族统一战线，使他们现在的分裂行为和将来的投降行为获得某一思想的根据。他们的言论有两套法宝。第一套是站在地主资本家的阶级立场上，否认中国有不同的阶级存在，因此否认必然和必须有不同的党派存在；第二套是站在地主资本家的阶级立场上，曲解抗日的统一和三民主义的统一为不坚决抗日不实行三民主义的无内容的统一，曲解以人民为基础的国家至上民族至上为反对人民的少数统治者的至上，因此阴谋消灭坚决抗日的部队和实行三民主义的地方政权。除此以外呢？也还有，就是乱造谣言，假造证据，挑拨是非，颠倒黑白，如是而已！

对于投降妥协派的这方面的全部“文献”，我们只需要指出一件事实就够了。这些“文献”中间堂皇的议论，正如我们前面所指出的那些直接反对抗战的议论一样，每一点都是汪精卫、陈公博、周佛海、陶希圣、李圣五、张君劢、叶青及其党羽们所创造的和传播出来的，每一点都是日本帝国主义及其在华特务机关所设计、所欢迎、所响应的。既然“凡是与敌伪有利的，都是与我们有大害”，既然“凡是敌人要我们做的，我们绝对不做；凡是敌人反对我们做的，我们偏要坚决地去做；凡是敌人说好的，一定是坏的；凡是敌人说坏的，一定是好的”，那么这些议论的好坏，也就再清楚也没有的了。

目前日寇和国际反动派的诱降劝降逼降的活动愈来愈紧

张了，我们国内投降妥协派的投降活动和分裂活动愈来愈凶恶了，石敬瑭、秦桧、吴三桂和袁世凯的把戏，普法之战中的梯爱尔、脱罗秀、法佛勒的把戏，捷克的亡国总统霍沙和西班牙的亡国将军加沙陀的把戏，正在一步一步逼近着我们，而在这种千钧一发的严重危机中间，一切直接间接鼓吹投降妥协的言论更在大放他们的毒素。我们要求全国的爱国青年，急速动员起来向全体将士和人民痛切指出投降和分裂的危机，揭破一切投降妥协派的欺骗宣传，在全民族面前大声疾呼——唯有坚持抗战，坚持团结，才能制止亡国灭种的空前大祸啊！

（原载《中国青年》1939 年第 1 卷第 6—7 期）

关于新教育的二三事

——给一位同志的信

你要我说说青年教育问题,这可真把我难住了。我对于青年问题固然是一知半解,对于教育尤其外行,所以我现在虽然应命说几句,这只能叫做瞎三话四,其中的意见十九是不成熟的。

你写道:理论与实际的一致,应该是马克思主义的教育学说的中心问题。我的想法和你一样,不过我愿意加说一点,就是这句话应该有很好的解释。这句话的确可以有种种解释,比方说第一,它可以指我们所学习的马列主义理论是有客观根据,是与客观现实一致的,这是说理论的性质;第二,它可以指我们学习的方法,就是说在学习这些理论时应该同时学习它们的历史的因果,所谓来龙去脉;第三,它可以指我们应该把这些理论与眼前的环境任务联系起来,不过这却要联系得自然恰当,不便削足适履罢了;第四,既然这种联系有难有易有远有近,它就可以指我们应该首先学习甚至专门学习一切与眼前环境任务有直接联系的理论,这已经谈到学习对象的选择去了;第五,它可以指我们应该一面学习有关实际工作的理论,一面进行有关理论的实际工作,以便互相印证,这就牵涉到学习过程中的生活形态,比单在课堂上来找实际又进了一步;第六,它还可以指实际工作的理论化,在这个意义上,实际的地位更高,而实际的范围也就更狭了。除此以外还可有别种解释。因为解释不同,你和旁人的见解不免歧异,于是发生了争端。我们现在要解决这个争端,我想就需要把这个问题试做一次全面的考察。

究竟理论和实际一致为什么成为问题呢?因为理论与实际的不一致。为什么不一致呢?在旧教育中的原因有两个:精神劳动和肉体劳动的隔离即研究和实践的隔离,及由此而生的唯心论的思想习惯。在新教育中,由于学习者都曾是或尚是实际工作者,又由于有了唯物论的武器,这种不一致本该消灭了,但却仍然发生了不一致,又为什么呢?我想主要的是由于旧教育中的毛病尚未能完全克服之故,如有些知识分子实际经验太少,而有些劳动者的知识领域又太狭,以致一时不易掌握新的思想习惯,加上学习时间短促,这个目的自然就更难达到。但是此外还有旁的原因,也是值得注意的:那就是第一,现在我们的唯物论的教材,大半取自欧洲和苏联,与中国的实际本有一定的距离,而中国的实际则又许多还没有理论化;第二,我们的教育方法有时还带着唯心论的和形式主义的色彩,比方我们教学生读马克思列宁主义的著作,还很少教学生如何领会马克思、列宁的思想的根源和思想的精神,而只是教他们记忆或背诵这些著作里的字句;我们也很少注意到学生思想发展的一定历程,以至许多不同级的学校中的课程都是大同小异,而且在教授这些课程的时候,也都是以采用独断的注入式的方法为主。我以为这两个原因是主观的,易于消灭的(时间短促本不是全部原因,而况且现在时间也逐渐加长了),所以我以为这是今天我们解决理论和实际的矛盾的中心环节,舍此他求,就只能是枝节的难收实效的办法。你所举的一些关于不能联系和勉强联系的笑柄的来由,恐怕都在于此。

在说明我的一点具体意见之前,请允许我稍述我的一个原则的观点。我认为新教育为要贯彻理论与实际的一致,必须在各方面是民主的。这就是说,无论对于学校的行政的和政治的当局、教员和教材,学生都应该是能动的主体,而非受动的客体。这就是说,学校的行政当局是为组织学生的集体的学习生活的环境而服务的,学校的政治当局、教员和教材都是为帮助学生的个人的精神生活的发展而服务的。这就是说,一个学生并不是一张白纸,任人剪裁折叠和涂写的,他到学校里来不是为了受管理和注射,而是为了练习、修改和吸收,为了在其既有的基础上得到更进一步而且更迅速丰富的成长。这就是我所说的民主原则,我认为这个原则合乎马克思主义的认识论,因此合乎理论与实际一致的要求。

在这个原则之下,怎样来消灭前述的造成理论与实际不一致的主观因素呢?换句话说,采取这个原则的学校教育的内容,应该是怎样的呢?这个问题很大,下面我只能画出一个粗疏的轮廓来供你参考之用。

我想这个学校首先在课程上得有点变动。要多设关于中国问题和工作方法的课程,要在课目中间明确地分出深浅层次来,比方在低年级应该着重教授马列主义的预备知识如社会发展小史、人类思想小史、科学常识、人生观、组织工作常识和中国问题常识之类;在中年级应该着重教授中国的历史、地理、经济、政治、社会各方面的问题,和各种革命工作的技术;

在高年级则着重马列主义关于经济学、政治学、哲学的一般学说，世界革命史和中国革命运动中的专门问题。在教授法上应该尽量避免注入式的方法而代以启发的、比较的、自由争辩讨论的、调查访问听故事的，特别是设计的和实习的方法，减少正课的时间，而加强个人阅读的辅导，使学生自动地寻得思想门径，逐渐地养成自己的良好的生活态度和工作态度。实习的方法，是马克思主义所认为最理想的教育方法。马克思曾反复表示过如次见解："未来的教育胚胎，必须发现于工场制度中。这样的教育，在每个儿童超过一定年龄的时候，把生产劳动与教导和身体的修养相结合，不仅是一种增加社会生产的手段，并且是产生圆满发达的人类之唯一的方法。"（《资本论》第一卷）在今日中国革命青年的"生产劳动"，主要的显然应该放在政治和战争方面，因此，实际的群众工作、政党工作、政权工作和军队游击队工作，都是实习的好题目。你所提出的实习计划我都赞成，不过我觉得似乎还可以更增加些时间，把实习所谓正课安排得更错综些更相衔接些，方面也可以更广些。我简直以为每周都可以实习，每科都可以实习。课外活动也是实习的一种形式，可惜这个不祥的名称在你们中间引起了两种误解，一种人赞成课外活动，却以为它是和课程完全无关的，只限于体育娱乐的、自治的和协助的校务活动（它们都各有其价值，这是不消说的）；一种人因此就压根儿反对课外活动，以为它妨害了学习。其实我想所谓课外活动原来也应该是课程的一部分，只是没有被列在正式的课目表里罢了。至于这个学校的行政机关和行政工作，我以为应该是缩小到最小限度，因为只有这样才能使学校工作人员不至忘记自己是在学生之中而非在学生之上，不至忘记自己的真正任务是做学生的助手而非其统治者。学校的政治工作，应该和整个教育工作完全打成一片（如果干脆合并，我看是更妙），政治工作者的地位应该和教师一样在行政范围以外，他们的工作因此也应该和管家婆的工作或填鸭的工作区别开来，这样学习才能有完全的思想自由，即理论与实际一致的完全自由。学校应该让学生实行充分的自治，这不会如你所说的使学生荒废了课业的，如果他们真正懂得了学习的必要，而学校当局又不故意要他们无事忙的话。老实说，他们觉得事情太麻烦时还不是尽可委托学校。那么又何必多此一举呢？我不必在这里说这也是一种实习了，我只说这可以使学生洗除任何雇佣观念的残余。而且学生实在会把有些事情管得比学校更好，譬如伙食和考试。不信你试试看吧。我们的学生都是自觉的革命战士，这是和旧教育根本不同的地方，因此你愈加以信任，他们就愈能彻底认识现在的学习对于将来的工作的价值，而你的一切教育计划，也就愈能彻底成功……

我所能作的答案，大概就是如此了。还只是我个人的答案，而且只是偶然想起的。我会使得你大失所望。是的，但是一来你就不该对我有过大的希望，二来你的长期的、诚恳的工作必然会给你更好的、好很多的答案，那么，在你的面前，还能有什么失望可言呢？

希望你的不客气的批评，以便展开进一步的讨论。祝你快乐！

（原载《中国青年》1940 年第 2 卷第 5 期）

反迷信提纲

（一）什么是迷信？迷信的名堂多得很，数也数不完，但是总起来看，迷信的根本基础就是相信神仙鬼怪命运灵魂等等超自然超物质的东西的存在，相信这些东西支配着天地日月、风雨雷电、水火木石、舟车门灶、生老病死、成败祸福，总之是支配着世界和人生的一切，并且要和这些东西来往，就必须依靠各种宗教的仪式和法术。宗教跟科学相反，因为科学承认世界和人生有一定的道理，迷信却说世界和人生没有一定的道理，全凭神仙鬼怪命运灵魂的摆布，全凭各种宗教的仪式和法术在事前预告一些，在事后挽回一些。无论就道理讲还是就事实讲，迷信都是错的，科学都是对的，所以科学一天天进步，迷信一天天消灭。

（二）迷信从何而来？何以今天还没有消灭？这是因为，第一，人类对于世界和人生的知识是一点一滴聚积起来的。古时候生产力很幼稚，人们还在"靠天吃饭"，对于世界和人生的许多现象，特别是关于天空和生命的现象，关于各种偶然的和变态的现象，几乎都还只能感觉到惊异害怕，只能归之于"天"。人类这种对于"天"的莫名其妙、无能为力的情绪，就产生了迷信。第二，人类的知识虽然越来越多，但是自从社会有了阶级，欺压群众的阶级生怕被群众所推翻，就用种种方法来在群众中维持旧的迷信，制造新的迷信，而这种不合理的社会本身，也不能不在群众中引起种种不合理的幻觉。所以人类进化到现在，科学发达到现在，迷信还是没有绝种。

（三）迷信究竟为什么不对？这是因为迷信所说的神仙鬼怪命运灵魂这一套东西连根都是假的，都是人造出来自欺欺人的。首先就没有神。第一，从神的发生来说。世界上已经发现的东西，普通人一定个个都看得见，神的历史据说是最久的，而且还常常显圣，但是它的尊容究竟怎样呢？世界上最渊博的神学家，却似乎还没有明白宣布过。有人说，神是无形的，它可以变化万物，但是所谓万物是哪一万件呢？为什么飞机没有出世的时候，不曾听说神变过飞机，变来变去，都是些人所已经熟悉已经造出来的东西呢？而且神又明明有着塑的像，雕的像，画的像，有些人你在梦中或神经失常时据说也会见过它的活像。这些最神圣最神怪的像呀，一见之下，原来它却与你我同属哺乳动物的灵长类。但是神造万物，为什么偏偏的像人呢？而且就算它是人，它又算是哪一种的人，说哪一国的话呢？照理它是不应该属于一种一国，因为万种万国都是它造的，而且任何一种一国的命运都是千变万化、朝不虑夕的，但是为什么中国的神就是中国人，外国的神就是外国人呢？为什么一个国家消亡了，它的神也就随之而烟消云散呢？为什么人类发明了农业，农业神也就偷偷摸摸地爬将出来？赶跑了皇帝，一切关于皇帝的神话和神话里面的皇帝也就马上滚蛋呢？这岂不是证明，一神也好，多神也好，都不外是人的尾巴，都不能不跟着人的屁股打转吗？这岂不是证明，先有人，后有神，神只是人类主观想象的产物吗？第二，从神的活动来说，神的形体，固然是雕塑匠、画匠、神经衰弱者和骗子们所创作的，神所享用的中西大菜、古今香烛、纸钱冥钞、名位纲常，固然是善男信女们所施舍赈济的，而神的一举一动，也不能丝毫离开人类的牵线。任何巫神治病的人，打神拳的人，扶乩的人，算命的人，拜仪和做祷告的人，只要经过一定的步骤，口中念念有词，说时迟，那时快，正如魔术师从裤裆里面变出碗来一样，就立地从三十三天把神变出来了。神就是这样的整日整夜等候着全世界十六万万人的召唤的。谁多给它一些贿赂，谁多给它一些笼络，它就应该多多地加以报答；受人钱财，与人消灾，这是娼妓的道德，也是神的道德。可怜它除此以外，也竟没有一个门路可以自由出现，因为要是不然，谁还要去敬神，谁还要去求神呢？一切敬神的庙宇教堂，一切以求神为职业而不事生产的痞棍无赖，还有什么把戏可玩呢？这岂不是证明，人是主动的，神是被动的，人能操纵神，而神不能操纵人吗？这岂不是证明，神的一切神异，不过是傀儡的神异吗？第三，从神的本领来说。人们常常想，神的本领是最大的了，就算要经过人才能表现，究竟还是天下无双。但是就让我们领教一下吧，搭个擂台，给求神者几个臭钱，要他把神请出来谈谈心吧。全知全能的神呢，请你道来，你究竟有些什么鸟本领呢？原来神的本领，乃是建筑在两个绝对矛盾的基础之上。第一，它要能够注定一切，预告一切，这样人才可以从它知道人所不能知道的“命运”，否则人就用它不着，而把它丢进茅厕去了。但是人如果仅仅知道“命运”而不能推翻“命运”，还是不成，所以神又须能实现人的另一个愿望，使人能逢凶化吉,否则人又将把它丢进茅厕去了。但是可怜的神对于这两项矛盾的任务,却是一项也没有完成。人说神是自然的主宰,但是神和求神者曾宣告过地球运动的法则,宣告过日蚀月蚀的将要到来吗?神和求神者曾分析过水的成分和水旱灾的规律吗?神和求神者能够使沙漠变为肥田,从荒山发现金矿吗?这一切难道不都是科学家的工作吗?当科学家发明了人造雨、灭火器,发明了避雷针和电灯电话,把龙王火星雷公雷母当做最下贱的牛马使用的时候,神和求神者为什么像乌龟一样的缩了头不说话呢?人说神至少是人的主宰,但是哪一个人是神生的而不是父母性交生的呢?母亲害了子宫病或是把子宫割了,观音和张仙就不来送子了,阎罗王也不分配鬼来投胎了,这难道不是说观音张仙和阎罗王原来是子宫的一群寄生虫么?人说生是要靠父母,活着可要靠神了。但是人要活着就得吃饭,不吃饭就得挨饿,神为什么不能使人活着不觉得饿呢?神不曾使我如此,不曾使你如此,也不曾使和尚尼姑如此,所以和尚尼姑也还是要吃饭,这难道不是事实吗?人说有饭吃是人的福分,因为饭是神给吃的。但是人的这种福分,难道不是农民劳动的结果吗?难道农民春天不去播种,秋天神就可以从天上掉下许多谷子来吗?人说神不能叫人活,却能叫人死。但是人的寿命哪一点是受神决定的呢?比方你是个算命的,你说神注定你活六十岁,但是我现在一枪就可以打死你,神能叫你活转来吗?莫说你个瞎子,就是神保佑了枪炮不入的义和团不都也整整齐齐地死在子弹之下了吗?再说你现在得了霍乱,你说你命不该死,不请医生看行吗?你去求神,看神跟医生哪个本领强?而且神已允许你活六十岁你又为什么还要去求个毬呢？人说神不能决定人的生死，却能决定人的贫富。如果贫富也是神所注定的，那么剥削者也用不着去剥削，被剥削者也用不着去劳动，而神也可以休息，那些迷信职业家也用不着辛辛苦苦靠求神来骗人了，大家吃了饭睡觉好了，但是这难道不是梦话吗？或者神可以改变人的贫富吗，那么这些迷信职业家又为什么不都变成大富翁呢？为什么一切阶级国家里的大多数群众，无论怎样求神，都还是贫穷的，而且愈来愈穷，而社会主义国家里的全体人民，无论怎样反神，却享有平等的财富，而且愈来愈富呢？最后人说神即使什么都不行，神的生活究竟是比人的快活，不像人要整天劳苦。但是人的劳苦只要是有正确的方向，却可以创造真实的幸福，而神的幸福谁曾见过呢？如果那些求神的专家们曾经见过，那为什么不叫他们一齐自杀，让他们早些到西天，免得在人间受罪呢？为什么他们又宁愿多在人间受几天穷罪，不愿爽爽快快去见他们的神呢？这一切岂不是证明，神和求神者对于自然现象，对于生死祸福，既无知又无能，一点屁用也没有吗？这一切岂不是证明，只有人类自己才能够改造自然，才能够创造自己的幸福吗？所以神是没有的，过去没有，现在没有，将来也没有的。有人说见了神，至多不过是见了鬼罢了。而其次，鬼也是没有的。神仙鬼怪命运灵魂这一套名堂虽多，能耍一手的还算是神，神既然是只纸大虫，其他在它名下狐假虎威的虾兵蟹将们自然更立脚不住了。仙是神的附庸，不去说它，命运我们刚才也已叫神给推翻了，于是就只剩下了孤苦伶仃的鬼怪论和灵魂论。这两论原是一论，就是说一切东西都有个灵魂，厉害的灵魂就成怪，动物死了，它的灵魂就成鬼。但是灵魂和神一样，都属于世界上顶顶稀有的动物。第一，它是人按照自己的肉体的形状习惯幻想出来的，所以不但是人变的鬼要吃饭要用钱要成亲，旁的动物植物无生物的灵魂也都差不多一样，不但人的灵魂因为人的繁殖愈变愈多了，一切动物植物无生物的灵魂也都在人的手中愈变愈多了。第二，它们是不能真正自由行动的，它们必须靠人造形，靠人豢养，并且只在那些会见鬼的人前才出现，而在那些会捉鬼的人前又降服了。第三，它们是完全无知无能的，老树成精不能阻止虫咬狗尿和雷劈火烧，狐狸成精不能阻止人们把它和它的同类捉来剥皮缝在衣领上，就是万物之灵的鬼，也不能保护它自己的尸体不变烂，保护它自己的骨头里的磷不变成磷火在空气中消亡，至于它们还要受那个莫须有的神的种种压迫剥削，更是泄气得不用提了。所以鬼怪灵魂也是没有的。此外用以造谣惑众的奶奶经还多得很，但大体上都跑不出这个巴掌心。所以迷信的一套都是假的，没有一样不是乱弹琴，不是胡说八道，谁要不是生来的傻瓜，谁也不要信它。

（四）迷信今天有什么害处？毛主席说过边区有三大害，就是迷信，不识字，不讲卫生。这句话不但在边区，在一切落后地区落后群众中都是适用的。为什么迷信能成一大害？这就是因为迷信一害就又有三大害。第一，它害得人们家破人亡。家里本来穷，因为迷信，还要东烧香，西拜佛，算八字，看风水，白白丢了钱财；娃娃本来瘦，因为迷信，生了病不请医生看，却在家里胡叫鬼，白白丢了性命。这还不是家破人亡吗？第二，它害得人们短了志气。生活不好，政治不好，迷信说这是命该如此。于是不是躺着等死，就是等天王老爷大发慈悲。

这样的个人、社会和国家还有救吗？第三，它还要窝藏匪类。世上既然有胡涂人整天疑神见鬼，也就有混账人利用他们的糊涂，故意诌出一派胡言，组织许多团体，来干种种招摇撞骗、奸盗邪淫的勾当。这种人被顽固派收买了，就帮助他们闹摩擦，被日本强盗收买了，就帮助他们亡中国，简直是为害无穷。如果人们都不迷信了，这种匪类还能像现在这样猖獗吗？可见迷信不干好事，专干歹事，有百弊而无一利。我们无论是要生存，要进步，要革命，要抗日，都不能不打倒迷信。

（五）迷信要怎样才能打得倒？迷信虽说荒唐，但它既然是个根深蒂固的东西，要打倒可要花些心机，费些手脚。一切进步的青年组织和一切觉悟的青年，首先要成为反迷信运动的先锋，把反迷信当做自己的重要经常工作之一。为此第一，要做广泛的耐心的灵活的宣传教育工作，把正确的道理尤其是气象医药和社会的道理讲给大家听，但是不要扯得太深太远太复杂，要注意抓住眼前的具体的事实，使大家听得懂，听得进，听得津津有味，恍然大悟。第二，要以身作则地实行起来，凡是不承认迷信的人，都要不怕旧社会的笑骂反对，自己坚决不依迷信的习惯，不跟迷信妥协。现在真正迷信到底的人其实是很少的，但是两面派却不少，只要不妥协的分子一天天增加了，社会的风气也就会慢慢转移了。第三，要经过政府教育机关和各种群众团体，通力合作，一面由政府在上面下命令，一面由教育机关和群众团体在下面动员起来，首先消灭那些用迷信祸国殃民的人，其次消灭那些靠迷信穿吃发财的人，如是向迷信步步进攻，以求其逐渐的消灭。第四，要不过火，不要引起大部分群众的反感，和他们尖锐地对立起来，因为这样不但并不能消灭迷信，还会妨害其他更重要的工作。迷信的真正消灭，主要还是依靠政治经济文化教育的进步，如果不同时努力于这些方面的工作，迷信的问题就不能够得到最后的解决啊。

（原载《中国青年》1940 年第 2 卷第 11 期）

说　难

难之一字，拿破仑君说：是只在愚人的字典里才有的。我自幼就一直用着愚人的字典，大概是愈用愈愚了。我现在竟以为，在真正愚人字典里，怕只有一个易字。而拿君之所以一败于莫斯科，再败于滑铁卢，终致身败名裂者，或者也就是吃了聪明人的字典的亏吧。

知难并不是怕难。不知难而见难，所以怕难；见难而不难，则因为知难。空想家的拿破仑不怕难，但是怕承认难，结果与怕难就只隔了一层纸。我们必须不怕难，也不怕承认难，故我们必须知难。

进化论的知识虽然不好贴上封条搬到人类史上来适用，但人类的祖先能够不断辞别千千万万的因苟安而灭亡的同辈，为他们今日的子孙开辟一条这样寂寞而且漫长的旅程，想来决不是易事。缩小范围来说，对于一个卵子的受精而成人，虽然雄蜂般的懒汉们也常自命为完成了什么任务；但是一个母亲却知道她为了这个任务，如何在六千七百多小时里，沉默地贡献她的一身作资本，并且加上了她的一生作赌注。而每一个新的地球的子民刚一脱离母体就哭了，想像力泛滥的诗人虽因此一口判定为天才的厌世家，但是愚笨的生理学者却慢慢发现了这原来是为了呼吸。生理学者并且发现了，无论一个聪明人怎样把世界看得容易，他的每一个细胞却不待主人的指挥，总还是辛勤地工作着，奋斗着，直到他的死。这一切也就证明了生存竞争，宣示了辩证法的真理。子曰：天行健。我想除了寥寥的几尊聪明脑袋以外，这天应该是包含了凡有人类的生命在内的。

天行健，因为天里面孕含着矛盾。客观和主观之间横阻着可悲的矛盾，于是有难。妄人轻难而败，懦夫怕难而退，勇者知难而进。马克思列宁主义者是真勇者，所以他们革命，他们提倡朴素切实、埋头苦干、艰苦奋斗。困难是无穷的，旧的完了，新的又来。所以革命永远厌恶轻妄和怠惰，正如轻妄和怠惰永远厌恶革命。这是革命的规律，这也是生命和自然的规律。

中国人说，人生识字忧患始。有忧患乃有进步和快乐。所以这句话并不曾吓倒了人们不识字。而且应该首先说，人生忧患识字始。文穷而后工，欲速则不达。历史从不给排列空洞词句的文学家、玩弄肤浅思想的哲学家、追逐个人地位的政治家留下地位，正如几何学从不给拒绝下苦功的国王们准备道路一样。

（原载《中国青年》1941年第3卷第3期）

小 品 三 题

猫 和 刺 猬

多叫人羡慕的猫！它一个儿走着，攀登着，侦伺和捕捉着，睡着，……而且玩着。它可以跟自己的尾巴玩上一小时，不懂得寂寞的小老虎啊！除了叫嚎的日子，对于它的邻人们是永远无所求的。

但是“一个冬天有一群刺猬挤在一起”，索本豪如是说，“为的彼此可以温暖一些，免得冻死了。但是一会儿彼此又觉得刺刺得不舒服，于是又分散了。冷起来了又聚拢，刺得痛了又分散，这样一聚一散闹了许久，直到彼此间相隔的恰恰合式。”

脆弱的人们，你自许为万物之灵的，你从猫与刺猬将何所取舍？如果人间也是有刺的，我也不会是猫的弟子。是的，我常常寂寞，但愈是寂寞的时候我就愈恨猫，我用荆棘的鞭子打它，因为它在寂寞中快乐，它不是我的同类。

火

我不会抽纸烟，但是我却知道在一个沉默的黑屋中独自抽着纸烟的意味。火向你眨眼呢，火跟你谈心呢。这宗秘密你坐在炉边也可以参透一半。火,你会相信我,这就是人的生命的最准确的摹本,如果你想一想那熊熊的火焰……

在辽阔的海面上,在狼群出没的荒原上,看见了豆大的灯光,哪一颗夜行人的心能够不跳呢?哪一双眼睛记起取火者普罗米修斯的故事能够不感激流泪?恒星就是火,所以恒星无火;没有空气的行星上不能有火;不曾有人的地球上只有偶然的自然火;但有人才有意识地创造了火并由此创造了自己,所以发现火的人也就发现了自己,他的快乐不是徒然的。

但是,我如是赞美了火,我的赞美却是徒然的哟。我不能够雪中送炭,却写下了这些愚蠢的文字——请告诉我,它们也能够变成火吗?

水

凡物有三态,思想也有三态。

气体的思想是风。它是人脑中自由的过客,它自由地来而且自由地去,不着一点痕迹也不留一点痕迹。

固体的思想是石块。它在人脑中建筑堂堂的金字塔,堂堂的积蓄着和保护着几千年不变的尸体。

唯有液体的思想它在人脑中开辟有定而无定的河流。它是运转不息万古常新的,从它的不舍昼夜的奔驰中,人是不能和它有两度相识的,所以流水不腐;它的运转是有一定的基础、一定的纪律和一定的方向的,它永远向前看,永远要冲决网罗和荡涤瑕秽,所以流水无情。

东方的哲人说:智者乐水。西方的哲人说:水生万物。水乎水乎！既然人类也是你的婴儿，就让人人常能沐浴在你的怀抱中，从你的乳房吸取无穷的睿智吧。

（原载《中国青年》1941年第3卷第4期）

科学和科学家的故事

大观园是哪里来的?

科学在今天简直是座大观园。一来是太复杂了,东也是科学,西也是科学;二来也太新奇了,人们提到科学,惯常是拿它跟常识对立起来,显见它是高不可攀。就是这么一来二来的,广大的青年就不免做了刘姥姥,觉得科学真是一种难于接近的东西,科学家真是一种难于接近的人物。事实果然是这样的吗?

科学在今天果然跟常识之间有一段不小的距离。科学是一种客观地、精确而有系统地研究事物的本质、事物的抽象规律的学问,而常识却多少是带有主观的、粗枝大叶、只鳞片爪的,常常满足于现象的。但是这也只在今天是这样罢了。远古的时候人们就没有这种从常识分离出来的科学。是的,那时候他们有许多迷信,但是他们能完全迷信吗?谁要活着谁就得请教客观的真理,所以刚刚发明了生产方法的原始人也就是有了科学知识的萌芽。科学的独立跟宗教的唯心论的发生同样是精神劳动和肉体劳动离婚以后的事。科学独立的当初自然也没有今天这样的五花八门。实际上科学已经跑了几千年的远路，近几百年它更是跑了快车，所以虽说今天的科学里面也有许多东西实在还是并不科学的常识，虽说今天的常识里面也有许多东西实在已是不折不扣的科学了，要拿常识比起科学来或是拿群众比起科学家来，就简直成了落后者！不过话说回来，这也只在今天是这样罢了。将来呢？将来精神劳动和肉体劳动迟早有破镜重圆的一天，那时群众的文化水平提高了，文化生活丰富了，今天的这种界限也会不见了。

下面我将对你讲一串故事，说明贾府上这座园子是怎样从一片荒地发达起来的，我们是怎样被它关在墙外的。

从历史上第一件有确实年代的事情说起

历史上有确实年代的第一件事，既不是什么盘古开天辟地的野史，也不是什么英雄豪杰的传奇，却是非洲北部的埃及人制定了他们的阳历。在公元前四千二百四十一年，尼罗河畔的奴隶王国就已把一年定为三百六十五天，又把每三十天定为一月，而在十二个月以外的五天则用为祝祭宴乐的日子。但是一年并不是整整三百六十五天，所以他们每逢第一千四百六十年就多加了一年，作为闰年。

你说这件事情很平淡不是？你想错了。第一，这个历法是很准确的。一年本是三六五·二四二二日，埃及历和这个数字的相差每年不过十分钟光景。第二，这个历法就是现在全世界通行的阳历的来源。埃及历到现在曾经两度的修改，一次是两千多年前的罗马大帝凯撒修改的，一次是三百六十年前的教皇格雷果利修改的；修改以后当然有了些进步，但是从每月的日数不一律这一点来说，反而不如埃及历了，所以现在有许多人所主张的世界历，就想大体上恢复埃及人的原则。

尼罗河每年泛滥一次，不但使埃及人发明了阳历，而且使他们认识了天狼星，一个除了太阳离地最近的恒星，因为当它和太阳同时出没时，新的洪水就和新的年头一道开始了，尼罗河帮助了埃及人测量时间，也帮助了他们测量空间——因为被洪水冲毁而需要减免王税的土地。埃及人发明了圆的面积是以直径减去九分之一的平方，这就是说圆周率(圆周对于直径的比率)等于三·一六。他们又发明了一种每行九颗珠的算盘。约莫三千五百多年前，埃及有一位精通数学的教士叫做阿麦斯，他作了一本算书叫做《求获各种事物和各种晦昧神秘知识之指南》，现在藏在伦敦的不列颠博物馆；这本书里只有答案，没有演算，有许多解答谁也不知道是怎样得来的，因此这就真成了一种晦昧神秘的知识了。

埃及以外，现在亚洲西部的伊拉克地方也是古代科学的著名发祥地之一。在底格里斯和幼发拉底河流域，四千多年前有一个国家叫做巴比伦。巴比伦人的天文学和数学对于欧洲有和埃及同样的功绩。他们利用水钟发现了太阳在一昼夜所走的路恰恰是太阳直径的七百二十倍，因此把一天分为十二时和二十四小时，一小时分为六十分，一分分为六十秒。他们又把一个圆周分为三百六十度，一度又分为六十分和三千六百秒(这样太阳在时钟上走了一分或一秒就在天体的圆弧上走上十五分钟或五十秒了)。他们的这种六十进位制和日月水火木金土的七曜制都一直流传到现在；七曜制本来没什么道理，七不能除尽一年的三百六十五日和一月的三十日或三十一日，而且又因为希伯来人的上帝七天创造世界的童话染上了神秘的色彩，所以现在已经开始动摇了，但是六十进位制在数学上却有重大的和永远的价值。

天才的希腊

希腊人是埃及人和巴比伦人的门生。但是如同中国的一句成语所说，青出于蓝，而胜于蓝，希腊的学生也远远超过了他们的老师。

留学于埃及的希腊人中间，有三个名子是最伟大的，这就是泰里斯、毕达果拉斯和柏拉图。他们都是哲学家，却都曾在科学上尤其数学上有过贡献。我们现在把他们在几千年前所想出的事情举出几件来请大家想想看，看是想通想不通。

泰里斯是著名的主张万物生于水的哲学家，他的这个思想曾启发了后来德莫克利多斯的万物流转论和赫拉克利多斯的原子论，这些理论是被近代的科学发展所证明了的。泰里斯还是个数学家和天文学家。他曾插一短棒在金字塔旁的地上，量了两个影子的长而算出金字塔的高；又曾在海边的塔顶上伸出一根短棒，使棒尖和海上的船同在一条视线上，量了塔的高与眼睛和棒尖到眉头的距离而算出船的远近。但最使他出名的却是他预测了纪元前五八五年十一月间的日蚀。当人们惊慌万分的时候，他却能理解这是因为那不能自己发光的月亮走到太阳和地球之间的一条直线上来了而安详地注视着天空。于是大家就争奉他为师，并尊为所谓七贤之首。

毕达果拉斯也是一位哲学家，对于自然曾有种种神秘的说教，这些说教早已无人理会了，但是数学上的毕达果拉斯定理（有人说，毕达果拉斯曾因为发现这个定理和它的证法，屠牛百头以谢神助）却依然存在着。这个定理是说直角三角形的勾方加股方等于弦方。他又发现了两个连续数相乘恒等于若干连续的偶数相加，若干连续的奇数相加恒等于平方数；发现了音高和弦长成反比，弦长有简单的整数比率就可以得到谐音。毕达果拉斯也开过学校，其中不但有男弟子并有女弟子。他的一个弟子非罗劳斯发现地球是每天由西向东转动的，另一个弟子阿尔克明发现了视神经和连接口腔和耳鼓的管子。

柏拉图自然更是哲学家，而且也是神秘的哲学家。他的哲学的名声常把他的数学家的名声掩盖了，虽然他曾在他的学校门口挂过“未习几何者不许入门”的标语。据说代利亚地方发生过瘟疫，神占说非把一个神坛改成双倍大不可，于是工匠就把神坛每边的尺寸加了一倍，但是瘟疫更厉害了，原来神坛被改做八倍了。柏拉图的朋友考斯岛的希波克拉第，《几何学初步》的作者，也不曾解答了这个所谓立方倍积的难题。只有柏拉图解答了出来。此外他还发明了几何学上的分析证法和点线面的定义。

柏拉图的时代被称为希腊科学的黄金时代，也就是雅典的全盛时代。还是在公元前的第四世纪。这时至少还有两个科学家是必须介绍的。一个是与柏拉图的友人同名的考斯岛的希波克拉第，他不是数学家而是医学家；人们都说他是现代医学的鼻祖。另一个是柏拉图的著名弟子亚里斯多德。亚里斯多德是古代最渊博的学者，他对科学的贡献特别是在生物学方面，但是很可惜的是他的这方面著作却不曾像他的其他著作那样完好地流传了下来。

无话不可信的人

亚里斯多德也有个弟子，那就是鼎鼎大名的青年马其顿王亚历山大。亚历山大的大帝国在他死后马上就瓦解了，跟着希腊本土的文化也就衰败了。正当罗马人开始耀武扬威的时候，文化的中心重新回到非洲的北岸。亚历山大在埃及北部所建的亚历山大里亚现在是成了托勒密王朝的首都。它的大学出过不少科学家，其中最著名的便是历史上第一个重视实验的数学家和物理学家阿基米得。

关于这位古代的最大科学家你一定听见过许多故事。它们中间最著名的，怕要算他给叙拉古王歇罗辨别王冠是否纯金的事了。受令限期解决难题的阿基米得，一次在洗澡的时候看见身体入水愈多时澡盆里的水也溢出愈多，忽然想起了解决的办法，登时叫着“有了！有了！”就裸体奔回家中去进行实验，原来金比银重，所以银块体积一定比同重的金块大，金冠如果是渗银的，放在盛满水的器具中，排出的水量也一定比同重的纯金多。阿基米得由此又发现了排出的水的重量也就等于一个东西在水中因受浮力抵抗而失去的重量。这就是物理学上著名的阿基米得原理。在物理学上他又发现了螺旋和杠杆可以省力的原理，发明了汲水的阿基米得螺旋机，并且说过，“只要给我一个立足点，我就可以转动地球。”怀疑他的歇罗王曾把武库中所有兵器搬到一个船上，他果然利用复杂的杠杆从容地把它拖上岸来。歇罗叹道:“阿基米得的话,没有一句是不可信的。”

但是你可别忘记了,实际上他主要地还是一个数学家。他算出圆的面积等于一个高为半径而底为圆周的三角形,又因为它介于内接八角形和外切八角形的面积之间,推算出圆周率小于七分之二十二而大于十七分之二百二十三。他最得意的发明是球面积四倍于同半径的圆面积。相传他在叙拉古被罗马人占领时死于乱兵之手,死前还指着他的沙盘说道:“不要弄坏我的圆呀!”罗马的将官马塞路斯厚葬了他,并且遵照他平生的志愿,在他的墓前造了一个内接球体的圆柱。

科学史上的欧洲怎样由上古转入中古?

亚历山大里亚时代另外的重要科学家是著《几何原本》的欧几里得,研究圆锥曲线的阿坡罗纽斯(他俩和阿基米得并称为当时的三雄),以及稍后的天文学家阿里斯他可斯。阿里斯他可斯是抛弃了柏拉图、亚里斯多德等的地球中心说而首创地球绕日说的天文学家,他发现了昼夜由于地球的自转,而四季则由于地球的公转。不幸在他以后不到四百年(这时埃及的美丽女王克留巴特拉已经自杀了快二百年,所谓后期的亚历山大里亚完全是在罗马的统治下了),另一个天文学家托勒密却不曾了解他的创见。托勒密的大著《综论》实际上只是综合了地球中心的理论,这一下就把阿里斯他可斯的发现埋没了一千四百年之久。

但是更不幸的事还在后面呢。罗马帝国虽曾先后产生过《建筑学》的作者维脱路维、《自然史》的作者大普利尼和医学家加林，但是罗马人对于科学究竟不曾显出过什么特异的才能和兴趣。正在这时，基督教的势力却已经逐渐跟奴隶主以及后来的封建主与日耳曼人结合在一块，成为科学劲敌了。在第四世纪的代数学家（也可以说是古代唯一的代数学家）丢反多斯死后不久，基督教徒就抢劫了亚历山大里亚的图书馆，此后不久，他们又在路上用蚌壳凌迟了女数学家希巴提亚。五二九年，茹利底年大帝通令封闭一切学校，禁绝研究希腊圣经，于是长期燃烧于地中海边的科学火焰就几乎完全灭亡，而基督教的武断宣传就成为不可怀疑的“一个主义”了。

中国·印度·阿拉伯

现在我们又得回到东方来，而且得比巴比伦更走远些。当巴比伦人开始兴盛的时候，亚洲另一端的中国人，已经是在夏朝的中叶了。和巴比伦一样，中国自夏朝以来就沿用阳历，同时却很早就知道两个冬至相距三百六十五又四分之一日，而有四分历的发明。四分历最迟当起于西周。所谓周公作的《周髀算经》大概是战国时的历算书，其中已不但说到一年的长短是“三百六十五日者三，三百六十六日者一”，而且说到北极和赤道的情形，说到以勾股之法来度天地之高厚，推日月之运行了。其后汉朝张衡的发明浑天仪地动仪，三国刘洪的推算日蚀，虞喜的发现岁差，东晋祖冲之研究圆周率，以及宋朝秦九韶和元朝李治、朱世杰等的研究代数学，都是中国人对于历算的重要贡献，但是这些却不曾像指南针、火药、造纸术和印刷术的发明那样地影响了西方。相反地，印度人对于欧洲的重要影响却在于数学。印度人首先创造了123456789的数字，到了第六七世纪时又创造了〇来表示零，使计数得到了极大的便利。印度人又首先发明了正负数和代数。印度的三大数学家阿梨巴塔、布拉马古塔和巴斯卡拉都研究了圆周率，分别的得了三·一四一六，十的方根和一二五〇分之三九二七等三个答案，在代数学三角学上他们也都有所推进。

但是中国和印度的多数成就并不是直接传到西方去的。中古亚洲和欧洲的最重要的媒介乃是穆罕默德及其后继者所建设的大食帝国。穆罕默德的一手执剑、一手执可兰经的教徒们，虽曾焚毁过亚历山大里亚，并宣布过“同于可兰经的书可烧，异于可兰经的书应烧”的理论，但是他们对于中世纪的文化却不像基督徒那样地罪多功少。如同托勒密王朝复活了埃及，他们也使巴比伦的废墟发出了第二次的光辉。八九世纪间以巴比伦的巴格达、埃及的开罗和西班牙的科尔多瓦为活动中心的阿拉伯人不但吸收了中国人和印度人的发明，而且翻译了希腊人的许多科学著作，因此他们又成了沟通古代欧洲和近代欧洲的桥梁。阿拉伯的数学家阿尔卡力斯米融合丢反多斯和布拉马古塔的代数学，写了一部有名的代数学教科书，直到现在，欧洲文字中的代数学一词还是从他的书名沿用下来的。此外阿拉伯还出了一个化学家给贝尔，一个物理学家阿尔—哈岑，一个医学家阿昧洛也兹。给贝尔是炼金术士，他发明了蒸馏和升华的方法，制造硫酸、硝酸、硝酸银、盐酸的方法；阿尔—哈岑发现了光的反射和屈折；而阿昧洛也兹则不但研究了医学,并且研究了天文学、物理学和化学;他曾注释亚里斯多德的科学著作,使亚里斯多德的学说得以传于黑暗时代的欧洲人中间。

意大利:科学对迷信的战争

当亚里斯多德第二次和欧洲人见面的时候,他的作用已经变了。在与圣经不相冲突的地方他虽成了圣经的补充,他却不能改变圣经所已说过的东西。亚里斯多德主张地球是宇宙的中心,这一点大家举手赞成,但是他说地球是圆的,因为月蚀的暗影是圆的,又因为人向南走看见南边的星上升,向北走就看见北边的星上升,这种简单明了的说明却和大普里尼所说的远来帆船先见桅顶的证据同样受了冷落。这时欧洲人的世界还小得很,一〇九六年到一二七〇年间对土耳其人的七次十字军战争,尤其是紧接着的一二七一年意大利人马哥· 孛罗所开始的欧洲漫游,才稍稍打开了他们对东方的眼界,至于由大西洋向西,他们还以为是只能跌落到地狱里去罢了,不过亚里斯多德的地圆说也曾偶然得到一个知音,这就是十三世纪欧洲唯一的科学家罗杰· 倍根。这个英国圣芳济派修道士比之三百多年后他的同国人爵士芳济·倍根在科学史上的名望虽然小些,对于实验科学的具体贡献却要大些,他曾发现虹、望远镜、抽水机、火药等的原理,但是这些只使他过了长期的幽禁生活。他关于地球的声音被当做异端而压迫下去了,直到另一个意大利人哥仑布在他死了两个世纪以后才发现了而且证实了它。于是旧的观念动摇了,自然界逐渐以新的面目在上帝的儿女们面前显现了。

意大利现在总算是替罗马争了面子。意大利的工商业的发展刚刚造成了文艺复兴，马上又造成了科学复兴，或者更正确些说是近代科学的初兴。但是意大利的面子上是染着血的，这既是它的羞辱又是它的光彩。这不是因为马哥·孛罗的书是在狱中写的，哥仑布的船是从西班牙开的，跟意大利有关的科学家的命运要比他们的悲惨百倍。

在这些科学家中我们首先要说到的自然是哥白尼，一个曾留学于意大利的普鲁士或波兰的牧师。他是近代天文学的始祖，他的《天体的运行》一书复活和发展了亚里斯他可斯关于地球自转公转的思想，明白地宣布了太阳系的构造。因为怕受到危险，这本书迟至他的晚年才付印，等书印出时，他已经躺在死床上只能用手指抚摸一下了。但是哥白尼自己虽然把危险躲过了，他的信仰者却不能够这样懦弱。一六〇〇年，意大利黑衣僧派僧侣布鲁诺因为宣传哥白尼的理论，在长期的流亡和多年监禁以后被罗马教会执行了火刑。这时意大利第一个大科学家加里略正是帕都阿大学的著名教授。早在他十八岁的时候，他就因注意比萨教堂里挂灯的摇动而得到了摇动之周期无关于钟之轻重而比例，于摆长之方根的定律；在他二十五岁的时候，他又在同地的斜塔上做了一磅和一百磅的铁球同时落地的实验，因此推翻了亚里斯多德"轻的慢而重的快"的结论；现在天文学的发现又轮到他的头上来了。他也研究了哥白尼的书，并且因为一个荷兰人所造的玩具的启发发明了望远镜，从而发现了月亮上的山谷，木星和土星的卫星和金星的圆缺，以及太阳的黑斑和自转。他的劲敌怎样反对他呢？第一，这些事情圣经和亚里斯多德从没有说过，因此就不存在；第二，他的发现既非肉眼所能见，对于地球就没有影响，没有影响就没有用处，因此也就不存在；第三，他的望远镜是有邪气的，因此是用不得的；最后，加里略本人就是有邪气的，因此……因此一六一六年他被迫宣誓不谈哥白尼的“反动”理论，一六三三年他因为终于背誓写了一本“反动”著作在三个多月的严厉审判以后被迫伏罪，从此这个七十岁犯人就过着被监视的生活，直到八年后死了还不许葬在故乡，也不许树立墓志。

新兴的科学要求天和地的再认识，也要求人的再认识。人果然是上帝用土造成的吗？那个罗马的希腊人加林和阿拉伯人阿昧散那果然把人体的构造都说对了说完了吗？可是要解答这些问题并不比解答太阳系的问题更容易更安全。十五世纪意大利的大艺术家达·芬奇曾画过许多人体解剖的图画，结果是隐藏了两百年才被发现了；接着在中欧和西欧，巴拉塞苏斯当众烧了加林和阿昧散那的书画，结果在一五四一年被教徒凶杀了，塞尔维都斯发现了血液向肺和心的运动，结果在一五五三年被宗教的领袖加尔文活烤烧死了。再后的意大利人维萨留斯和意大利的英国留学生哈维的遭遇比他们稍微好些。维萨留斯的《人体的构造》给近代解剖学奠定了基础，但是他所受的攻击却使他焚毁了自己的原稿。在这本书出版以后的七十五年，哈维才出版了他的《动物之心与血的运动》，虽然他的作者当时幸而是英王的御医，可是他的血液循环论既然在人体造成了一次哥白尼式的革命，他就应得受处罚，他的医生的业务衰落下来了，人们群起叽嘲他，连叽嘲过哥白尼的归纳法大师芳济·倍根在内。

牛 顿 时 代

现在我们的特别快车已经开到十七世纪来，加里略死于一六四二年，同年的圣诞节一位英国的青年农妇生下了一个三磅重的遗腹子，这个气息奄奄的孩子后来居然活了八十五岁，他就是今天大家所知道的牛顿。关于牛顿青年时代的好学有过不少传说，比如说他十几岁时怎样在暴风中往返进退计算风的力量，二十几岁时怎样用三棱镜分析日光和看见苹果落地而想到万有引力，以及怎样把表当做鸡蛋放在锅里煮，带马上山到山顶还只剩了一个马鞍等等；无论如何，他的成功是很早的。有人说在二十三岁上他就已大体完成了他一生的科学事业，因为那时他对于力学、光学和微分学的发明都已经出世，只是万有引力定律因为以前他所根据的地球大小不确才在三十岁上证明了，到四十五岁时他还写完了一部数学的著作罢了。此后呢？此后不久，他便先后荣任了造币厂长和皇家学会会长，而在学问方面，他便埋头于他所笃信的……神学！

牛顿自然是一个伟大的天才。但是这个天才的成就也不是偶然的。他的天体力学得于刻卜勒的太阳系三定律，他的运动三定律的思想得于加里略的研究，至于数学，从阿尔卡立尔米以来已有了长足的进步。意大利的塔格利亚和费拉里先后发明了三次和四次方程式的解法，法国的韦达使用了加减号和以子母音字母代已知数未知数的方法，比利时的斯载文和英国的瓦利斯发明了小数和小数点,英国的奈披尔和布立格斯发明了对数,法国的笛卡尔发明了解析几何,斐马发明了极大极小和机会的求法,这一切都帮助开辟了牛顿和牛顿以后的近世数学的道路。和牛顿差不多同时,荷兰的物理学家惠根斯也发展了天文学光学和力学,德国的哲学家来布尼兹也发明了微积分,这更是历史条件影响的好见证。

而且牛顿时代的科学已经超出了牛顿自己所接触的。早在十六世纪,他的同国人吉尔伯已经研究了电磁,而他所参与的皇家学会的会员波义尔除了发展了加里略以来的气压研究以外,又写了使近代化学脱离炼金术的一本著作《怀疑派的化学家》。会员虎克和雷汶霍克(他和惠根斯一样是皇家学会里的荷兰会员)则分别用显微镜观察了生物的细胞以及微生虫、原虫和精虫。但是这几门科学的真正发展,却毕竟是在牛顿以后,甚至也在十八世纪以后。十八世纪虽在生物学上出了瑞典的林内,在化学上出了法国的拉瓦谢,(说到电学,那基本上还是十九世纪的事了)但是科学对于它和它对于科学的最大的刺激还要算是从它的六十年代开始的产业革命。产业革命在各方面加速了科学的进步,它不但根本上打破了古来科学只以天文学和数学为主体的限制,扩大了理论上和应用上的科学领域,而且扩大了地理上的范围;瓦特、卡特来特、富尔窦们的发明很快就随着资本主义把科学的谷种在哥仑布、麦哲伦、利玛窦们的足迹上播散起来了。

科学的新发展

十八世纪往后，科学家名字愈多了，但是我们这里所说的科学家的故事却愈少了，我们说谁好呢？说他们的什么事迹呢？书店学徒出身的法拉第吗？近代医药学的恩人巴斯德吗？居里夫人怎样发现了镭？或是兰格力和来特兄弟怎样制造了最初的飞机？不，不行了，简单地用千把字来叙述这些绝不足使你对于科学发展的全般知识更丰富些。我们现在只能把近代科学在几个最主要的理论问题上所经历的发展，在这里略提一下，希望你或者会因此而增加了进一步去探究它们的兴味。

首先是关于宇宙的问题。一七五五年，伟大的德国哲学家康德发表了他的《大自然与天的理论》，第一次提出了天体的历史问题，在半个世纪以后法国的数学家拉普拉斯出版了五卷《天体力学》，和康德同样地发挥了太阳系起源于星云的学说。这个学说后来虽然也曾遭到某种异议，但是发展的观念从此深入了人心。十九世纪的地质学从地球历史的研究也得到了相同的结果。由于天文学的进步，宇宙的范围是较前远为扩大了，但就在这无穷的宇宙本身，银河系和星云系也在运动变化之中。自从爱因斯坦的相对论出世以后，宇宙更被一般科学家看成是四度的，这就是说，空间和时间统一而不可分割，不发展的物质竟成为不可想象的了。

其次是关于物质和运动的问题。十九世纪化学的发展第一步达到了道尔顿的原子论，第二步又达到了门捷列夫的周期律，而在第三步，电子论的确立，放射原素的发现和原子构造的研究，更使物质的变化有了新的含意，于是化学变化和物理变化的界限是动摇了。至于物理变化方面，十九世纪中叶已经证明了热与机械运动的相互转变，十九世纪末叶又证明光与电磁的同一性，到了一九〇〇年，德国物理学家普郎克发表了他的量子论的主张（这起先是应用于热学，后来又应用于光学），于是不但能力的连续性的旧观念和以之为基础的旧因果律发生了动摇，而且物质和能力两者之间的界限也动摇起来了。最后是关于生命的问题。十九世纪的生物学有两个最大的贡献，一是士来登和士旺关于植物和动物的细胞生活的研究，一是拉马克、达尔文、门得尔、特·弗里斯等关于生物的进化、淘汰、遗传、变异的研究。生物进化论打破了林内的静止的系统，恰如以前的星云说和以后的原素崩坏说对于天文学和化学所生的影响一样。但是从无生命到有生命的转变，却至今还是一个谜。生命的研究还在开始。二十世纪的重要贡献是在心理学方面，而心理学关于精神的性质现在也远不够做出什么完满的结论来。

由上面的极零星的介绍，无论如何，你总可以看到今天科学所达到的境界离开常识是显然很远了。不过今天科学的遭遇至少有一方面是常识所能够完全了解的，这就是科学和群众脱离以后究竟发生了什么。你从我们前面的叙述已经看到，群众的一面自然是受了损失，可是科学也没有占到便宜。科学跟少数剥削者结合时，而他们总是在自身的利益以外对于科学的顺利发展漠不关心的，这就是为什么奴隶社会的后期科学不能继续发达，而封建社会的后期科学遭受严重摧残的原故。那么资本主义呢？太阳底下没有新的东西，资本主义既然也是代表剥削阶级的，无论它在初期曾经怎样和科学合作过，而且使科学的发展达到空前未有的巨大规模，它和科学到底不能不发生矛盾。这种矛盾在它的帝国主义阶段更加尖锐了。因为它这时对于战争、法西斯主义和宗教是显得更有兴趣了，像大家所知道的，它不但阻止着新的发明的应用，剥夺着科学和科学家的自由，而且因为对于科学的继续发展的无视，还在宣传着客观物质世界和客观因果法则的消灭，宣传着唯心论，不可知论和灵魂论。但是科学的前进既然是从来不能够压迫下去的，这一回也不能够例外。科学终于从社会主义找到了一条和群众结合的康庄大道。资本主义统一的世界已经破裂了。在苏联，希帕提亚、布鲁诺和塞尔维都斯的悲剧可以不再产生了，开卜勒可以不再过他贫穷和漂泊的生活了，爱因斯坦可以不再被驱逐出境了，每个劳动的公民，都有掌握科学和成为科学家的前途，而且这种科学和科学家可以不再把眼光限于一隅，用古老的迷信来辅缀那些黑暗的角落了。

我想，这幸福的前景也是在你，每一个新中国的新青年面前铺展着的。

（原载《中国青年》1941年第3卷第4—5期）

报纸是教科书

提起我们的财政——谁不知道是困难的？我们的各种开支都得慎重而又慎重，我们必须彻底的精兵简政。但有几笔开支总是免不了的，其中的一笔就是报纸。拿解放日报说吧，每天就该有多少人（从报务员直到印刷工人和送报的通讯员）在为它忙碌着！把什么都算在内，它每天平均要花费六千元以上，一年就是两百多万。每天一大张，算四万字，那从创刊到现在就是两千三百万字在社会上流传着了。还有新华日报。还有其他很多铅印石印油印的地方报。这都为什么来？难道还有什么旁的打算，要不是为了教育人民？

报纸是人民的教科书，而党报，就还是党的教科书。党报的每一个写作者、编辑者、校订者，都是党和人民所聘请的教师。所以在我们的报纸做工作，跟在资产阶级报纸的情形完全不同，这是最严肃最负责的工作。党必须集中最有才能最有信仰的宣传力量在自己的报纸上，并且使它发表出来的每一句话都有它存在的理由——包括一篇“副刊”上的文章，一首诗和一幅插画。自然，我们的报纸不是不可以有些争辩，或者讲些笑话，人民在许多问题上是愿意听听争辩的，再说他们就在最艰苦的斗争中也还是要笑的，但是他们决不希望我们讲废话，更不用提“怪话”——那就是有意惹他们生气和伤心了。人民的希望就是读教科书，并且要是有趣味的日新月异的教科书，这才配让他们读一辈子。普通教科书再高明也是没有这项资格的。凭什么读一辈子？因为他们一辈子要进步更进步，于是就天天起来看报，巴望着看上一年的报准能赛过受了一年的训练：世界是怎么回事弄明白了，自己以前有些什么想差了，现在该怎么办，旁人是怎么办的，也统统有了个数目了。

如果一个报纸不能满足这些要求，只是杂乱无章地塞上大堆的新闻，广告，不看对象的和凑篇幅的文章，这还算个人民的报纸吗？但是我们现在的报纸，是不是都能够满足人民的要求呢？

一本好教科书，就像《联共简史》一样，应该是章章都好，都经过过细的研究。报纸二十四个钟头（多的也只两三天）就得出一回，在今天的许多地方还要碰到战争和旁的外来的困难，当然不能做到那步田地。但是取法乎上，仅得乎中，我们的标准也不妨悬高一点。我们现在就是要宣传这个标准，使它深入人心。先要深入什么人的心？我想应该说，先深入那些编写新闻通讯稿的同志们的心。这些同志是一家报馆的台柱，它们是天天在各方面影响人民的，他们的讲义又短，又新，又具体（一定要具体，要充满形象化的事实，不然报纸就变成论文集了），所以人民也最爱听他们的课，最爱信他们的道理。但是这份讲义好难编哪。如果他们是懒洋洋的，他们就尽可以依赖这个通讯社那个通讯社的原稿，这次记录那次记录的原稿，把这些原稿拿来编了号送给排字间，他的事就差不多了。但是谁命令他们只许这样做的？没有人。他们应该完全自由地按照自己的观点(假如自己的观点的确代表着人民的观点)来选择和使用这些材料。太长的太啰嗦的剪裁一下，生僻的专门名称专门问题和文绉绉的词句来一些解说和修改，不合人民口味的东西使它合于人民的口味，这就是说，使它能够表现人民的感情和意志。人家看得轻的，难道我们也一定看轻吗？人家摆在头一条，我们根本不登不也是可以的吗？人们把报纸上分出那么多门类，一格一格俨然是不能互相侵犯互相变换的神气，好像一向没有排在新闻格子里的，就不算新闻了，所以也不能排在新闻的位置了，这对于我们难道是必要的吗？他们又给新闻的体裁定出许多规章，难道我们因此就必须依他们，因此就不能在新闻里面嬉笑怒骂，辩难和鼓动了吗？去它的吧！对于我们，没有比人民的要求更神圣的标准了。我们不但要大胆地改造，更重要的是大胆地创造。我们依靠着人民的生活的海洋，我们的富源是不愁枯竭的，问题只在我们应该每天去捞些什么。要解决这个问题，光会写文章是不顶事的，光有一套“新闻常识”也不够，一定要熟悉人民的生活和人民的心，要熟悉党的方向，政策和工作的具体过程，要跟党有十分密切的联系，要绝对忠实于党的意图和党的指挥。这样子，我们才有指望产生出真正合于人民需要的第一流的记者，这样的记者不是什么无冕之王，但是经过他们发出的电讯反映情况，总结经验，提出问题，指明道路，他们却能成为很好的宣传家、教育家和组织家，成为党在许多工作部门中强有力的助手。

我们宣传这个标准不是要吓人，我们的目的就是要鞭策我们全党的报纸工作者更虚心地学习，同时也是要全党对于所有的报纸和报纸工作者更负责地注意。我们既然知道许多有意义的事实，为什么不把它们写成新闻或旁的文章给报纸呢？为什么宁可看着好多力量花在出一些销路不大的杂志和小册子上，却不愿意安排一下把报纸的内容搞得更精彩呢？教科书，这不是好玩的。要是搞坏了，也许就没有人看啦——这倒罢了，危险的是它还会把人往错路上引，把工作往错路上引。所以对报纸行自由主义是万万行不得的；旁的不论，单想想我们在今天这样困难的条件下花这大力气办个报，又不认真，就不算发疯，不也是太冤了吗？

（原载《解放日报》1943 年 1 月 26 日）

谈道德

“五四”以后，这样一句话曾经特别地流行，说现在是旧道德已经破坏，新道德还没有建立的一个青黄不接的过渡时期，这样的话在一个时期也许是真的，但到今天这却已经不真了，虽然今天还有人在这样说，中国人民和中国青年在自己的斗争中已经建立起一种庄严的新道德，它的根本原理就是为人民群众服务，就是与人民群众相结合，就是个人的利益服从于人民群众的利益。中国的社会经济是在由封建主义向资本主义的过渡中，但是这个道德原理显然不同于欧美资本主义的道德原理（那种原理的移植曾是“五四”时期和“五四”以后直到今天的一部分人所追求的），这中间的原因就在于中国究竟并没有可能去发展欧美型的资本主义，其基础是建立在共产党人所领导的农民群众的土地斗争上，这个情况，就使得这时代的人民青年产生一种既异于封建道德又异于旧式资本主义道德的新道德，这个新道德在为人民群众这个根本方面是与社会主义道德相同的，但是在为人民群众的具体内容方面却又有许多不同，譬如吴满有式的富农在今天的中国是道德的，而在社会主义国家则是不道德的，诸如此类，因此，要为这种道德立一个名目，就称为新民主主义的道德，我想，大约不算是牵强附会吧?!

凡有道德都是具体的,就是说,为着一定的阶级要求和时代要求的。但是凡有旧道德(包括最"新"的抽象的"人性论",抽象的"主观作用"论等等在内)都把自己描写成为适应于全部人类历史的东西,这也是有理由的,道德是一个阶级对于世界人生的理想的系统,旧的阶级站在自己的立足点上,只能欣赏自己的理想的崇高和系统的美满,而不能看到它的限制——有限制,但似乎不成其为理想,作为系统也就很不堂皇了,我们的道德观却不是这样,我们的道德也是一个理想的系统,但是我们承认这是一个有限制的理想的系统,在爱国主义与殖民主义的斗争中,在民主派与法西斯派的斗争中,在农民与封建地主的斗争中,我们是拥护一边而反对另一边的,我们不能幻想有一种道德可以把两者真正统一起来,我们不能希望我们拥护爱国主义、拥护民主派与农民的道德可以被汉奸、买办、法西斯分子和封建地主所真正接受,正因为这样,当人民和青年已经建立起自己的新道德的时候,有些人却还在悲叹着"青黄不接",——实际是人民和青年的道德虽然成熟了,由青而黄了,但是这种黄却并不能为有些人的青所"接",他们又觉得自己的黄,也实在不好看,于是就只好发出这种聊以自解的悲叹。此外,我们的理想的系统也是变化着的。作为一个社会道德来说,我们承认新民主主义道德与社会主义道德的差别;虽然社会主义似乎是一个更好的埋想,虽然我们希望在某一将来的时期由新民主主义进入社会主义,但是我们并不因而要求把社会主义道德作为今天的道德。今天的道德在明天将要被明天的道德所代替,但是这丝毫无损于今天的道德的光辉。

我们拥护新道德而批评旧道德，把两种道德作为两种社会制度的标志；但是今天中国还有一种更引人注意的情形，就是中国的法西斯派无论从哪一种道德观点来说，都被公认是不道德的，这个情形又是标志着什么呢？原来凡有旧道德既是旧统治者的理想的系统，而任何旧的统治却都是不可能完全适合于这些旧的（虽然是旧的）理想的系统的，因为任何旧的统治都存在着它自己的范围内是不可避免且不可克服的内部矛盾，这样，旧社会与旧道德虽然在根本原理上是互相适应的，却经常存在着种种分裂，以至旧统治者自己经常是许多旧道德条文的口头拥护者和实际破坏者，而许多旧道德条文的诚实拥护者也往往可能成为旧统治者的批评者甚至反对者。这个情形对于今天中国的法西斯派尤其显著，所以一切自觉还有某一种道德观念的人，竟都不能不感觉这群穷凶极恶的动物实在已经丧失了任何人格和任何人性。他们既没有青，也没有黄，道德在他们身上是真的“沦丧”了。这样，我们在掌握新道德和反对旧道德的时候，就被迫要和某些旧道德理想的拥护者，作一定的合作，因为旧道德的理想和旧统治的实际竟存在着如此惊人的分裂！

（原载《解放日报》1946 年 5 月 4 日）

短些，再短些！

话说得短，说得简要对我们沾了“长风”的不是易事。我回想自己说过的话，重看写过的什么，每次先叫我难过的就是既不简又不要，想起由俭入奢易，由奢入俭难这老格言果然不错。一九四二年二月八日延安反对党八股的大会原先就叫压缩大会，四年半了，压缩尚未成功。那次引的鲁迅的话，“写完后至少看两遍，竭力将可有可无的字、句、段删去，毫不可惜”，依然是我们的警钟。

我们的说话短靠开会的主席，作文短就靠解放日报的编辑。因此我向解放日报提个议：(一)新闻要五分之四是一百字到四百字的(内中至少五分之一还要能包括一时一地一种情况一项问题的全貌)；(二)通讯和副刊稿件五分之四是四百字到一千字；(三)研究论文、专文等等五分之四四百字到两千字。道理无需要列举。这对读者作者都有大好处，都是大解放；五分之四以上的作者原也是爱写短的，现在是地盘叫少数大地主霸占着罢了。

我这是投稿给副刊，就说说我们的副刊吧。它在全国的同类中篇幅特大而篇数特少。我看过的其他解放区“大报”纸也多学这个样，有时还更阔气些，一版只见两三个大题，甚至花儿整版登一篇“半文学”的作品。那些地方另有杂志，可见延安副刊的派头并不由于没有杂志。我想我们应承认群众观点太弱，或者承认我们还不会给报纸写作，没弄清每天写给几十几百万人跟每周每月写给几千人的分别，没记着写得愈长看的人就愈少。黎烈文编的申报自由谈未必是给大众看的好副刊，它的小杂件已经太少了，但还是以我们一半的篇幅登了双倍多的东西，其中大部分（包括鲁迅那些伟大的小论文）不过几百字长短。我们按说得更通俗，更活泼，更丰富，除了例外，每篇平均字数得更少。让我们有这样的副刊吧，它没有太多的可有可无的以各种名义出现的列宁所谓“知识分子的议论”，可是每天万把字的版面上挤满各种作者读者各种内容形式的几十篇稿件信件，切实而紧凑地传达着生活和战斗的各个侧面，传达着群众的嘈杂，好比生意旺盛的花园一般！

（原载《解放日报》1946 年 9 月 27 日）

爱和恨和宣传

（一）

有人说：印度国大党人的出发点是爱，中国共产党人的出发点是恨，两者代表着两种对立的立场。从中国遣返印军被俘人员和印度拘禁中国侨民两件事看来，两者的立场确乎是互相对立的，但是决不是什么爱和恨的对立。

中国遣返了侵略中国领土而在边境冲突中被俘的印军官兵；

印度拘禁了中国侨居印度的和平居民，包括老人、妇女和儿童。

中国工作人员对待印俘的态度是：尊重他们的人格，发还他们的全部财物，保证他们跟自己家庭的通信往来，治好他们中间许多人的创伤和疾病，给一些不适应高山气候的人输足氧气，并且背他们爬过四十度的雪坡……因为这样，很多印俘在临别的时候，满眶热泪，跟中国朋友难舍难分；

印度当局对待被拘禁在德奥利集中营的华侨的态度是：任意地虐待他们，扣留他们的几乎全部财产，剥夺他们的通信自由，拆散他们的家庭，强迫他们背叛祖国，在印度当特务或者去台湾，在一天里用毒打和开枪打伤八十多名要求回国的华侨，把一百多名关进特设的监狱……因为这样，幸而能够回国的难侨，在踏上祖国的轮船和土地的时候，不禁痛哭失声。

中国不待印度的要求，已经无条件地遣返了全部印军被俘人员；

印度经过中国再三抗议，直到中国轮船开到印度港口的时候，还在使用各种暴行和诡计阻挠华侨回国。这种迫害，现在还没有停止。

中国方面对待侵入中国的印军被俘人员的宽厚，印度方面对待和平侨民的狂暴，都是历史上少见的。令人注目的是，印度对待华侨的态度，居然是对于中国对待印俘的态度的一种答复。请看，这是一种什么样的答复啊！

这里没有任何复杂的政治问题，一切都是异常简单，异常清楚。你在印度当局身上找不出一点所谓爱的哲学的影子，如果世界上真有这么一种哲学的话。他们的行径当然不是以德报德，更说不上以德报怨，而且也决不是以怨报怨。因为第一，在印度的华侨并没有向印度政府挑过衅；第二，中国政府对印俘也没有过任何虐待。

有些主持公道的先生们说：印度国大党人本来是讲爱的，但是因为中国共产党人做得不对，所以才变为恨。看来，按照这种逻辑，如果中国对待印俘不那么人道，也许印度当局对待华侨就不那么反人道了。……

啊！多仁慈的印度资本主义，多凶恶的中国共产主义！啊！多文明的资产阶级，多野蛮的无产阶级！

（二）

印度政府现在也不大说什么中国的出发点是恨了。它用了新的说法：中国的主动停火，主动后撤，直至最近的遣返全部被俘印军人员，这一切不过是姿态，不过是宣传行动。

假定就是这样吧。那么，尼赫鲁先生和别的当权的印度大资本家先生，你们何不也对在印度的华侨慷慨一下，做一点这样的友好的姿态，这样的和解的宣传行动呢？

我们将很欢迎你们的这种姿态，这种宣传行动，可惜你们就是什么也不做！而在友好和和解的反面，你们却大作而特做！

要说中国所发表的关于印俘受到人道待遇的消息是伪造，这是很难的。因为尽管印度国防部长恰范先生说中国对待印俘很粗暴，他却并没有让这些被俘人员在回国以后揭发中国的谎言，控诉中国的罪恶。相反，这些印俘一回国，就被集中在西姆拉和兰契的特别营里进行甄别，而极少数能够跟家属团聚的人，又奉命不许谈述他们在中国的经历。

并不亲华的英国星期日电讯报五月十九日刊载的通讯说："对归来的俘虏的情况保守秘密一举足以表明，印度陆军对中国人的方法可能对士气造成的影响感到严重的忧虑。所有的俘虏都说，他们受到了良好的待遇。"

这就是说，对于中国遣返印俘的宣传行动，不许身历其境的印俘做任何的反宣传行动。

自由的印度啊！为自由的印度而战的战士们，连揭破中国谎言的自由也没有的，自由的印度啊！

要说中国所发表的关于印度华侨被迫害的消息是伪造，这也是很难的。当然不能忘记，印度内政部长夏斯特里先生说，“我们在这方面在全世界有相当好的声誉。”而据印度快报的记者先生说，“如果你曾经参观过世界上任何地方的节日营的话，你就会很容易了解什么是德奥利营”。况且，在德奥利，一切都是免费的，好像这位记者也很以不能被集中在这个乐园为一大恨事。然而，当英国星期日电讯报记者五月十一日要在这个乐园拍照的时候，困难就来了：“先生，有一个困难。今早七点钟开始工作的人们很疲乏了。他们正在做饭。”就是这样，这个英国记者不仅不能拍照，而且马上被护送由远离中国人住处的另一条路出去了，他进去的原路据说是现在太坏不便行走。

这个英国记者看穿了，在德奥利集中营里，安插了一批“不愿回国”、并且不让别的华侨回国的蒋介石分子。尽管印度当局再三否认对要求回国的华侨再三制造暴行，就在英国记者去的那一天，他们却正在同这些蒋介石分子合作，制造着不能让外人看到的新的暴行。英国记者说：“唯一真正的谜是，印度政府什么时候承认它拘押的无辜的饭馆老板和制鞋匠中，有许许多多的人，就像它本国的将军一样，根本构不成对它的威胁。”

印度当局无法使一个正直的普通人相信他们所说的，而不相信中国人所说的。因为他们不但不许中国驻印度的外交官员前去德奥利集中营探看，而且不许一个英国记者前去拍照。这就是说，对于中国抗议印度政府在德奥利迫害华侨的宣传行动,不许身历其境的第三者做任何的反宣传行动。

自由的印度啊！为了向全世界宣扬自由印度的相当好的声誉,连拍摄德奥利乐园真相的自由也没有的,自由的印度啊!

(三)

印度资产阶级当局说,中国在中印关系上所做的一切,不过是宣传行动。印度当局这样判断别人,是因为他们自己一直沉迷在宣传行动的大海中。几年以来,印度的要人们成天都在议会内外,首都内外,国土内外,发表着反对中国的煽动性演说,报纸上成天都在攻击着中国和不支持印度政策的其他国家,还有反华的广播,反华的电影,等等,等等。

但是,印度政府反华政策的处境总是不那么妙,以至美国的将军,英国的名流,也都认为是酷爱和平的印度对侵略成性的中国发动了侵略。

早在四月三日,尼赫鲁就对中国决定遣返全部被俘印军人员一事发表谈话说:中国政府一直在设法改进它的宣传地位。"现在该由我们来改进我们的宣传地位了。"

于是我们就看到,印度政府怎样改进了他们的宣传地位……

印度当局的困难是在:他们认为,宣传者,指黑为白,指白为黑,言不顾行,行不顾言之谓也。而在中国,虽然也用同一个名词,却认为指黑为黑,指白为白,名实相符,言行一致,这才是宣传,至少才是可以允许的宣传。这个困难,语义学家们解决不了,印度大资产阶级的大人物和支持印度大资产阶级的大人物也解决不了。

不过印度政府的宣传并没有因此而完全浪费。说谎都有目的,说谎的人对于说谎的目的总是真诚的,因而说谎的人总有真诚的一面,总有可以取信于人的一面。印度当局用谎话来反华,他们的谎话虽不能取信于人,他们的反华却可以取信于人。印度快报在六月五日发表的文章说,“当前最重要的是充分发挥宣传的作用……以便(在美国)创造一个印度的新形象:它不仅在印度的边境,而且在亚洲其他地方,都是真诚地决心同中国共产党人斗争的,因为事业和战线都是共同的。需要说服美国人,无论在政治上和军事上都可以依靠印度来执行这个西方下了这样大赌注的任务。”

这样大的赌注都已经下了,谁还能说,印度政府没有达到他们的宣传目的呢?只是,谦虚的印度亲美派资本家先生们,认为现在宣传的作用还没有发挥得充分,印度的新形象还没有创造得充分。印度当局在已经公开宣布跟美帝国主义站在一起以后,究竟还将怎样通过它的宣传来创造自己的新形象,这确是值得中国人民、印度人民、其他亚洲各国和世界各国人民拭目以待的。

(四)

印度政府的所作所为,都是一种有特定目的的宣传行动。这不仅是对下了赌注的美国人或者同样下了赌注的别的什么人的一种宣传行动,实际上,也是对于各国劳动人民的一种宣传行动。

在一种意义上说，印度亲美派大资产阶级是各国劳动人民所不可缺少的教师。他们不论在说假话，还是说真话的时候，也不论在说而不做，说而又做，还是只做不说的时候，都是在讲授着一门别人所讲授不了的功课。人民只有学好了他们的这门功课，彻底认清了他们以及他们一类人的真面目，才能够在有关的斗争中得到胜利。

印度政府声明，中国遣返印军被俘人员决不会改变它对中国的基本政策。本来，既然连中国边防军的主动停火和主动后撤都没有使印度政府的基本政策有所改变，遣返印军被俘人员当然不会造成这种突然事变。事实恰好相反。尽管反华的文章愈作愈难，印度政府仍然千方百计地保持反华的气氛，散布中国边防军在中印边境集结的谣言，制造新的边境事件，同蒋介石集团勾搭，称中国为大陆中国，甚至在和平守法的华侨身上施用暴力。在另一方面，印度政府却死抱住美帝国主义，公然谴责那些“死抱住民族主义的国家”，因为“民族主义现在已经过时了”，合乎时宜的是为了“实现世界秩序而牺牲他们的主权”。

在这里，各国劳动人民可以又一次看到：帝国主义的本性不会改变，依附帝国主义的垄断资本的本性也不会改变。虽然是在新独立的大国印度，又是以宣扬爱的哲学、和平、社会主义而闻名的尼赫鲁为代表的垄断资本，也不能有所例外。“哪怕你，铜墙铁壁！哪怕你，皇亲国戚！”历史的法则，就是这样无情。

帝国主义有所恨，依附帝国主义资产阶级反动派，即令以爱为出发点,也不能不有所恨。印度资产阶级反动派恨社会主义的中国,恨解放了西藏农奴的中国,恨对被俘印军人员实行宽厚待遇的中国,恨一切不反对中国的正直的印度人和别的国家的人,恨一切反对美帝国主义的人,恨一切死抱住过时的民族主义,不肯为实现世界秩序而牺牲主权的人。但是他们也有所爱。他们爱扩张,爱在中印边境挑起冲突并且长期保持紧张局势。爱以反对中国侵略之名而勒索人民,牺牲主权,爱美国的金元和武器,爱一切对他们的爱的哲学、和平和社会主义的旗号至今称颂不衰的人,并不因这些人是否称为共产党人而有所歧视。真不愧是博爱啊!

人人都有所爱,有所恨。但是爱和恨都不是出发点。爱和恨都是由实际生活利害决定的,都是具体的,阶级本性不同,所爱和所恨也就不同。在阶级的世界里,所谓超阶级的爱和超阶级的恨,原不过是一篇童话罢了。

有人说:不然。印度统治阶级的本性并不爱扩张,并不爱帝国主义,并不恨社会主义和民族解放运动,是别人迫使他们出此下策。

印度自由新闻在六月六日并非无的放矢地写道:"如果把印美更紧密地站在一起这一点归功于中国人,那对于两国的许多人—— 在政府以内和以外的—— 是极为不公正的。"

这确是说得极为公正,至少比世界上许多公正的人士的话更为公正。

(原载《人民日报》1963 年 6 月 16、18、19、20 日,署名赤子)

湖南农村中的一条新闻

六月十日，报纸上登了一条新闻，说湖南汉寿县岩咀公社金安大队的会计，贫农龙泽祥的母亲陈翠姑死了，龙泽祥的兄嫂姐妹要做道场，但是共青团员龙泽祥却主张用开追悼会来代替。他的主张得到了大队和公社领导干部的积极支持。大队支部书记丁成明同志当了主祭，在讲话中介绍了死者在旧社会所受的磨难和她对新社会的热爱。这个追悼会开得很简单朴素，却使参加的农民受到很大的感动。他们觉得新社会看得起穷苦人，觉得好人死了，开个追悼会，比做道场更光荣。

这是一件移风易俗的大事，值得在全国所有的农村和城镇中提倡。

早在一九四四年，毛泽东同志在追悼中央警卫团战士张思德同志的讲话里就说，“今后我们的队伍里，不管死了谁，不管是炊事员，是战士，只要他是做过一些有益的工作，我们都要给他送葬，开追悼会。这要成为一个制度。这个方法也要介绍到老百姓那里去。村上的人死了，开个追悼会。用这样的方法，寄托我们的哀思，使整个人民团结起来。”我们不知道龙泽祥同志和岩咀公社金安大队的同志们读过毛泽东同志的这段话没有，但是陈翠姑的追悼会却可能是在百姓中开过的第一个追悼会。

做道场，以及跟它相类似的各种迷信活动，不但是迷信，不但是浪费财产，不但常常危害人民的生命，而且还有更严重的影响。首先，在各种迷信职业中，常常隐藏着反革命分子的活动。其次，各种迷信活动都是以剥削制度为基础的，这些活动的基本目的就是提倡不择手段地追求私利（尽管除了借此赚一把的人以外都追求不到），而且这些活动本身常常就带着地主阶级和资产阶级讲排场显阔气的臭气。地主阶级和资产阶级通过形形色色的迷信活动和其他讲排场显阔气的办法，造成了一系列有利于剥削制度的风俗习惯，这些风俗习惯不是曾经使许多劳动者家破人亡么？其中有些东西，不是现在也还在腐化着工人农民，为复活剥削制度开辟着道路么？列宁在《共产主义运动中的"左派"幼稚病》一书中曾经正确地指出，千百万人的习惯势力是最可怕的势力，只有无产阶级专政和无产阶级政党的铁的纪律，才为战胜这种最可怕的势力创造了必要的条件。因此，我们赞扬共青团员龙泽祥同志敢于同这种千百万人的习惯势力作斗争的精神，希望他能够把这个斗争进行到底，就是说，贯彻到生活的各个方面去。同时，我们希望全国所有的共产党员和共青团员，都能学习龙泽祥同志的榜样，在所有的农村和城镇中，勇敢地创造社会主义的新的风俗习惯，打倒为剥削制度服务的旧的风俗习惯。

岩咀公社和金安大队党组织的同志们，没有把龙泽祥同志的建议当做小事，而是马上积极地支持了他的建议，这是很可贵的。特别可贵的是，他们并不把追悼会当做一种新的排场，而是把它当做阶级教育的一种方法，从而真正实现了毛泽东同志一九四四年的号召。我们也希望那里的党组织能够把这种朝气坚持到底，并且希望这种朝气能够普及于全国每一个党的支部。党的支部书记不可能主持每一个追悼会，但是党的支部的确必须努力改革人民群众有关丧葬婚嫁等等的风俗习惯，在生活的各个角落里扫除形形色色的垃圾，消灭形形色色的细菌，让社会主义和共产主义的精神生长起来。

（原载《人民日报》1963年7月2日，署名白水）

湖南农村中的又一新闻

宁乡县巷子口公社花桥大队曲尺生产队贫农社员王克安的房子,在今年一月十日失了火。由于生产队民兵副排长共产党员罗石桥同志的发起,和大队民兵营教导员支部书记龚关五同志的支持,全大队民兵经过热烈讨论,一致决定利用春节以后的农事空隙,无代价地为王克安修一栋更大更好的新屋。他们很快就凑齐了稻草和砖头。木材本大队不产,但是也没有把他们难倒。罗石桥同志和另一生产队民兵排副排长陈雪坤同志,两个人分头跑到山区里别的大队,找了老家的人和修水库交的朋友帮忙,八九天里扛回了四十七根木料。没有多久,王克安就住进了他们修的新屋。

这条已经不算新的新闻,登在三月三十一日的新湖南报上,后来又登在四月二十三日的人民日报上。

毛泽东同志说:在一定的条件下,坏的东西可以引出好的结果。这条新闻,跟我们前天谈过的把做道场改成进行阶级教育的追悼会的新闻一样,就是把死人、失火这样的坏事,转化成为它们的对立面,好事。

花桥大队民兵的行为,不但包含着坏事和好事的统一,而且包含着社会主义和共产主义的统一。在社会主义里,一方面还包含着它的对立面——资本主义的残余，另一方面也包含着它的另一个对立面—— 共产主义的幼芽。

花桥大队民兵在讨论给王克安修屋的时候，首先遇到党支部提出的一个问题：要记工分。民兵们认为这不是普通的劳动，坚决反对记。开工了，又遇到一个问题：每天出工的人数总是超过民兵营规定的定额。有些不让出工的也来了，有些出够了工的还是要来。民兵刘福元一连做了六天，劝他回去他就说：你们只要想想我过去受的压迫，就该再让我干一天。民兵李庭耀一连做了九天，他的理由是：群众有困难，民兵就帮忙，这是跟解放军学的。谁不让我干，就是不让我学习解放军！

这种自觉自愿、没有定额、没有报酬的共产主义劳动，在社会主义社会里是可能有的吗？事实已经答复了这个问题。在社会主义社会里应该有这种劳动吗？花桥大队民兵的劳动，民兵们的老师——解放军三十多年来的雷锋式的劳动，都证明了在一定范围内的共产主义劳动，对于社会主义社会不但无害，不但有利，而且是必要的。

这种劳动并不是什么企图超越历史发展阶段的独特路线。早在一九一九年五月的俄国，就出现了莫斯科工人所发起的共产主义星期六义务劳动。列宁指出，这种共产主义劳动，在共产主义的初级阶段即社会主义阶段，“还远不能广泛而真正普遍地实行”。但是他又指出，问题不在这里，问题在于支持和保护这种共产主义的幼芽，因为这是伟大的共产主义事业的真正开端。而且，他还认为，对待这种共产主义的幼芽的态度如何，应该作为判断叫做共产党员的人们是否“真正在实现某种共产主义的东西(不只是社会主义的东西)”的标准,作为审查无产阶级执政党的工作和纯洁党的队伍的标准。

社会主义社会之所以为社会主义社会,是因为按劳付酬、等价交换的社会主义法规在经济上居于支配地位。这是它同共产主义的区别。但是不仅如此。社会主义社会之所以为社会主义社会,还因为它是共产主义的初级阶段,它孕育着共产主义的幼芽,还因为保证社会主义向共产主义过渡(也就是说,保证共产主义的幼芽在条件成熟时代替社会主义而居于支配地位)的共产党在政治上居于支配地位。这是它同共产主义的统一。列宁说,“发展是对立面的统一(统一物之分为两个互相排斥的对立面以及它们之间的互相关联)。”事实难道不正是这样的吗?

花桥大队的民兵们是正确的。他们懂得,在社会主义社会,在一般情况下,给人修屋必须算工钱,算材料钱,不算是不行的。他们又懂得,在社会主义社会,在特殊情况下,给人修屋可以不算钱。现在的一般地算钱,是为了将来的一般地不算钱;现在的特殊地不算钱,也是为了将来的一般地不算钱。

有人说,我们不需要什么劳什子辩证法,把哲学还给哲学家去吧。这当然可以悉听尊便。但是,这是不是说,社会主义就是“绝对纯粹”的社会主义,里面不许有丝毫的共产主义的杂质呢?社会主义社会诚然不能允许任意扩大共产主义劳动的范围(花桥大队党支部在这个问题上慎重得对),那样好事将要变成坏事。但是如果不孕育、不支持、不保护共产主义的幼芽,人为地砍掉共产主义的幼芽以及共产主义的一切,那就会怎样呢?那就是说,首先,我们将没有共产主义的党,而只能有按劳付酬和按酬付劳的党。那就是说，我们将没有共产主义的党所领导的无产阶级专政，没有共产主义的党所领导的反对资本主义的斗争。那就是说，我们将没有花桥大队民兵式的劳动，没有解放军雷锋式的劳动，红领巾打苍蝇将要按数论价，崔莹的家庭将要给罗盛教的家庭偿付沉重的债款和沉重的利息，王克安一家五口将要住在破庙内和桥底下——那就是说，我们将不但永远不会有什么共产主义建设，而且也永远建不成什么真正意义上的社会主义，即作为共产主义初级阶段的社会主义！

砍掉胎儿，母亲也没有了。

列宁从共产主义星期六义务劳动得出的教训之一，是无产阶级的执政党必须用真正共产主义的标准来审查自己的工作和队伍。花桥大队民兵的劳动，解放军战士雷锋和成千上万的别的雷锋的劳动，也给了我们同样的启示。无论在一个大队、一个公社的范围内，一个企业、一个机关的范围内，一个国家的范围内，更不用说在国际范围内，没有真正的共产主义精神，就不会有真正的社会主义事业和社会主义运动。

（原载《人民日报》1963年7月4日，署名白水）

美国人替中国算命

美国资产阶级报刊近来对于中国的命运又热心起来了。

《芝加哥太阳时报》七月六日的社论说：要是中苏两党的会谈破裂，“中国将成为所有人的共同敌人”。

中苏两党的会谈并没有破裂，但是煽风点火的美帝国主义分子已经匆忙地发出可怕的预言了。“所有人的共同敌人”！同中国友好的国家和个人也把中国当做敌人吗？世界上同中国利害相同的一切被压迫者被剥削者也把中国当做敌人吗？就算中国以外所有七大洲的人们，都听从这位“所有人”的总司令的指挥，中国也还不成为“所有人的共同敌人”，因为人类的几乎四分之一，就是中国人自己。要实现美帝国主义分子的这个狂想，只有中国人全都变成不是中国人，全都参加“所有人”反对中国人的大进军。但是这样一来，所谓“所有人的共同敌人”，岂不是已经不存在了吗？

帝国主义分子的话虽然不通，意思还是明白的，那无非是说中国由于坚持不合时宜的马克思列宁主义，将要受到许多大国的共同反对，因而变得非常孤立。但是，早在本世纪初，即一九〇〇年，那时中国根本没有马克思列宁主义，何以也成了几乎“所有人的共同敌人”呢？若说那是由于义和团不对，在清朝政府和后来的“民国”政府实行了彻底相反的政策以后，何以中国也还是不断地受到几乎“所有人”的侵略，弄到几乎亡国呢？只是由于出现了坚持马克思列宁主义的中国共产党，由于中国共产党领导的斗争得到了胜利，中国人这才得到了生存，得到了发展。由此看来，马克思列宁主义究竟没有那么可怕，而不要马克思列宁主义，也并非那么可爱。

有一个时期，中国诚然很像并不孤立。加入了协约国，加入了国际联盟，而后来还作为所谓四强之一，成为联合国的发起人。中国人曾经是几乎世界上所有阔气人的共同朋友，不过这些人越是挤进中国来作朋友，就越是要抢着吃中国人的肉。日本侵略者占领了中国的广大领土，不也在大叫着“共存共荣”么？就另一方面说，就在中国最困难的时期，中国人还是有真正的朋友。例如当一九〇〇年几乎“所有人”都在共同反对中国的时候，列宁就写了文章，声援中国人民的反帝斗争，号召俄国人民反对八国联军，反对参加八国联军的沙皇政府。从那时到现在，中国的真正朋友已经不知增加了多少倍。由此看来，成为“所有人的共同敌人”，并没有那么可怕，而成为“所有人的共同朋友”，也并不那么可爱。

《美国新闻与世界报道》七月八日发表的一篇论述美国当前外交政策的文章，也大谈其中国和苏联的决裂，大谈其中国的前途。大概由于作者是一个老外交官，说的话就比较老练。他说：在所有的大陆中，亚洲是美国政策的最大问题，而美国对亚洲的基本政策，则是孤立和牵制中国。这种政策的唯一希望在于，“同莫斯科决裂的共产党中国，会由于自己的贫困和无效率而垮台，或者最终在国际上变成可尊敬的国家”。

国际上可尊敬的国家！多体面，多甜蜜！但是，中国人民不是因为同国际上可尊敬的国家周旋了多少年，最后才被逼上马克思列宁主义的梁山的吗？中国现在诚然还不富足，效率也还不够高，但是，在解放以前，在作为可尊敬的国家之一员的时候，又是如何呢？作者似乎有见于此，因而他在提出上述两种前途以后，马上无可奈何地承认："这两种情况都不会提供多大希望。"

替中国人算命的美国人在这里漏了底，因为被称为美国的最大问题的基本政策的唯一希望，竟是这样渺茫！那些只看见美国是可尊敬的国家，是所有人的共同朋友，只看见中国贫困和无效率，将要成为所有人的共同敌人的人们，对于这个事实，应该想一想，再想一想。

（原载《人民日报》1963 年 7 月 16 日，署名赤子）

李双双和管得宽

受到广大观众热烈欢迎的电影《李双双》，有没有真人真事做模型？从电影《李双双》和小说《李双双》的情节不同看来，这大概是作家的艺术虚构。但是从报纸上介绍的许多李双双式的真人真事看来，这又是以真实为基础的虚构。

李双双式的人物不但在一个个地出现，而且在一群群地出现。七月五日报纸上的通讯《管得宽》，就是一个证据。故事出在河南省舞阳县湾马村，是由这样的矛盾引起来的：

"就你管得宽!"侵犯了集体利益的人讽刺干涉他的普通社员说。

"我就要管得宽!"不让侵犯集体利益的普通社员理直气壮地答复。

这样的矛盾多次反复，刺激了党支部副书记马志忠，使他想出了一个主意。他专门召集了一次社员会议，请大家讨论究竟是管得宽好还是管得窄好。大多数认定是管得宽好，侵犯过集体利益的社员也纷纷认错。他就提议：选出几个大公无私的"管得宽"，谁做了不利于集体的事情都得服管，"我头一个表示服管"。会上选出了八个"管得宽"：四个贫农，三个下中农，一个中农。

李双双的特点正是管得宽。别人拿了生产队的东西，包办女儿的婚姻，她管；干部记工分马虎，生产上弄虚作假，少劳动要多占工分，私吞该归生产队的钱，她管；丈夫能当记工员而不肯当，当了又要私情，知道别人的错误而不揭发，她管。人家讽刺她管得太宽了，丈夫也嫌她管得宽，她还是管。她的这种精神面貌，跟湾马村的“管得宽”们一样，并且一样得到了党的支持。因此，我们有理由说，《李双双》的情节和形象，不是作者、导演、演员凭空捏造的，而是我们的革命的社会主义的现实反映在作者、导演、演员头脑中的产物。

李双双和“管得宽”之出现，之受到广大群众欢迎，表明了我们的社会主义和无产阶级专政有多么深厚的民主的基础，这种民主有多么丰富多么活泼的形式。这是那些吹嘘和模仿资产阶级民主、咒骂和抛弃无产阶级民主的人们所不能梦见的。

但是任何事情都不会只有一个方面。艺术创作中的李双双，实际生活中的“管得宽”，都是在跟侵犯集体利益的人们斗争中间产生的。没有了后一种人，也就没有了前一种人。既然有人拥护“管得宽”和李双双，就一定有人反对“管得宽”和李双双。

果然，在广大观众热烈欢迎《李双双》的同时，在我们这里，也有这样的人，他们讨厌李双双这个人，甚至不愿意放映《李双双》这部影片。

理由之一：“李双双什么干部也不是，可是她什么也想乱管，乱插脚，乱干涉。这样的人多了，干部无法工作，工作被搅得乱七八糟。”这是干部的议论。

理由之二:“李双双乱撞乱串,爱出头露面,狂狂妄妄,谁要有这么个老婆,真倒了十八辈子霉了!”这是男人的话。

这里所涉及的,不是电影的艺术细节,不是各人的欣赏趣味,而是我们社会生活中的重要原则。而且这样说的人虽少,这样想的人不一定少。是不可以不辩。

李双双和湾马村的“管得宽”们所以被称为管得宽,正是因为他们“什么干部也不是”;如果是,挨管的人就没话说了。在旧社会,对于没有官职的人,不管别人的“闲事”是一种道德。我们有这样的格言:张家长,李家短,人家是非你莫管。反过来说,就是:狗逮耗子,多管闲事。但是时代变了,这样的格言早该休息了。人家的是非就莫管吗?如果人家的是非不影响集体的利益,不影响社会主义和无产阶级专政的利益,那就莫管;如果人家的是非影响到集体的利益,影响到社会主义和无产阶级专政的利益,那就一定要管。干部应该管,“什么干部也不是”的普通劳动者也应该管。干部管了,群众应该帮助管,干部应该发动群众帮助管。干部不管,群众更应该管,并且应该纠正干部的不管。如果干部仍然不管,那就应该撤换这样的干部。

当然,无论群众管事或者干部管事,都要有一定的管法。群众管得对,就不是什么乱管,而是完全正确的民主集中制;干部管得不对,也仍然是乱管,甚至是违法乱纪。拿李双双来说,她要求好好记工分,是写了大字报,由公社领导机关决定实行的;她干涉别人包办女儿的婚姻,是被包办者请求,又得到被蒙蔽者同意的。这些事以及电影里她所做的别的事,并没有一点乱来的地方,没有一点使“干部无法工作”的地方。

在湾马村，“这样的人多了”，干部不但没有觉得无法工作，反而觉得工作更好做。那么，为什么有的干部又不高兴呢？这是因为，十个指头不一样齐，干部和干部不一样。有这样一种干部，他们反而把“逮耗子”当做自己的特权，只准干部管群众，不准群众自己管自己，更不准群众管干部。这种干部如果坚持自己的错误态度，就必然蜕化成为旧社会的老爷，根本不是人民的勤务员。在这种老爷的管理下，耗子一定成堆。官僚主义和修正主义一定发展起来，社会主义和无产阶级专政的工作一定被搅得乱七八糟。我们要建设好社会主义，要巩固无产阶级专政，要反对官僚主义和修正主义，就要放手发动群众，就要拥护李双双和一切“管得宽”，就要同这种不准普通劳动者革命的老爷作风作斗争。

有些人勉强可以接受别的“管得宽”，惟独不能接受李双双这个“管得宽”。为什么？因为李双双是女人。男人乱撞乱串出头露面则可，女人乱撞乱串出头露面则一定不可。李双双其实并没有乱撞乱串，只是性子急一些。但是世界上比李双双性急的男人不知有多少千万，他们的老婆都不算倒霉，为什么出了一个李双双，她的丈夫就倒了十八辈子霉呢？这些同志的头脑里，实际上一边是社会主义，一边还是要妇女三从四德的封建男权主义。毛泽东同志在一九二七年《湖南农民运动考察报告》中，这样描写当时的贫农妇女道：“衡山白果地方的女子们，结队拥入祠堂，一屁股坐下便吃酒，族尊老爷们只好听她们的便。”这是何等的气概！这才是革命！那些看不惯李双双的同志们，请用衡山白果地方的族尊老爷们当做镜子照一照吧！革命是不能随着这些同志的。要是随着他们，就是准中国三万万二千五百万男人革命，也还是不准中国三万万二千五百万的妇女革命，革命就会半途而废。我们要革命到底，就要放手发动妇女，就要拥护实际生活里的和艺术创作里的一切李双双，就要跟这种不准妇女革命的封建男权思想作斗争。

（原载《人民日报》1963年8月3日，署名东生）

如果所有的母亲都生男孩

现在有一些地方(主要是农村)由于重男轻女的封建传统影响,如果母亲生了女孩,不但女孩有被溺弃的危险,就是生女孩的母亲也有遭受各种虐待的危险。当然,事实如果已经触犯刑律,必须依法惩处,但是主要还是得依靠思想教育。那些重男轻女者的重要"理由"之一是女孩长大了劳动赶不上男孩(其实在农村实行多种经营以后,女的在许多工种上并不比男的差,甚至还比男的强)。但更重要的"理由"却是,女的不能传宗接代。

姑不论生男生女本来决定于夫妇双方,如果不该生女孩,丈夫一样该挨打受骂,就算母亲不该生女孩,生了也不该养活,于是怎么样呢?唯一的结果就是所有的家庭都得"断子绝孙"。因为任何人都知道,男人和男人不能结婚,也不能生孩子。所以溺弃女婴和逼得生女婴的母亲走投无路,才真正会使家家户户都不能传宗接代。

那么,怎样才能家家传宗接代呢,在一对夫妇只生一个孩子的情况下,只有一个办法,就是要使出生并且长大的女孩,同出生并且长大的男孩,数目大致相等(只要不残害女婴,男女的数目自然会大致相等),并且要使这些女孩和男孩都是能够生育的，没有不能生育或患有不允许生育的疾病的。道理非常简单：这样他们才能配成夫妇和生儿育女，因而家家户户才能够传宗接代。不但不生女孩不行，就是生出的孩子中，男孩多女孩少也不行。比如男孩与女孩是二比一之比，那就有一半男人找不到女人结婚。这个简单的算术，我认为现在必须赶快向家家户户去普及，因为男女比例失调的情况已经开始出现了。

有人说，生了女孩的家庭，将来女孩还是要到男家，所以他们还是不能传宗接代。其实这是封建思想在人们头脑里留下的镣铐。女方到男家和男方到女家完全是一样的。我国的傣族从来就是男方到女家，他们还不是传宗接代到现在？事实上的问题，只是在一段时间里，一对夫妇要奉养两对父母。但这只是几十年时间的问题（因为一对夫妇只生一个孩子只是几十年时间的政策），而这个问题将来完全不难解决，现在完全用不着忧虑。现在真正值得忧虑的问题，就是如果不赶快打破重男轻女的思想，造成男多女少，将来会有许多男人找不到女人，这才是一个无法解决的大问题。

（原载《人民日报》1981年3月7日，署名癸亥）

大家都来拯救
仙鹤和其他珍贵动物

一月二十日本报登了黑龙江扎龙自然保护区的来信，说那里的仙鹤（即丹顶鹤）一九七五年还有五百多只，而去年却只有一百七十多只了。可惜这个消息的标题太不引人注意，叫做“仙鹤回南不平安”。

仙鹤是我国特有珍禽，我国有历史的时候就有了，而且曾经很常见。但是由于人们的残害，以至这种珍禽竟已迅速减少到只有一百几十只，这个减少的速度是多么可怕！如果这种珍贵的鸟类竟在我们这一代里灭绝了，我们将犯下多么不可饶恕而永远无法挽救的罪孽！

仙鹤不但受到我国历代人民的珍爱，而且对人类可以说有益无害。因为它是候鸟，每年秋天要由我国的东北部南下到长江下游一带，每年春天再北上。而它除了飞行以外，又还要在陆地和沼泽地带跋涉，为了捕食，为了孵卵，直到幼鹤能独立飞行。它的目标既大，又无能力自卫，所以可能遇到的危险很多，不像燕子等类小型候鸟那样的安全。它繁殖很少，一年一般只生两个蛋，并且只孵化一窝。但是它的迅速减少几近灭绝的主要原因还是人们的捕杀，特别是在它南来北往途中的人们的捕杀。为此谨向仙鹤春秋行经地区的政府和人民紧急呼吁:赶快起来拯救仙鹤!严格禁止任何人以任何理由捕捉和杀害这只剩了一百几十只的仙鹤!我国新宪法规定国家“保护珍贵的动物和植物”,我国政府也有保护珍贵动物的法令,违犯这一法令的一定要严格法办。这特别要在东南、华北、东北的农村中广泛宣传,同时也要在城市中禁止任何人(包括动物园)收购仙鹤。

我们还希望黑龙江扎龙自然保护区(全国只有这一个鹤类的保护区)能够像动物园那样迅速采取秋冬保暖并供给饲料等措施,把各种珍贵的候鸟驯养为留鸟。这是保护这类珍禽的最有效的办法。

当然,其他珍贵动物和有益动物也要用各种办法来保护。据报道,世界极稀有的珍禽朱鹮和珍兽金丝猴、羚牛,在陕西都有被人用猎枪或绳套捕杀的事实。为了保护珍贵或有益的动物(鸟类绝大部分是益鸟),希望政府禁止生产、出售和使用鸟枪和其他猎枪,重申严禁捕杀这些动物的法令并加以实际执行。

(原载《人民日报》1981年3月9日,署名赤子)

“最好水平”

“最好水平”这个文理不通的说法，在流行了好多年以后，前不久曾有所减少，现在又像在卷土重来了。

在每天的广播里，差不多都在“创造”着最好水平，每听到一次，我就不免难受，不免为我们的语言的前途担心。

顾名思义，水平只有高低，无所谓好坏，好坏只是表明人们对于这种水平高低的喜欢或不喜欢。比方生产一项产品，原料材料的消耗，水平高了，人们就不喜欢，就说它坏。但是不能因此就说这项水平是好是坏，犹如人的体温、血压无所谓好坏一样。我们可以说某项纪录、某项成绩最好，但不能说某项水平最好。要在我们的报纸上来讨论这种文字常识，这个事实本身就叫我觉得害臊。这种说法的来源我们不必去考证了，只希望我们的新闻界(首先是居于领导地位的新华社、中央人民广播电台和人民日报)的每个同志从此不要再污染我们祖国的语言。什么“一个群众”、“红彤彤”，这些语言中的垃圾我们已经堆积得不少了。毫不留情、毫不迟延地清扫这些垃圾——但愿我们的新闻界、文艺界、出版界、教育界和一切发表文字的人们，都能把这当做一项义不容辞的庄严的任务。要不然，我们还怎好意思向人们讲什么语言美呢？

“最好水平”，希望马上就同你永别！

（原载《人民日报》1981年3月26日，署名一卒）

试看如此“父母心”

三月二十二日《中国青年报》第一版发表的通讯《一出由“长者”导演的悲剧》，我很希望所有做父母的人都看看。

悲剧是这样的：一位祖籍安徽、家在杭州的中国科技大学研究生爱上了一位担任中学老师的姑娘，并且已经达到相约要永远相爱的程度。可是父亲说：儿子要找对象，必须符合以下条件：一、工作地点只能在杭州。二、女方必须是重点大学毕业，有学士学位，在高等学校或研究所工作，而且必须相貌出众，年龄比儿子小三四岁。也可例外：有培养前途的女高音歌唱家；有海外关系，能资助儿子自费出国；绝顶漂亮的。如果条件不合，就断绝经济资助。母亲说：她的文化程度低（注意：她是师专毕业生），妹妹是工人，我们担心她家低能的智力，要影响我家的后代。我们都盼望孙子是神童。我们下决心送你出国留学，这一条不能动摇。

这些条件，居然出于安徽的一个自称“名门”和“教育世家”之口，已经够惊人。但是事情还不止如此。这位神通广大的母亲还污蔑女方是“情场上的老油子”，并亲自向女方父亲所在单位的领导提出威胁，又到女方所在学校“了解情况”。在把女方逼得服毒自杀遇救以后，还说她“施展假死的阴谋”。在暑假中，他们又威逼儿子如不服从，就办理脱离父子关系的手续(事实上法律并没有这种手续)。终于,这对父母逼得儿子的恋人投江自杀。向父母的淫威最后屈服而做了帮凶的儿子,也被开除了研究生的学籍。

这样可耻的事情竟然发生在今天的社会主义的中国,而且发生在一对所谓知识分子的家庭!他们的良心何在?道义何存?资产阶级的思想啊,你还要在中国吞噬多少青年!

杭州市的法院已在审理这一骇人听闻的违反宪法、刑法和婚姻法的案件。我们想说的是:(一)希望杭州市法院不要在任何影响下虎头蛇尾,重罪轻判。(二)希望这对父母所在的学校以及其他有关单位和所有教育界公正人士都能对他们作出严正的挞伐。(三)由于父母勒索财礼而使互相恋爱的青年陷入悲剧的事件已经不少,但是提出像这样离奇、蛮横、丑恶的条件(足以收录在新儒林外史中作为传世的奇闻)的父母似乎还不多见。把他们还披着的知识分子的外衣扒下来吧!他们不但配不上叫做知识分子(我们并不因此而贬低所有的知识分子,因为他们只是其中的败类,但是希望有类似思想行为的人们能由此猛醒),而且也配不上做父母,配不上做人,更配不上“为人师表”!希望这样的“父母”,这样的“人”愈少愈好!社会主义的中国绝对不需要派遣他们心目中的留学生,也绝对不需要生出他们心目中的“神童”。(四)希望类似这一对恋人的青年们再不要屈服,更不要轻生,而要为自己不可侵犯的权利同这种社会主义社会中的蟊贼奋起力争。多数人是站在他们方面的,法律和舆论是会替他们伸张正义的!

(原载《人民日报》1981 年 3 月 27 日,署名不平)

《散宜生诗》序

聂绀弩同志把他原在香港野草出版社出版的旧体诗集《三草》(指北荒草、赠答草、南山草)一书加以删订,交人民文学出版社出版,改题《散宜生诗》。我很高兴为这本诗集的新版写几句话。

绀弩同志是当代不可多得的杂文家,这有他的《聂绀弩杂文集》(三联书店出版)为证。我似乎没有读过他过去写的新体诗。在我读到他的这部旧体诗集的时候,心情很是感动和振奋。绀弩同志大我十岁,虽然也有过几次工作上的接触,对他的生平却并不熟悉,因而难以向读者做什么介绍。在一九五七年以后,他遭到了厄运,在十年浩劫中他更是备尝了肉体上的折磨,以至他在《对镜(三首)》中说明:“出狱初,同周婆(指他的夫人周颖同志)上理发馆,览镜大骇,不识镜中为谁。亦不识周婆何以未如叶生[①]之妻,弃箕帚而遁也。”这我可以证明,我在再次同他见面时,实在也难凭三十年前的记忆来辨认他的面目了。我认为他的诗集特别可宝贵的有以下三点:

一、用诗记录了他本人以及与他相关的一些同志二十多

① 叶生事见蒲松龄《聊斋志异卷一·叶生》。

年来真实的历史，这段历史是痛苦的，也是值得我们认真纪念的。

二、作者虽然生活在难以想象的苦境中，却从未表现颓唐悲观，对生活始终保有乐趣甚至诙谐感，对革命前途始终抱有信心。这确实是极其难能可贵的。

三、作者所写的诗虽然大都是格律完整的七言律诗，诗中杂用的“典故”也很不少①，但从头到尾却又是用新的感情写成的。他还用了不少新颖的句法，那是从来的旧体诗人所不会用或不敢用的。这就形成了这部诗集在艺术上很难达到的新的风格和新的水平。

我不是诗人或诗论家，但是热烈希望一切旧体诗新体诗的爱好者不要忽略作者以热血和微笑留给我们的一株奇花——它的特色也许是过去、现在、将来的诗史上独一无二的。

（原载《人民日报》1982 年 8 月 16 日）

① 为了帮助青年的读者理解这些诗作，我盼望人民文学出版社能在再版这部诗集的时候加上一些必要的注解。我没有能够早日提出这个建议，因为我一知道这部诗集将要在北京出版，它已经排好了，我仅仅来得及写这篇短序。人民日报副刊希望转载这篇短文，我因此就加上了这个序文中所没有的注解。我祝愿这本诗集的北京初版能早日销完，以便出版社能早日出一种加注的新版。

痛惜之余的愿望

一个多月以来，光明日报几乎每天登载着模范党员、吉林长春光学精密机械研究所副研究员蒋筑英同志的事迹和纪念他的文章，工人日报几乎每天登载着模范党员、陕西骊山微电子公司工程师罗健夫同志的事迹和纪念他的文章。这两位同志，一位六月五日在成都去世，终年仅四十三岁；一位六月十六日在西安去世，终年仅四十七岁。方毅同志、倪志福同志和其他同志，还有一些重要的党组织，都已经写了文章或作了决议，号召大家向他们两位学习。确实，这两位同志的事迹，同在他们先后去世的模范共产党员赵春娥、张华等同志的事迹一样，太令人感动了。我想，绝大多数读者，读了介绍和纪念他们的文字，很难不流下泪来。我们党有多么高尚圣洁的党员，我国人民有多么忠贞坚毅的儿女，他们的伟大品质叫人简直难以相信！这是我们党和我国人民的光荣和骄傲，也是我们党和我国人民一定能够实现党的十二大所提出的宏伟目标的保证。同时，损失了他们，损失了对祖国作出了如此多的重大贡献而又刚走在生命中途的他们，又多么叫人难过！我们活着的同志要多么努力，才能弥补他们的不幸的过早的死亡所造成的损失！

我现在既不必要、也不能够和忍心重新叙述他们的事迹和品质，这些已经有了很详细的报道，请读者找光明日报和工人日报去看（主要是十月十日光明日报的《为中华崛起而献身的光辉榜样》和十一月五日工人日报的《罗健夫》）好了。我只想在痛惜之余，说出几点愿望。

首先当然是希望大家（不限于知识分子，而是一切党员、团员，一切觉悟的青年和觉悟的劳动者），都向他们学习，特别是希望那些至今对知识分子还有某种不信任感、不敢推心置腹的人们，以及那些一味争名夺利，甚至对社会主义祖国至今还三心二意，羡慕资本主义“天堂”的人们，多读读他们的事迹。他们所做的一切，有许多是一般人所不容易做到的。他们是科学专家，是我国科学发达和经济振兴的主要希望所寄，他们不断苦学得来的达到世界水平的专门知识不是人人轻易能够掌握的。但是他们对社会主义祖国、对共产主义信念的坚定不拔的忠诚（这种忠诚无论他们在身处逆境和身处顺境的时候都始终没有变化）；他们全心全意地为着人民的和别人的利益着想，一贯地吃苦在前，享受在后，完全不计较个人的名利；只要是祖国和人民向他们提出的科学、技术问题，不管是分内的和分外的，不管是他们原来学过的还是没有学过的，他们都勇敢而顽强地努力地钻研，他们一贯地不知道疲倦、忘记了饥渴病痛地劳动：这些高贵的品质，却是任何一个共产主义者和任何一个爱国志士（我们不要忘记，蒋筑英同志虽然生前填了入党申请书，却是死后才被吉林省委追认为正式党员的）所能够和应该学习的。即令我们每个人只能学习到他们所做到的一半的程度，汇合起来，也就是一股了不得的力量，足以战胜我们前进道路上的一切困难和障碍。

其次，我想说，希望一切先进分子所在机构中的党组织、每个党员以至每个正直的公民能够更多地更好地关心这些先进的人们。确实，除了在那个使我们大家都痛苦的时期以外，我们不能过多地责怪长春光机所和骊山微电子公司没有照顾好蒋筑英和罗健夫。但是痛定思痛，我们仍然不能不想到，在这些方面未必没有许多欠缺。我们为什么不能更早地注意到他们的病情，在来得及的时候挽救他们的生命呢？我们为什么不能更多地采取一些严格的“强制措施”，让他们得到稍为好一些的工作和生活的条件，得到比较接近于必要的休息呢？人啊，共产党员啊，你们没有权利对周围的人和事冷漠敷衍。就说蒋筑英吧，已经经过了这样长久的考验，难道他入党的志愿，也一定要等到死后才能由省委的追认而满足么？当然，我并不了解这两个党组织对这两位同志关系中的细节，但是也正因为我没有机会看到这两个党组织的有关说明，我不能不作为假定提出这个问题。我的愿望不是单对着这两个机构说的，也不是单对着中年知识分子说的，我是对着我们党的一切组织和全体爱国公民说的。无论在什么岗位上，到处都有先进分子，到处都有最可爱的人。让我们尽可能地不要到他们死后才想起学习他们和表示我们对他们没有多加照顾的痛悔吧！

第三，我也想对活着的蒋筑英、罗健夫式的同志们说几句话。共产党员是一不怕苦、二不怕死的，是随时随地准备着为了共产主义事业的利益，为了社会主义祖国的利益，为了十亿人民的利益而牺牲自己的一切的。我们不是那种认为一个大学生“不值得”为一个农民的生命而牺牲自己的人，那样的人，如果是在别的岗位上，当然也不会冒死去抢救一个小学生，或者同一个甚至几个拿着凶器图谋犯罪的歹徒格斗。这是事情的一方面。但是事情还有另外一方面。我想，蒋筑英和罗健夫都并不是必然要死（我不懂医学，不知道罗健夫同志所患的“低分化恶性淋巴瘤”和蒋筑英同志所患的多种凶险疾病能不能在早期治愈，这里是假定能够）。如果他们还健康地活着，尽管报纸上不会这样大量地表扬他们，但是他们却能够为祖国和人民作出更多更重大的贡献，这是毫无疑问的。我们经常提倡自我牺牲，但是这不是说一个共产党员或先进分子的生命和健康就不重要。生命和健康，这是我们战胜一切敌人而建设伟大的社会主义祖国的资本，它们不是属于我们个人而是属于祖国和人民的，对于党员就是属于党的。我们反对借口保护自己的生命和健康而损公利私，而贪生怕死，但是有了病，特别是有了严重的病，还是要治，并且要治好。这好比打仗，打仗一定要不怕死，但是也一定要尽量争取少死，受了伤，只要有可能，还是要争取治愈重返前线。共产主义者不是苦行僧，我们的自我牺牲的目的不是死亡而是生存，不是痛苦，而是幸福。除了不可避免的死亡以外，我们只有用自我牺牲的精神活着、奋斗着，才能带领人民一起去胜利地实现共产主义的崇高理想。

末了，我还有一点愿望，是关于新闻界的。工人日报用大量的篇幅来介绍航天工业部的工程师罗健夫同志，这证明工人日报确是忠于党中央的政策，把知识分子和工人一样看做是社会主义的依靠力量。工人日报和光明日报各自发挥了自己的专长，这也是一件好事。不过就我有限的见闻所及，除了十一月十六日人民日报第四版登过一篇《吉林省委决定开展向蒋筑英学习活动》和新华社播发的《许多读者投书工人日报表示学习罗健夫的共产主义献身精神》，解放军报同日发表了关于学习罗健夫的一篇本报讯，吉林、陕西两地的报纸也分别作了有关的大量报道以外，其他报纸似乎都很少涉及这样两位有全国意义的模范人物。分工分到这样“专门”的程度，不免使人们感到惋惜。光明日报和工人日报虽然都拥有大量读者，范围究竟比较有限，这就使得全国很多人至今还不了解蒋筑英、罗健夫这两位模范党员的丰功和美德，不了解他们艰苦奋斗的历程。我因此希望我们的报纸、通讯社、广播电台和电视台，不要这样过分地井水不犯河水，好让大批读者、听众和观众更容易知道尽可能多的事实，得到他们所需要得到的教育。

（原载《人民日报》1982 年 11 月 29 日）

《随想》读后

谢谢之琳同志把《读胡乔木〈诗六首〉随想》的清样寄给我看，征求我的意见。我当然要感谢之琳同志对于一个业余作者的揄扬，不过我不想在这一点上占《诗探索》的宝贵篇幅。之琳同志的文章主要谈两点，诗的思想内容问题和艺术形式问题。关于第一点，我同意他的看法，没有什么可说。关于第二点，我也大体同意他的看法，但还有一些小的不同意见，现在简略地写在这里，请之琳同志和其他作者、读者指正。

在今年四月九日人民日报《诗四首》的附记中，我曾说明我写的一些新诗除一首外每行都是四拍的，每拍两三个字，有时把“的”放在下一拍的起头，拿容易念上口做标准。作者自认自己在习作中对于这些要求是严格遵守的。因此之琳同志所举的拗句、出格的例子，作者却不认为那样。那些句子作者是这样分拍成顿的：“在城市|的公园|和人行|道上，”“羡慕|我的”“一万个|否！ 否！”等等，而这样分法正是之琳同志所不赞成的。分歧的关键是作者认为诗的分拍或顿并不必与词义或语言规律完全一致，因为诗的吟哦究竟不同于说话，但仍然要容易念上口。以“的”字归入下拍为例，作者认为这是符合我国古来许多诗歌所习惯的，人们念起来并不觉得拗口。例

如:“关关|雎鸠,|在河|之洲,”“奉君|金卮|之美酒,|玳瑁|玉匣|之雕琴,|七彩|芙蓉|之羽|帐,|九华|葡萄|之锦|衾。”“上有|青冥|之长|天,|下有|绿水|之波|澜。”“王郎|酒酣|拔剑|斫地|歌莫|哀,|我能|拔尔|抑塞|磊落|之奇|才”。自然“之”不是“的”,但道理是一样的,在现代的散文中,郁达夫和其他作家常用一长串形容词组下加“的我”(这里的“的”往往并不与前一个字相连,而是像“刚由北京到上海”的“我”这种格式),鲁迅和其他作家的杂文中还有“……的(或底)A,的 B,的 C”这样的句式(恕一时未能查找原文)。况且,就“城市的公园”这样的词组说,“的”字究竟应该属上或独立,当代语法学家意见并不一致,“人行道上”也有类似问题。但是上举古代诗歌的例句,已经可以说明,把后者分为“人行|道上,|”不一定算犯规。“否!否!”当做一拍或一顿,情况也是一样,这只是表示在这里两个“否”字要快读,以便形成一种强烈的节奏。

这样零碎的问题何必固执呢?作者的想法是,现代白话诗的诗行如果要有格律,这种格律一定要非常简明,就如古来历代诗句的格律一样,一说便知。因此,作者既认定拿两三个字(音节)作为一拍或一顿,就不再采取拿一个和四个字(音节)作为一拍或一顿的办法,读者也就不用这样那样的猜测。前面说了,诗句的节奏和散文或口语的节奏总不能完全一样,后者的节奏要自由、繁复得多,因此念和听的人都不觉得那是有格律的诗。作者认为,关于诗句中分拍或分顿的办法,现在主要的问题正是要让大家都容易领会和接受;在这种情况下,同口语习惯有时有些出入是难以避免和不必计较的。这个问题虽然只是探索中的一个小问题，在一定范围内却迫切需要解决。为此，写下这点意见，以供讨论。

（原载《诗探索》1983 年 4 月 19 日）

劫机与“人道”

劫持飞机是全世界公认的反人道的犯罪行为。劫持飞机的罪犯，无论是什么样的人（何况他们本来就是罪犯），用凶器把飞机的机组人员打成几乎致命的重伤，用暴力威胁全体乘客的生命安全和行动自由，这是用任何道德标准和法律标准都必须严厉制裁的罪行。对于世界上一切对中国民航二九六号客机被武装暴徒劫持事件主持正义、协助中国旅客和机组人员回国、坚持必须严惩罪犯的人士，我们都表示感谢。

然而世上居然有极少数人却说什么对劫持飞机的凶犯要讲“人道”。这就怪了，这六名劫机犯对一百多名中外旅客和机组人员（正是这些可敬的英勇机智沉着熟练的机组人员保全了机上全体旅客和客机本身的安全）不讲人道，为什么偏要对他们讲所谓人道呢？请问：这样的人把自己摆在毫无人性的凶犯一边，他们自己有没有人道？他们配不配讲人道？

由此倒可以给世界上各种各样宣传人道主义的人们一个教训：世界上并不存在什么抽象的人道和人道主义，或者是站在绝大多数善良正直的人一边，或者是站在与绝大多数人为敌的种种凶犯一边（这些恶棍不幸也是人，因此支持他们的人总可以有“理由”为这些恶棍讲所谓勿抗恶等等的人道）。只有毫不含糊地分清这道界限，才好讲什么样的人道、人道主义以及人性、人权、人的尊严等等。如果不分清这道界限，人道、人道主义以至人本身这类美妙的名词，无论怎么样大写，也不可避免地要被反对绝大多数人的凶犯和他们的各种自觉或不自觉的帮凶利用。

（原载《人民日报》1983年5月18日，署名则鸣）

希望实行"文明承包"

改革本不限于实行经营责任制,经营责任制更不限于承包。但现在城市的许多行业(包括事业部门)中的改革,却是承包一马当先。又因为这些承包办法大都是各基层单位自己创造出来的,这就难免良莠不齐,甚至出现一些无奇不有的"新闻",对国家和人民造成不应有的损失,实际上也败坏了改革的信誉,违反了社会主义的根本原则。改革既是一种试验,在试验过程中发生某些毛病本无需大惊小怪,但是放任自流也不是办法。现在试验已有一段时间了,恳切希望中央和地方的各个领导部门对城市中的承包办法进行一次认真的检查,确有成就而又富国利民的,当然应该继续试行,使之更加完善并加推广。但是对那些流弊丛生的,就需要迅速改进以致坚决制止,使改革走上健康发展的道路。

对于后一类承包办法,且就医院和公共汽车两个方面各举一个实例。辽宁某市有一位并非不健康的产妇,因正常分娩在该市某医院住院四天,竟花了一百零七元。为什么呢?因为医院对医生实行了"承包制",收入愈多,奖金愈多,医生就给这位产妇开了五加晶十瓶,参茸丸一盒,山楂丸三盒,天麻丸六盒,益母膏三瓶,土霉素四袋,克感敏六盒,三蛇酒六瓶。我不是医生,这里的大部分药也没有吃过或见过,但按常识,却可能判断开这些药只是为了多拿奖金。难道这也能叫做改革么?

陕西某县七七一次长途公共汽车,卖了超员的票,使许多买票人怎样挤也无法上车。司机说,不坐拉倒!开车便走。这些上不了车的买票人向车站要求退票。站上的同志说:"七一一次是某县运输公司的车,他们实行包车到人的办法,多挣钱多得奖金。我站无权管。"难道这也能叫做改革么?

类似的事情还多,也绝不限于医院和公共汽车,实例就不再举了。

中央领导同志对黑龙江双城堡车站野蛮装卸事件的果断处理,受到了全国人民的热烈拥护。希望中央或地方领导同志也用同样的精神来纠正这类"野蛮承包"。

必须补充一句:我并不认为城市里不能实行承包,或城市里实行的承包办法都不好。许多单位实行承包时规定改进服务态度和不得变相涨价就好。我只是说,承包并不是改革的唯一办法,而可以实行承包的单位一定要实行"文明承包"。

(原载《人民日报》1985 年 5 月 24 日,署名公仆)

我们需要健康的批评空气

自从党的十一届三中全会以来，我国的文学创作确是达到了繁荣的地步。很多人说，这不但是建国以来最繁荣的时期，而且也是自有新文学以来最繁荣的时期，比国外一些文学繁荣的国家也并不逊色。我想这种评价是公允的。

但是文学批评却远没有达到繁荣的地步。这当然有很多原因。实在说，在整个新文学运动的历史上，文学批评从来是比较薄弱的一个方面。鲁迅、茅盾和其他作家曾留下不少杰出的文学评论，但是他们究竟不是专门的文学批评家。自有新文学以来的六十多年间，我们很少文学批评的专著（这里姑且把评论文集、文学概论以及美学一类的著作除外），也很少受到公认的专门批评家。一般说来，批评家既要是艺术家，又要是学者，既要有书本的知识，又要有生活的知识，他们的产生总比作家的产生困难得多，无论中国文学的历史或世界文学的历史都可以作证。正因为这样，我们就更需要努力培养批评家，更需要爱护良好的文学批评，而这就要求有一个健康的批评、评论或辩论的风气。

诚然，简单化的、幼稚而粗暴的批评造成了很多人对批评厌恶。可惜还不能说这种批评已经绝迹，更不用说它留下的影响了。一些作家心有余悸,听说自己的作品受到批评就紧张起来,而其他作家也很容易就此“联合自卫”。但是这种余悸状态总不该长期存在下去,以致成为作家反对批评家的理由。时代已经变了,至少变了很多。有些作家的作品受过批评,他们的作品现在不是照样发表吗?新的批评正在生长,新起的批评家正在努力于建设比较健全的批评,并且一些作家也在参加这个建设。我们不能把他们的努力一笔抹煞。他们在帮助读者理解、鉴赏和评价作品;他们同作家一起研究创作的经验,探索艺术和艺术所表现的生活中的得失是非,试图同作家一起寻求把作品写得更好、更适合于社会需要的道路,试图探险似地摸索一些有关文学的功能、内容、发展规律和发展趋势问题等等。他们的努力是初步的,还免不了幼稚,但是只要他们不是粗暴的,那么他们建设性的劳动都是应该欢迎的。犹如诗人所说,“儿童是成人之父”,失败是成功之母,幼稚是成熟之母,不经幼稚,哪来成熟?由幼稚到成熟,无疑将需要一个漫长的艰苦学习的历程,因而在开始的阶段,人们也不能要求过高。人们对新起的作家有很多原谅(固然也有不适当的捧场),反对对他们责备求全,为什么对新起的批评家就一定要责备求全呢?批评家并不是法官;一篇不正确的批评,如果不是诽谤,也正如一篇不成熟的作品,尽可以客观地和有礼貌地(这是否要求过高呢?)给以指正。即使对方不接受,仍然可以在各自保留意见的情况下和平共处;何必疾言厉色,仿佛非要灭此朝食不可呢?

此外,一些批评家之受到厌恶,还因为他们曾经或者仍然同不正确不民主的领导联系在一起,他们的批评(其实是审判)会带来严重的后果。这就不免使作家们畏避甚至咒骂。我不想在这里谈论领导这个复杂而且离题的问题。我只想说,今天的多数诚恳的批评者是同作者平等的,他们写出一些评论跟作者写出一些作品一样经历辛勤的劳动,而他们的社会地位一般要比作家卑微。他们没有崇拜者,没有为他们设置的奖金。他们说不上对作品有什么"生杀予夺"之权,相反,他们自己的文章能否发表,有时还受到某些名作家的影响。至于他们的文章之难于结集出版,幸而出版也难于成为畅销书,这更是周知的事实。这不但对今天的年轻的批评家是这样,就是建国以前比较著名的批评家也难逃同样的厄运。当我们评论批评家的时候,我们为什么这样吝惜自己的同情心呢?

现在流行一种现象,我想是对于批评的发展特别不利的。一位作家写了一篇或若干篇批评性的文字,即令这些文字也是简单化的和肤浅的,虽不一定粗暴,却也多少有些武断和盛气凌人,这很少有人非议,因为是出于作家的手笔。如果竟有人非议了,尽管只说是商榷、质疑,并且声明请求指教或者请大家讨论,这就常常被称为攻击,压制,违反"双百"方针;而如果这样的文章有了两篇,那就要被升格为"围剿",难免是群起而攻之。但这种群起而攻却决无"围剿"之嫌,不但不违反"双百"方针,而且是对这一方针的维护。大概是由于群情愤激,力求速效吧,这样的反批评往往采取座谈的方式,三言两语,众口铄金,横七竖八,东拉西扯,一概无忌。因为是作家,嬉笑怒骂,当然皆成文章,但是究竟是缺席裁判,逻辑时而不知不觉地让位于力学或人名学。发言者的用意固然是为了帮助新起的文学批评走上正道,但是这样的帮助下去,我们的还比较稚弱的文学批评,恐怕是不容易发展起来吧。何况这样即兴式的发言,本身就是一种文学批评是无疑的了,但是这究竟算不算就给文学批评树立了正道呢?

这并不是反对一切座谈会,而是反对无条件地发表座谈会的纪录。咳唾成珠玉的人,大概是有的吧;但是咳唾出来的文学批评却未必都是科学和艺术,也未必都能帮助一些诚恳的批评由幼稚达到成熟。

我们常说同志式的批评,这是一个多好的词语啊!作家和批评家本来都是为着同一的目标而努力的同志,讨论问题,大家何妨心平气和,条分缕析,论据既然详明,使人益智,文采又富魅力,使人乐诵。遇有争议,各方也要共同奠定真善美的比赛法则,使观战者如登春台,如入宝山,乘兴而来,满载而归。无论作家和批评家所写的批评或反批评,都能采取这种同志式的即友好、平等、互相尊重直至互相敬爱的态度(纵然有些被批评的观点或许难以归入同志式的范围,但是批评仍然应该保持严谨的科学态度,并且对有关的作者寄予改变他的观点的令人感动期望)。这样的健康的批评,在文学史上不乏前例,并非幻想,而在我们提倡社会主义精神文明的今天,更属必要。鄙见以为有了这种风气,我们的文学批评才有希望逐渐走上健康成长的道路。

人非圣贤,孰能无过;拙文虽短,错误难逃。欢迎任何人给以批评,哪怕是非同志式的也罢。

(1983 年 6 月)

纪念柳亚子先生

今天,我们隆重集会,纪念柳亚子先生逝世二十五周年。柳亚子先生是一位忠贞的爱国主义者,坚定的民主主义革命者,杰出的革命诗人,是中国国民党革命委员会的创始人之一,中国共产党的忠实的朋友。一九五八年,他不幸逝世之后,中共中央、各民主党派领导人与首都各界人士一起,曾隆重地举行公祭大会,对毕生致力于中国民主革命事业的柳亚子先生,表示沉痛悼念。但在十年动乱期间,柳亚子先生也像大批革命战士一样,竟受到康生之流的肆意诬陷诽谤。现在我们纪念柳亚子先生,就是纪念他一生的革命业绩,恢复对他公正的历史评价,并学习和发扬他的爱国主义精神和革命精神。

在我国近代革命史上,柳亚子先生是一位受到社会各界广泛尊敬的爱国志士和进步人士,特别以充满革命热情的诗人知名于世。从本世纪初到五十年代,柳亚子先生经历了旧民主主义革命、新民主主义革命、社会主义革命和建设几个不同的历史阶段。难能可贵的是,他能始终顺应历史前进的潮流,站在革命人民和革命政党一边,对帝国主义和从清王朝、袁世凯直到蒋介石反动政权、反动势力,都进行了不妥协的斗争。他积极拥护中国共产党及其领导人，对中国人民革命的胜利，作出了不容抹煞的努力。

在资产阶级革命的准备阶段和辛亥革命时期，柳亚子先生是孙中山先生的追随者。他从青年时代起就投身革命，参加了同盟会和光复会。辛亥革命前，他参加创办和主办革命报刊，发起和组织进步文学团体“南社”，以文学为武器，揭露帝国主义瓜分中国的危险，号召推翻清朝封建专制统治，鼓吹革命以挽救中国危亡，对辛亥革命的爆发起了舆论准备的作用。辛亥革命后，他曾任孙中山总统府秘书。南北议和时，他明确地反对对袁世凯窃国阴谋的妥协行为。他对这次革命的不彻底深为不满，继续鼓吹革命，参加反对袁世凯称帝、反对北洋军阀和各种封建复辟活动的斗争，坚持了激进的革命民主派立场。

五四运动后，柳亚子先生受到十月革命的感召和新文化运动的影响，逐步转入新民主主义革命的立场。孙中山先生在共产党帮助下改组国民党后，柳亚子先生以同盟会员身份加入国民党，曾任中国国民党三届中央监察委员等职务。他始终不渝地奉行孙中山先生的新三民主义和联俄、联共、扶助农工三大政策，与中国共产党长期合作，先后同国民党内的各个反动派进行不屈不挠的斗争。孙中山先生逝世后，“西山会议派”首先掀起反共逆流，柳亚子先生挺身而出，力持正论，号召国民党左派与共产党人团结起来，对右派展开斗争。他的这个立场始终不变，一九二七年，蒋介石发动反革命政变，柳亚子先生被迫亡命日本。但他并未因反动派的恐怖统治而消沉。回国后，他与宋庆龄、何香凝、彭泽民等国民党左派人士共同行动，以维护孙中山先生的三大政策为己任，从事反对蒋介石大地主、大资产阶级独裁统治和声援左翼文化运动的活动。在蒋介石开始反革命围剿的时候，他热情歌颂毛泽东同志领导的革命根据地的斗争，寄希望于中国共产党。抗日战争时期，柳亚子先生投身抗日救亡活动和抗日文化宣传工作。当国民党反动派掀起反共高潮时，柳亚子先生发表演说和通电，拥护中国共产党的全面抗战路线，反对蒋介石消极抗战、积极反共的政策。“皖南事变”发生，柳亚子先生义愤填膺，亲自撰稿并与宋庆龄、何香凝等联名发表宣言，对国内外谴责国民党当局倒行逆施，无异秦桧之加害岳飞。他因此而被国民党反动派开除党籍。此后，柳亚子先生更积极地投身于爱国民主运动，参加中国民主同盟。他公开宣称：“世界的光明在莫斯科，中国的光明在延安。”并且写成诗句：“世界光明两灯塔，延安遥接莫斯科。”一九四五年抗战胜利以后，毛泽东同志赴重庆进行和平谈判时，曾与柳亚子先生亲切晤谈，并手书《沁园春·雪》一词相赠，这首词从此首次公开发表，在大后方文化界人士中引起了巨大的反响。在解放战争时期，柳亚子先生在上海、香港等地积极参加和领导争民主、反独裁、反内战的斗争。一九四六年和谭平山先生等发起“三民主义同志联合会”。一九四七年，又和李济深先生等组织成立“中国国民党革命委员会”，自任秘书长，决心和中国共产党合作到底，反对蒋介石独裁政权，为建立新中国而斗争。

一九四九年春，柳亚子先生接受中国共产党邀请，与其他各民主党派的领导人和代表，到北京参加了中国人民政治协商会议，共商建国大计，并参加了中华人民共和国开国大典。

柳亚子先生对中国革命的胜利和各族人民的大团结，感到无限喜悦；对中国共产党的领导，表示由衷拥护。建国后，他历任中央人民政府委员、华东行政委员会副主席、中央文史研究馆副馆长等职。一九五四年，当选为第一届全国人民代表大会代表和常务委员会委员，为新中国的建设事业做了有益的工作。

柳亚子先生的一生，是革命的一生，是为建立和建设新中国而奋斗的一生，也是一个进步诗人的一生。他的诗歌，虽用旧体，也间有敷衍消沉之作，但就整个来说，却以有新的革命内容，情怀壮烈为特点，所以毛泽东同志曾称赞为“慨当以慷”，“读之使人感发兴起”。

自柳亚子先生逝世二十五年来，我们国家发生了很大的变化。粉碎江青反党集团以后，我们已经实现了历史性的大转变，社会主义现代化建设进入了一个新的历史时期。今天我们纪念柳亚子先生，不仅是缅怀先辈，更重要的是学习他那种把毕生献给民族振兴、祖国富强的爱国主义精神；学习他认清历史方向，随时代前进的革命精神；学习他为革命事业苦斗不屈的奋斗精神。

中国历史发展到今天，一切爱国主义者无不要求祖国的统一。在台湾和香港的同胞，在世界各地的华侨中，凡是主张祖国统一的人，都是爱国主义者。中国共产党愿与一切主张祖国统一的党派“长期共存，互相监督”。柳亚子先生一生坚持促进国共两党的合作。我们切望台湾国民党人能审时度势，毅然与共产党重新携手，为祖国统一大业作出应有的贡献。

在纪念柳亚子先生逝世二十五周年的时候，让我们团结起来，同心同德，共同为全面开创社会主义现代化建设的新局面，完成祖国统一的大业而奋斗。

（1983 年 6 月 21 日在柳亚子先生逝世二十五周年纪念会上的讲话）

《杨刚文集》序

我能够读完萧乾同志所选编的《杨刚文集》的清样，这不能不感谢萧乾同志的努力和人民文学出版社的同志们给我的机会。

杨刚同志是我最早认识的共产党员之一。那是在一九三一年初，我刚在清华大学加入共青团之后不久。由于当时北平市的党组织围绕党的六届四中全会和非常委员会问题发生了激烈的争论，党和团的市委联合在清华大学一位同志宿舍里召集过两三次西郊区党团员活动分子会议。这就使我能够认识当时在燕京大学的几位党员，其中给我印象最深的就是杨刚，当时叫做杨缤。这一来因为她是当时参加会议的唯一的女同志，二来因为她的雄辩。我仿佛记得，她当时是既反对四中全会，又反对非常委员会的。不过我虽因本校同志的介绍知道了她的姓名，她却并不认识我，我们以后再见时我也没有提过这件事。

我在北平以后还因为团的工作去过几次燕京大学，却没有机会再见到她，也没有听说过她的消息。一九三二年五月我离开了北平，自然更不能遇到她。一九三三年她曾在上海参加左联工作，时间似乎不长；到我一九三五年去上海工作时，她大概又回到北平了。我看过商务版的《傲慢与偏见》的中译本(这是这部名著的第一个中译本，原书有吴宓教授的序)，才知道她是学习英国文学的。抗日战争后期她去美国学习和工作，我曾在《大公报》上看过她的几篇美国通讯。直到一九四八年底，她由香港来到河北省平山县的党中央所在地西柏坡，我才在周恩来同志把她介绍给毛泽东同志的时候再次见到她，因为年龄变化，她的面容跟我初次见面的印象已经很不同了。再到北京以后，我同她比较常见。但是直到这次读《杨刚文集》，我几乎完全不知道她曾写过这么多的作品，包括诗、小说、散文和文学评论。无论在重庆和北京，周恩来同志都非常器重她，我还记得他在西柏坡曾对毛泽东同志说她是党内少有的女干部。她在《进步日报》、上海《大公报》、周总理办公室、中央宣传部、《人民日报》的工作，使我认识到她的多方面的才干。非常可惜的是我们竟始终没有深谈过，这也是我对她的文学活动和文学见解缺少了解的原因之一。

她在一九五五年不幸遭遇车祸，造成严重的脑震荡，以后虽经休养，却一直没有能恢复正常。一九五七年十月，她偶然遗失了一个笔记本。尽管没有受过任何责怪，而且许多同志都曾劝解她务必不要为此着急，她仍然感到十分紧张(这无疑跟当时的十分紧张的政治空气有关)，竟在十月七日在精神极不正常的情况下不幸离开了人间。周恩来同志、邓颖超同志和其他熟识她的同志都对她的不幸逝世非常痛惜，认为是党和人民的重要损失。

由于我和《人民日报》社的同志们对她过去的文学活动了解很少(我只知道她曾担任过《大公报》文学副刊的编辑工

作），也由于她逝世的特殊情况，我们并没有想起为她出文集的事。一九六〇年夏，我在哈尔滨养病，遇到当时担任哈尔滨市委宣传部长并已在一九七八年病故的郑佩同志（他是我一九三一年在北平认识的，也担任共青团的工作，以后在延安又见过，所以比较熟），这才在谈话中知道他原是杨刚同志后来分居了的丈夫郑侃的弟弟。可惜他也没有对我谈到杨刚同志的文学作品。可能因为工作不同，来往不多，他也不很熟悉她在这一方面的成就吧。但是即使是熟悉她的文学活动的同志，要在过去一段时间内出版她的文集，实际上怕也是不大可能的。

现在一篇篇展读她的遗作，我的心是多么沉重啊！她的逝世不但使党和人民损失了一位忠诚优秀的女儿，而且使中国文学界也损失了一位难得的富有热情又富有独特风格和识见的作家。她不是大作家，不追求文学的形式美（有时也不太讲究修辞），也不算多产，但在她把主要精力投入革命斗争的经常奔波劳碌的岁月中，能写出这样多方面的优秀的作品来，不能不使人敬佩。谁要知道抗日战争中中国人民的心声吗？谁要知道旧中国各种各样妇女的辛酸以及革命家的受难么？谁要知道美国社会各个角落里的生活画面么？杨刚同志的诗、中短篇小说（历史小说《公孙鞅》除外）和散文会给你一份真实的答案。杨刚同志的小说是朴素的，但是有一种深入人心直至撕裂人心的力量，例如被斯诺收入《活的中国》中的《肉刑》（原题《日记拾遗》）就是这样。她的诗可能不够精练，却是感情的燃烧。她的散文，特别是散文集《沸腾的梦》，是中国人爱国心的炽烈而雄奇的创造，在现代的散文中很难找出类似的作品来。我想,单是这个散文集,中国的文学史家就永远不能忘记她。她的文学评论虽然写得不多,她的独到的见解也是人们所不应该忽略的。

愿她的文集的出版能使她的热烈的生命长存在追求真理和光明的读者的心中。

(原载《人民日报》1983年8月3日)

谈八十年代和五十年代

我们常常听见有人议论，五十年代怎样好，八十年代怎样不如五十年代。甚至还有人说，八十年代不如三十年代。当然，这种说法是完全错误的，因为一个是反动统治下的社会，一个是社会主义的新社会，新社会比旧社会优越得多。

八十年代所面临的历史形势和历史条件，同五十年代当然是不相同的，我们不可能，不应该，也没有必要去把五十年代的历史重演一遍。八十年代有八十年代的斗争，首先是实现四个现代化的伟大斗争，这是五十年代所望尘莫及的。五十年代是从轰轰烈烈的革命取得伟大的胜利开始的，五十年代前期在各方面有许多优点，但整整五十年代并不是一切都比八十年代更健康，更成熟。比如，五十年代初期在全国人民中间、全党中间进行广泛的马克思主义教育，成绩是巨大的，但不能说非常深入。正因为这样，在五十年代后期，特别是六十年代后期到七十年代十一届三中全会以前，出现了几次大挫折。学习不是一次能完成的。一个民族要认识到社会主义的优越性，认识资本主义的腐朽，不是一次能够完成的。五十年代对这个问题想得比较简单，而且还发生了许多不该发生的错误。现在，尽管由于过去所受的挫折，党的风气和社会风气总的来说还比不上五十年代前期，但是我们各方面的工作都走上了正确的轨道，党和人民在政治上更加成熟。看到这些积极的方面，还有什么理由对八十年代表示不信任呢？

（原载《自学》1984年第2期）

从三个容易写错的字说起

在一次电视节目中，一位女教师教小学生记住不要写错三个容易写错的字，就是：壑字不要丢了谷上的一横；尧和尧旁的字不要在右上角加点（这其实已经不止是一个字了，现在姑且这样说）；梁字的右上角不要丢掉刃字右边的一点。这个节目当然不止这一次，就是说，容易写错的字实在很多。

这位老师很热心地讲着，害怕写错字要扣分的小学生们也很热心地听着。看完这个节目以后，我心中很难摆脱这样一个烦恼：为什么汉字改革到现在，还留下这样多难写的字，使小学生和小学教师要费很大的劲一个个地死记呢？何况，像这样的字，不但儿童，就是识字的成人也常常写错的。在号称识字的成人中，能够一个错字都不写的人究竟有没有千分之一甚至万分之一呢？如果加上不读错，这个百分比当然还要更小。

有同志说，汉字简化已经简够了，不要再增加已识字的成人的麻烦了，而且文字需要稳定，不能多变。这些理由都不错。但是我们能否因此就永远让儿童、他们的教师以及识字的成人自己为经常写错字读错字受罪呢？

就拿这三个字来说吧。壑字的结构本身就够复杂了，就是没有那一横，它的左上角也很难讲出口。没有学过文字学的人，很少人会想到谷字上面的结构同歺字原是一个字的两种变形，更少人能说出𣦼这个结构对壑字究竟有什么意义。谷字和土字当然是取音和取义的了，但是壑字现在却不读谷而读褐。既然如此，如果干脆把它简成堨（这是举例说），不是省掉很多麻烦么？

尧字是草书楷化的简体字。笔画是简了，却多出一个读不出音而又很像戈的戈的结构，因此人们常常误写为尧。听说文字改革委员会预备改成尭字，如能通过，对于写字的小孩和大人都是福音。

梁字右上部的办，也是一般人读不出的音符，事实上一般人写起来也往往不写这一点，那么，何必一定要留着它来坑害小学生和他们的老师呢？

总之，像这样的容易写错（或读错）的字，最好请文字改革委员会的同志们向小学教师们调查一下，想出妥善的办法来“救救孩子”。现代化首先要讲效率。为了让小学校的师生们提高教学效率，如果大家能稍微牺牲一点习惯，与人方便，自己也方便，不知这是不是一种奢望。

（原载《人民日报》1984 年 4 月 3 日，署名不忍）

推荐一篇好文章

昨天(五月二十九日)《中国青年报》第二版登载的《风雨共青路》,确是一篇值得人人一读的好文章。文章虽有新五号一版长,但是你只要开了头,就很难不把它读完,并且会感到大有收获。像我这样现在生病住院的老头,还能一口气读完它,我想这样做的人一定不会少。我虽然不便在这里介绍它的内容,但在一定程度上我可以说:看了这样的文章,你才会更加认识到雄鹰似的当代中国先进青年的顽强毅力和卓越才干;你才会更加相信今日之域中,必定是创业者和改革者之天下!

我不能也不必多写了。末了只在这里谨向江西共青垦殖场的百折不挠的英勇创业者陈家楼、周文英、蒋仲平、周承立、于维忠、端木家榕、戚善宏、宋广伦等等同志所代表的战斗集体致敬;也向该文作者、《中国青年报》记者李海燕、黄晔明同志致谢。

(原载《人民日报》1984年5月30日)

再推荐一篇好文章

我在五月三十日写过一篇短文，推荐前一天的《中国青年报》所刊载的《风雨共青路》。现在再推荐一篇好文章。这是今年解放军文艺出版社所出的大型文艺双月刊《昆仑》所刊载的报告文学《共青畅想曲》（贺捷生同志作）。两篇题材相同，但《共青畅想曲》写得比较长，对江西共青垦殖场生成和成长的曲折历史描写得丰富多了，不但更为吸引人，而且发表得也早。这篇报告文学早由冯牧同志著文在今年五月七日出版的《文艺报》加以热情推荐。笔者孤陋寡闻，在介绍《风雨共青路》时都没有看到（估计《风雨共青路》的作者也没有看到），所以没有提到，很是抱歉，特为补行推荐如上。

我还要顺带声明：出版物上发表的好文章很多，我推荐这两篇，决不表示此外就没有好的或更好的文章值得推荐。我读过的东西很少，也不是职业的文章评论家，不可能对每篇好文章都加以推荐。因此有时作些推荐，难免有极大的偶然性，希望读者不要误会。

（原载《人民日报》1984 年 6 月 16 日）

请多读书

一个受过相当教育的青年(中年或老年也一样),不能不养成爱读书的习惯。在这个意义上,我对各地正在开始发展的读书活动以及推动它的读书讲演活动表示由衷的赞美。

书(这里且只说好书)给人以知识的门径,让人认识世界和社会的奥秘,扩大人的胸怀和眼界,也给人以高尚的、向上的情操。愈是有系统的大书,所给人的也愈多。我们要建设高度社会主义物质文明和精神文明,要掌握现代的科学和技术,要养成高度民主、高度法治的习惯,要树立对社会主义远大前途的信念,就不能不依靠许多有益的专著。

可惜还有许多青年只满足于看小说,看电影电视,看歌舞表演以及相声杂技等等(歌和相声不是看的,至少主要不是看的,一时想不出适当的说法,请语文专家指教吧)。我决不贬低它们在社会主义精神文明建设中的作用;不用说,它们都是许多作家、艺术家的巨大心血的产品,他们的艰辛而严肃的劳动是值得人人尊敬的。我只是说,受过相当教育的人们决不能满足于这些。为了祖国的需要,我们还必须掌握更多更根本更完备的知识。知识就是力量!我们要振兴中华,没有知识这种力量是不行的,因此我们就必须精读我们所必须读的书。为了得到工作中需要的知识，实践固然是不可少的。书本知识更加是不可少的；道理很简单，书本中的知识绝大部分并不是任何人在任何实践中所能得到甚至梦想到的。

读书吧，认真地为建设祖国而读书吧。读书活动正在开展，这很好，但是它还远没有普及到一切能读书的人都读书的程度。让我们为达到这个伟大目的而奋斗！

（原载《人民日报》1984年6月19日，署名一知）

希望人人都看《花环》

《大众电影》编辑部要我对影片《高山下的花环》写几句话，我当然很高兴能为这部很好的影片在这个拥有大量读者的刊物上写点什么，但是在我真要动笔的时候，我却被自己对电影艺术的几乎完全无知（对其他艺术我也同样地几乎完全无知）窘住了。是的，我和党中央的一些同志一起看过这部影片，像别的很多人一样受到极大的感动，当时在场的同志们都流了不少热泪。我认为这确实是一部非常成功的作品，值得全国的工农商学兵，全国的男女老少，人人都看一遍。为了真正做到人人都看，我很希望各个城镇、企业、农村、学校、机关、部队和群众团体能够作出适当的安排。我还希望每个看过这部电影的人拿片子里的人物跟自己认真地比一比，想想在看了以后比看以前自己应该起一点什么变化，才对得起片子里所表现的绝大多数人，才对得起那些为了祖国的安全而献出了生命的英雄们以及他们的同志和亲人，也才对得起这部片子的编导和演员们为了献出这部影片而付出的不平凡的劳动。但是要说到这部片子为什么这样成功，足以称得上我国电影艺术中少有的杰作之一，我却不知道应该从何说起。本来电影不像小说，手头没分镜头剧本就很难说出它的某个情节和某个手法;就是有了分镜头剧本,也不能代替影片上的生动形象。而且如列宁所说,一部好电影只看一遍是不能真正看懂的(大意)。直到在一九八四年十一月十五日的上海文汇报登出了该报记者对这部影片的导演谢晋同志(他也是本片的编剧之一)的访问记《我将从零开始》以后,我才算稍微明白了导演的一些匠心所在。我完全同意谢晋同志在这部影片的艺术构思方面和对片中人物、场景、台词的处理方面的见解;因此,我很愿意向大家推荐这篇访问记,它的全文发表在上海《文汇月刊》一九八四年第十一期上。

谢晋同志说这部影片的最大突破是在军事题材的作品中写了悲剧。我们的生活中有悲剧,为什么不能写呢?自然,在近几年的文学作品中,悲剧性的作品已出现不少,就在电影中这也不是第一部;但是在军事题材的作品中,大概谢晋同志的话是不错的。写悲剧当然不等于作者自己一定有什么悲观的倾向,或者作者一定想让看的人变得悲观起来。在这里讨论悲剧的理论和作用是多余的,因为凡是看过这部电影的人都会觉得自己并没有因此而悲观,反倒更严肃地想起自己作为未死者的责任有多么重大。由于影片适当地改变了李存葆同志小说原作的某些细节,加上电影所特有的艺术方法的处理,观众看电影所受到的感动和震动比读者从小说所受到的要强烈得多。谢晋同志说:《花环》引起他最大共鸣的是梁三喜这一家。梁三喜一家的精神,是我们民族的精神,民族的灵魂,民族的伦理。这一家人的命运,真实而又自然地抒发了人世间最难能可贵的革命之情,同志之情,天伦之情。没有矫揉做作,没有空洞的口号,没有贴标签,一切顺乎情理。他认为共同的美好的人性是有的,(这里不需要对“共同的”这个词的范围怎样画定,插入哲学的逻辑的或语义学的讨论,无论如何,没有一点理想主义,一个人就不能成为真诚的艺术家,甚至也不能成为真诚的艺术爱好者)没有人情的作品是不会感动人的。这些话都说得很好,也解释了这部电影的成功的秘密,我不必再加上什么外行话了。

我愿意写这篇短文来祝贺《花环》的成功,祝贺谢晋同志、同他合作编剧的李准同志、各位演员以及参加制片的全体工作人员(包括协助拍片的昆明军区的很多位指战员)的成功,还因为这也是祝贺中国电影的成功。有些评论家指责我们的电影这也不行,那也不行;我要说,我不敢附和这种轻易地抹煞一切的论点,因为我们的电影(如同我们的其他艺术)总的说来确是在进步。《花环》的成功也正是在这个总的进步的基础上得到的成功,而不是一个孤立的、突然的、特异的现象。谢晋同志是一个老导演,他本人前进的足迹也说明这一点。尽管我们的电影还有弱点,但是为了努力消除它们,首先要对我们能消除它们有信心。没有这种信心而一味指责,以致一味自卑的人,是什么也建设不起来的。

(1984 年 7 月)

序新版《无望村的馆主》

《无望村的馆主》是原用笔名芦焚的老作家师陀同志在一九三九年上海沦陷期间写的一部中篇小说。最近作者作了不少的修改，并对一些为现在的青年读者和南方读者所不易了解的故实和词语作了很多注释，使这部描写北方（可以假定是作者的故乡河南一带）一户大地主在四代之中怎样由暴发为巨富败落而为朝不保夕的乞丐的浪漫故事，以新的面貌出现在读书界，我以为是值得高兴的。

这部书对于认识中国近代地主社会有一定的价值。说起地主，人们常常从社会发展史的材料去想；这些材料当然有它们的重要意义，但是很难从它们中间去想见中国近代地主社会的具体状况。幸而现代中国文学已有不少优秀作品以揭露地主社会的腐败黑暗为主题，这才比较能给现代读者在这一方面的需要以满足。这部中篇小说也是这类作品的一种，但是它既有自己的乡土色彩，而叙述的事件又相当奇特，所以又有独自的贡献。它认真地描绘了近代中国地主社会和地主家庭的一种类型，在这个社会和家庭里产生了一些什么样的人物，一些什么样的风俗，一些什么样的难以意料的事变。在一方面，这些东西现在差不多都绝迹了；在另一方面，这些东西遗留下的影响和变形却还可以在现代的某些生活场景中辨认出来。因此，把这部描写大约相当于五四时期前后的农村故事介绍给现代的读者，我想仍然很有益处。

这是一部小说，当然首先要从小说来评价。它篇幅不长，人物不多，但是舞台面的变化却很剧烈，有时简直近于暴风式的疯狂。读者可以从这里看出旧社会能把一些人的人性变得怎样凶残、丑恶、卑鄙和麻木，而善良的人们又在遭受怎样可怕的蹂躏。作者曾有一个时期努力地而且成功地写过不少散文式的短篇小说（作者早期的短篇小说现在都收在江西人民出版社出的《芦焚短篇小说集》里，署名仍用师陀），但是这本小书的结构同它们相比，够得上一篇紧凑的戏剧。故事的进行是快速的，但作者对人物和场景的描写却一丝不苟，我们可以从中看到许多幅精雕细刻的肖像画和风俗画。一个好的小说家未必是一个好的文章家，作者却把这两者都做到了。这是这部中篇的另一个可贵之处。

这本书最初出版时由于当时的环境发行有限，现在重印，希望它能得到全国文艺爱好者的注意。我不是文学评论家，对于作者的人和作品都缺乏研究（我对作者只通过几次信，至今还不认识，他的作品读过的恐怕也不到五分之一），当然不致糊涂到说这是什么伟大的杰作。我只想说，读者看了这本书会喜欢它，会跟我一样感谢作者用优美的文字叙述了一段悲惨、荒唐而又真实可信的历史，这段历史就产生在我们自己的土地上，离开现在不过半个多世纪。我还得感谢我所尊敬的沙汀同志的抱病推荐，使我对写下这几句话增加了信心。

（原载《人民日报》1984 年 9 月 5 日）

鼓励正当致富，反对歪道发财

党中央、国务院关于支持全国城乡人民和企业勤劳致富和坚持多劳多得、反对平均主义的方针是不会改变的。宣传勤劳致富，要着重宣传这些人是通过正当途径，并且对富国富民有贡献的。要克服目前在一部分人中流行的一切向钱看，甚至以个人获利多少来表示某人的身价的高低的不良倾向。对于共产党员和政府机构、社会主义企业，一定要毫不动摇地宣传为人民服务的光荣传统。对那些用不适当的手段，破坏社会主义经济建设的大局，盗用和败坏改革的旗号，违犯党的纪律、政府的政纪和国家的法律来谋求本单位和个人发财致富的错误行为必须纠正，并对情节严重的依法给予应有的制裁。这不但是整党和改善社会风气的迫切需要，也是在改革和开放的新条件下保证经济建设继续顺利发展的迫切需要。

（在福建军民春节“双拥”茶话会上的讲话摘要，
原载《人民日报》1985 年 2 月 7 日）

一点希望

——代发刊词

语文学界久已期望能在日报上出一个副刊，日报的读者尤其怀有这种希望。这个要求现在由于《光明日报》和语文学界共同努力实现了。这是很值得我们高兴的。

人们迫切需要多方面的语文知识。从幼儿园到大学，以及各种成人学校，都有不同程度的语文课。各地电视台所办的几种外国语讲座，学习者很多，广东电视台举办的学习普通话的节目也很受欢迎。除了广播讲座，广播电台还常常有其他有关语文的节目。关于中国语文的课程在各类函授、刊授学校、补习班、进修班、夜大学的课程中占很大的比重。关于中外语文的教学和研究，也包括各民族语文和方言，已经有了不少专门性的普及性的刊物。

这是很自然的。人们的社会生活离不开语言和文字，各种信息的传递离不开语言文字和它们的各种变形。不同语言文字之间相互翻译的应用范围越来越广泛，翻译的机械化已经成为科学研究的一个重要项目。

语言文字既有它稳定的一面，又有它的不断变化和更新一面，这两个方面是同样不容否认和忽视的。经济、文化、科学越发达的国家，越经常需要并且产生各种新词语和新写法（包括缩写），并赋予旧词语以新意义和新用法。新的辞书不断出版，旧的辞书不断增订。与语言文字有关的各种新技术，如为满足盲人和聋哑人的需要和其他特种需要的文字的创制，如各种文字材料的存储、检索和传递，如各种出版物的编校、印刷、复制和缩微，都是日新月异，层出不穷。掌握上述各方面的知识，首先是获得这些方面的情报，已经成为进行现代化事业所必不可少的前提。与此同时，由于语文自身需要保持一定程度的稳定性而长期保存下来的各国语文的字形、字音、字义以及佳句、名篇，也仍然是必不可少的知识。说来好像奇怪，在语文本身和有关技术以不断更新的面貌出现的同时，有关语文的某些带根本性的知识也正在更深入地被人们注意着和探索着。例如普通人，从儿童到老年，怎么有效地掌握语言文字的正常运用的，又怎样会在运用中发生各种错读、错写、错用，以及歧义、误解的，仍然是语文学者经常研究的问题。古代语文的考证诠释，语文起源的探索，也仍然吸引着语文学界和历史、考古、人类学界的强烈兴趣。

有关语言文字的知识可以用论文和专著的形式发表，也可以采用更普及的媒介，如报刊、广播、电视、函授等等。其中日报副刊又具有它的独特的优越性，通过它人们更容易经常获得有关的知识，并共同进行研究和讨论。现在《光明日报》主办的《语言文字》，由于只能每两周刊出半版，要满足前边所说的各种需要原是很难的，但是我希望这个副刊的主持者能充分运用有限的人力物力，尽量按最合乎多数人的理想，配合现有的各种传播语文知识的社会力量，努力满足大家的一部分愿望。

（原载《光明日报》1985 年 3 月 5 日）

回忆张闻天同志

我认识张闻天同志是在一九三七年七月到延安以后。在这以前，我起先只是从二十年代的文学出版物知道他是一位作家。主要是看了沈雁冰同志接办后的《小说月报》以及商务印书馆出版的文学研究会丛书中的他的创作和译作，不过当时看的并不多，不知道他跟沈雁冰、沈泽民兄弟的亲密友谊。在三十年代我参加革命以后，知道他就是常在党中央的刊物《红旗》上发表文章的洛甫，但不知道他的其他笔名，以致不知道用刘梦云笔名公开发表并发生了很大影响的批驳托派任曙谬论的文章作者就是他。到延安以后，除了经常读他在当时党中央的机关刊物《解放》上发表的许多论文以外，还读了他编著而未署名的《现代中国革命运动史》。这在很长时间是延安各学校和机关工作人员所使用的重要教材。这书似乎没有写完，可能某些论述也有不正确的地方，因为手头没有书，无法说准，但就我记忆所及，就总体来说，它仍不失为关于这个题目的最重要著作之一。

同张闻天同志第一次发生工作上的接触。我记得是由于一九三八年上半年我担任陕西安吴（属泾阳县）战时青年短期训练班（简称青训班）副主任时发生的一件事。青训班主任冯文彬同志当时不在安吴，大概是因工作去西安了。班里有一个名叫陈珍雄的广东青年，原是上海复旦大学的学生，这时在青训班学员中宣传托洛茨基派的观点，被如今在经济体制改革委员会工作的廖季立同志告发。除陈珍雄以外，还有一两个跟他观点相同的人在共同活动。那里正当康生回国后在《解放》周刊上发表《铲除日本帝国主义的走狗——托洛茨基派匪帮》一文以后不久，我和当时也在青训班担任负责工作的张琴秋等同志商量，决定先对陈珍雄进行批斗，然后把他和同他一道从事托派宣传的人逮捕起来，准备送延安处理。正在这时，冯文彬同志回来了，不久他就接到张闻天同志来的一份电报。大意说，青训班是办在国民党统治区，这是由于西安事变时形成的特殊的历史条件（那时红军驻在泾阳、三原等地，红军开往山西抗日前线后，除为便于在西安、延安之间的运输交通和其他联络，在由三原到洛川等县城设联络站以外，还曾在泾阳县的云阳镇设有留守处，在安吴堡也曾有伤员留驻，两处都在三原以西不远的地方），国民党正在想种种办法要取缔青训班，现在并非政权机关的青训班竟然逮捕人，这正好给国民党一个借口，因此必须坚决纠正乔木等人的这个错误，立即把人释放，这个电报给了我很大的教育，自己也认识到确实太幼稚，结果是把陈珍雄等经过统一战线关系转送到长安县政府（那里的县长是党的一位同情分子），由长安县政府放了。

一九三八年八月我离开安吴回到延安，参加西北青年救国会第二次代表大会（实际是党所领导的全国青年工作会议）的筹备工作。这次会后，成立了中央青委，我担任青委的宣传部长。这样，在以后的一段时间里，即一九三九至四〇年间，我跟张闻天同志的接触就多起来了。那时他主持中央宣传部的工作，每星期在蓝家坪（在杨家岭西北的延河西岸）召集一次宣传工作会议，每次我都出席。他主持会议，事先都有议程，讨论也比较紧凑。

在这期间，张闻天同志给了中央青委的宣传工作许多帮助。我们那时办了个三十二开本的小刊物，叫《中国青年》。对这个刊物应该是怎样的性质，就是说，应该办成青年群众性的刊物呢，还是党的青年工作的刊物？曾经有过一次没有得到结果的讨论。因此就给闻天同志请示。闻天同志复了信，记得的大意是说：《中国青年》既是党的青年工作的刊物，又是青年群众的刊物，不应该把这两者对立起来；青年群众的立场，也就是党的青年工作的立场；不必回避这个刊物是党的刊物，把它尽量办得适合于青年的、群众的口味就行了。今天党领导的群众性刊物很不少，闻天同志的这些意见，我想，仍然有重要的指导意义。

从一九四一年起，我被调任毛泽东同志的秘书之一。大约就在这年秋季，闻天同志不再担任中央书记处会议的召集人和中央宣传部长了。接着不久，经过整风学习（也就是关于党的六大以后的党的两条路线斗争的学习），在党的高级干部中讨论并确认了六届四中全会到遵义会议期间的"左"倾路线错误。闻天同志作为那一时期中央的负责人之一，做了很诚恳很彻底的自我批评。现在回想起来，整风运动中对他的批评也有些过头的地方。例如他的《论待人接物问题》，在党内外起过广泛的有益的影响，至今也仍有重要的教育意义，当时却被康生等人认为是所谓不讲阶级观点，而受到批评，至于他在遵义会议前后在党的历史上所作的重要贡献之受到抹煞，就更加不公正了。

整风运动以后，从一九四四年起，张闻天同志被毛泽东同志任为政治秘书，住到枣园，我得以和他朝夕相处。他依然十分勤奋。他曾根据自己的亲身经历和在担任党中央领导工作期间的耳闻目睹，写了一本大事年表式的中国革命纪事。其中记述了不少外界很少了解的事情，有些事我就是首先从这里得知的。那时闻天同志才四十出头，距所记事件的时间也不远，所以记忆清楚，写的材料有很高的史料价值。“四人帮”倒台后我曾向刘英同志探询，得知这件极其珍贵的文献已经下落不明。听说，闻天同志在抗日战争结束后从延安去东北以前，曾留下一箱材料，内有他长征途中的日记，一九四二年陕北和晋西北农村调查的报告和材料等等，这本中国革命纪事很可能也在其中。这箱珍贵的材料后来在一九四七年胡宗南进攻延安的战争中，在紧急情况下烧掉了，这实在是一个极可痛惜而无法弥补的损失。

解放战争时期，闻天同志在东北，我随中央机关先后在陕北和河北省平山县属西柏坡(在石家庄西北)，同他没有接触。但我知道他在一九四八年到一九四九年间用心研究经济建设方针问题，给中央写了一些很有见地的报告。有一份报告主张农村供销合作社赢利分红，毛泽东同志当时很赞成他的这个主张。

一九五〇年，闻天同志奉调北京，准备担任我国驻联合国的常任代表。本来一九四五年在旧金山召开联合国制宪会议时，党中央就曾准备派闻天同志参加中国代表团，毛泽东同志曾要我为此草拟新闻稿，特别交代在稿中要写明闻天同志是参加过二万五千里长征的。后来中央因故改派了董必武同志。这次闻天同志的驻联合国代表职务已被我国政府正式任命，但又因当时的联合国在美国操纵下拒绝恢复我国席位而未能成行。第二年，闻天同志就去莫斯科就任我国驻苏联大使了。

一九五四年，我曾去莫斯科治病，在我国驻苏联大使馆见到了闻天同志。闻天同志在驻苏联大使任内根据中央当时方针，在对苏联关系方面掌握得比较好，使馆内部工作也井然有序，因而很受使馆同志们的拥戴。他尤其勤于调查研究，注意了解苏联政治、经济动态。他给国内写的一些报告，曾受到中央的重视。

闻天同志一九五五年初奉调回国，在外交部担任副部长，是周恩来同志的主要副手，这一期间我同他也没有工作上的接触。一九五八年陈毅同志接替恩来同志担任外交部长时，中央曾经考虑是否需要闻天同志继续留在外交部。恩来同志认为闻天同志在外交部工作做得比较认真仔细（例如他曾到我国各驻外使馆作过一次巡回视察，这种工作似乎在他以前或以后的外交部领导人员都没有做过），主张把他留下。可见闻天同志这一段的工作是得到中央好评的。

一九五九年七八月间，召集了在党的历史上造成不幸后果的庐山会议。在庐山，我的住处同闻天同志的住处相距较远，来往不算多。但是由于我和田家英、吴冷西等同志的住处正好在闻天同志从住处去大小会场的路边，所以他曾有几次到我们的住处小坐。我们对国内形势的看法比较接近，都主张认真总结“大跃进”的经验教训,以便彻底纠正“左”的错误。他在小组会上作了一个发言,这个发言对当时“左”倾错误的分析批判是认真的、周到的,也是客观的。在他发言以前,我已经预感到将有一场风暴,曾经给他打电话劝他少讲一些,但是他还是把他想讲的话都讲了。这充分表现了他忠实于党的事业而不考虑个人得失安危的崇高品质。结果是大家都知道的,他遭到了狂风暴雨式的错误批判,说他陷进“军事俱乐部”里去了。其实他同彭德怀同志并没有什么特别密切的来往,只不过是在对“大跃进”形势的看法上有共鸣罢了。关于“右倾机会主义反党集团”的决议作出以后,毛泽东同志曾写了几段话,表示对这些同志要讲团结,给工作,要有温暖,有春天,不能老是留在冬天,而且特别表示,以极大的热情欢迎闻天同志希望毛泽东同志多加指导的那封信。但是,这些话并没有发生应有的作用。下了庐山以后,闻天同志在北京又继续被批判,这种批判后来实际上一直没有宣告过结束。

庐山会议以后,闻天同志被分配到科学院经济研究所担任特约研究员,我和他没有来往了,直到大约二十年后才知道他在这段困难的时期工作得仍然很认真很努力,这确实是不容易做到的。“文化大革命”中,我们更不可能互通音讯。直到毛泽东同志逝世以后,有一次我在医院见到来京参加悼念活动的刘英同志,问她闻天同志的近况,才知道闻天同志已经含冤去世。听到这个消息,我感到无限悲痛。以后我在社会科学院工作期间,从孙冶方同志那里了解到,经济研究所的同志们都很怀念他。以后我陆续读到闻天同志在经济研究所时期以及“文革”中被看管时期所写的文章和读书笔记,后来又读到他在一九三二年在上海以歌特笔名在《红旗》上发表的关于文艺问题的受到很多党史研究者和文学史研究者注目的论文（虽则这篇论文当时实际上并没有产生什么影响）。他在庐山受到错误打击，“文革”中横遭迫害，但是仍能不顾环境险恶，在极端恶劣的条件下，坚持写出了那么多的马克思主义的战斗论文，独立地发表自己的见解，不仅不迎合当时“左”的错误思潮，而且鲜明地给以批评。当然，在今天看来，这些文章仍然不免有某些“左”的观点的遗痕，这是当时的历史条件的难以避免的投影。在总体上，这些论文的方向是正确的，更重要的是它们充分表现了闻天同志的非常可贵的理论上的勇气。

纵观闻天同志一生，我觉得，敢于独立思考，敢于独立地系统地提出和坚持自己正确的政治见解和理论见解，这是他的品质高尚之处。不容讳言，主要由于缺乏实际工作经验，作为中央的领导同志，闻天同志有自己的弱点。六届四中全会以后的四年中，他犯过严重的“左”的错误，但是在实践中碰了钉子以后，他能够独立思考而逐步在某些具体政策问题上突破“左”倾的桎梏，直到在遵义会议上同“左”倾领导进行了正面的尖锐斗争。他在庐山会议上和“文化大革命”中的表现，更说明他这种不迷信、不迎合、实事求是、追求真理的唯物主义精神。我想，这是值得每个共产党员景仰和学习的。

（原载《回忆张闻天》一书，湖南人民出版社1985年7月出版）

痛悼卓越的考古学家夏鼐同志

考古学家夏鼐同志的突然逝世是我国和世界考古学界的重大损失，也是我们党和我国人民的重大损失。

完全应该公正地承认，夏鼐同志和他的合作者们，开创了我国考古学发展的新时代。

直到本世纪二十年代以前，我国历史上只有从北宋(十一世纪)开始的可以说是考古学前身的金石学，到十九世纪末年以后，又逐步出现了研究新从安阳殷墟出土的刻有文字的龟甲兽骨的甲骨文学。但这些都不是从事科学考古发掘的成果。现代意义上的考古工作，是由本世纪初一些外国学者在中国进行掠夺式的发掘开端的。二十年代以后，我国的第一批考古学者开始了自己的田野考古发掘，在北京房山周口店、河南安阳小屯和西北岗、山东章丘城子崖等地获得了重大的发现。但是由于人力薄弱和条件困难，从二十年代到四十年代末的十余年间，我国的考古发掘工作在空间上主要限于黄河流域和长江下游，所发掘的遗迹在时间上主要限于史前时代和商代。这种状况在建国近三十六年来是根本改变了。我们的考古队伍已经从解放初的极少数人发展到参加考古学会的会员近千人，已经掌握了科学的考古理论和技术手段，并且得到了有关的各个工作部门和科学专业的合作，因此，他们的发掘工作在空间上已经遍及全国各省、市、自治区，所发掘的遗迹在时间上也从旧石器时代、新石器时代、商周时代扩展到秦汉及其以后各代。发掘所得的大量珍贵资料，大大刷新了中国古代社会经济史、文化史和科技史的面貌，震动了世界考古学界，使学者们认识到“在未来的几十年内，对于中国重要性的新认识将是考古学中一个关键性的发展”（英国丹尼尔语，转引自夏鼐同志主编的《新中国的考古发现和研究》，文物出版社一九八四年版，夏鼐的前言）。毫无疑问，这一切成就是跟夏鼐同志一九五〇年以来在考古工作中的创造性的辛勤劳动分不开的。

夏鼐同志的毕生心血，部分地凝聚在他的许多第一流的考古学论著中，更多地凝聚在新中国考古事业巨大发展的实绩中。他是当代中国考古学人才的主要培育者、考古工作的主要指导者和考古学严谨学风的主要缔造者。我不熟悉考古工作，在这方面不能多说。只想在这里介绍一下他在今年三月十日《光明日报》发表的《考古工作者需要有献身精神》一文中的一些观点。他在这篇文章中旗帜鲜明地反对把考古当作“挖宝”，反对任何个人利用考古工作“赚钱”，“买卖和收藏古物”，要求所有考古工作者“不怕吃苦”，“一心一意为提高本学科的水平，而不计较个人的经济利益”，“在工作中找到乐趣，不羡慕别人能够得到舒服的享受，也不怕有人骂我们这种不怕吃苦的传统是旧思想，旧框框”。他举了好几个亲身的经验。例如一九四五年四五月间，他在甘肃洮河流域一个人单枪匹马搞调查，凭着两条腿翻山越岭，有时好几天只煮土豆当饭吃。又如中国考古学会(他被选为学会的理事长)一九七九年在西安开成立会,有人提出,会后可否就近顺便参观敦煌千佛洞,这也与业务有关,可以报销。他说:好家伙,“顺便就近”去一趟,你知道敦煌离西安多少里?三千六百五十里。你们要去自己设法,会议不能组织参观。这是多么严肃的态度!他的一生,无论对于治学、治所、对人、对己,就都是在这种严肃的态度中度过的。他不愧是一个模范的学者,不愧是一个模范的共产党员(他是一九五九年三月由尹达、靳尚谦两同志介绍加入中国共产党的)。

我在一九七七年十一月到中国社会科学院工作,这才认识了夏鼐同志。我了解到,考古研究所当时在社会科学院是工作秩序最稳定的所,主要是由于它在周恩来同志和郭沫若同志的支持下,早在一九六八年就开始恢复工作——对满城西汉中山靖王刘胜墓进行发掘。一九七二年,夏鼐同志正式“解放”,重新担负了领导职务。我在认识了夏鼐同志以后,跟他有过不多几次的个人接触,每一次接触都给我留下一个非常勤奋、朴实、严格和正直的形象。浪费时间人力物力,敷衍塞责,信口雌黄,口是心非,这一切是跟他无缘和他所深恶痛绝的。在任何问题上,他决不隐瞒也决不轻易改变自己的观点。因此,除了一九八二年我请求他和钱钟书同志担任社会科学院副院长得到他们勉强同意以外,在他面前碰壁我记得是常事。例如,他不同意创办《中国社会科学》和中国社会科学院研究生院,因为条件不够。我虽然执行了多数的意见,他却没有放弃自己的看法。今年三月二十二日,我曾经到他家里去看他,希望劝说他担任研究生院的院长,谈了两个小时仍然没有成功。我在临别的时候说：这次谈话还没有完，等你出国回来以后再继续。真想不到，这竟成了我们之间的最后一次谈话。他比我大两岁，但是精力比我充沛。他是六月十七日下午五时左右准备出门时突然发病的，不满两天就永远离开了我们。

啊，我们丧失了一个多么值得尊敬的科学家和共产主义者！他在我前面引用过的文章里说："在学习马列主义方面，我们考古工作者，包括我本人在内，不是学得太多，多得消化不了，而是太少。"又在结尾的地方意味深长地说："我们搞考古工作的，脑中有些'古旧'思想也是自然的嘛！"愿夏鼐同志所说的"古旧"思想，在我国的学者、党员和人民中，万古常青！

（原载《人民日报》1985 年 6 月 30 日）

陶行知先生是中国进步知识分子的典型

我讲三点意见。

第一，陶先生是近代中国杰出的教育家、教育思想家。这一点，是全国各方面所公认的，也是我们党历来所表明的。我在这里就不多说了。

第二，陶先生是由卓越的民主主义战士转变到伟大的共产主义战士，是中国进步知识分子的典型。这方面，也是全国人民和我们党历来所肯定的。陶先生的一生，特别后半生，充分地说明了这一点。在无论怎样困难的条件下，陶先生对共产主义的信念，对中国共产党的拥护，从来没有过任何动摇。

第三，一九五一年，曾经发生过对一个开始并不涉及而后来涉及陶先生的、关于电影《武训传》的批判。这个批判涉及的范围相当广泛。我们现在不在这里讨论对武训本人及武训传电影的全面评价，这需要由历史学家、教育学家和电影艺术家在不抱任何成见的自由讨论中去解决。但我可以负责地说，当时这场批判，是非常片面的、非常极端的，也可以说是非常粗暴的。因此，尽管这个批判有它特定的历史原因，但是由于批判所采取的方法，我们不但不能说它是完全正确的，甚至也不能说它是基本正确的。这个批判最初直接涉及的是影片的编导和演员，如孙瑜同志、赵丹同志等；他们都是长期在党的影响下工作的进步艺术家，对他们的批判应该说是完全错误的。他们拍这部电影是在党和进步文化界支持下决定和进行的，如果这个决定不妥，责任也不在他们两位和其他参加者的身上。这部影片的内容不能说没有缺点或错误，但后来加在这部影片上的罪名，却过分夸大了，达到简直不能令人置信的程度。从批判这部电影开始，后来发展到批判一切对武训这个人物表示过程度不同的肯定的人，以及包括连环画在内的各种作品，这就使原来的错误大大扩大了。这种错误的批判方法，以后还继续了很长时间，直到党的十一届三中全会才得到纠正。这样，在这场批判中，也就波及到曾经称道过武训的陶行知先生和他的教育思想。

陶先生的教育思想，包含有许多很有价值的内容，加以研究发展很有意义。当然，他的教育见解，由于各种历史条件不能不受到一定的局限，这也是完全可以理解的。但无论如何，陶先生是近代中国非常少有的、杰出的进步教育家、教育思想家。他一生为人民的教育事业，为进步的教育事业，毅然放弃他原有的优越的社会地位，而走上了历经种种艰险威胁、始终不断追求进步、依靠群众、依靠党的奋斗不息的光荣道路，这是非常难得和非常值得尊敬的。所以，无论如何不能因为他在某些问题上表达的思想有不完全正确的地方，就对他的全面评价产生怀疑。我们评价一个人，要从他的全体、他的一生、他的各个方面来看。从这种观点来评价，说陶先生是一个伟大的、进步的教育家、教育思想家，伟大的民主主义战士，伟大的共产主义战士，伟大的爱国者，所有这些方面，陶先生是完全当之无愧的。

（原载《党史通讯》1985 年第 15 期）

无私无畏，鞠躬尽瘁

——深切悼念胡愈之同志

全国人民代表大会常务委员会副委员长、中国民主同盟代主席、终身为人民民主、民族解放、社会改革事业而英勇奋斗的杰出革命家，我国进步文化出版事业的主要先驱者之一胡愈之同志不幸因病逝世，这是我们党、国家和人民的一个重大损失。我们为失去了一位献身于中国革命和建设事业的忠诚的共产主义战士而感到十分悲痛。

愈之同志青年时代因家境贫寒，十八岁就辍学步入社会，刻苦自学。他长期在上海商务印书馆编辑所工作，很早就接受了新文化思想的熏陶和工人运动的洗礼，并且自觉地把自己的行动和社会斗争实践密切地结合在一起。他是我国早期重要文学社团文学研究会的发起人之一。他第一次参加轰轰烈烈的革命斗争是一九二五年在上海爆发的“五卅”反帝运动。在运动中他和“商务”的职工共同编辑出版了《公理日报》，成为指导运动的重要舆论工具。同时，他还专门组织出版《东方杂志》“五卅”事件临时增刊，并撰写了《五卅事件纪实》一文，详细报道了运动的起因和进程。这充分说明，在这场激烈的革命斗争中，他是完完全全地站在工人群众一边的。

愈之同志认清国民党反动派的真面目，是在一九二七年“四·一二”反革命政变发生的时候。一九二七年三月二十一日，北伐军进入上海市郊，党领导下的上海工人第三次武装起义开始。这一天中午，“商务”放工的钟声一直拉个不停。这是起义的信号。他见到工人们迅速拿起武器，开始向指定地点冲击，起义取得了胜利。但是只隔了二十二天，反革命政变就把革命工人淹没在血泊之中。四月十三日下午，他见到反动派在宝山路对工人群众进行惨不忍睹的大屠杀的情景，心中激起无比愤怒。当天晚上，他起草了一封对国民党的抗议信。信中说：“上海市民方自庆幸得从奉鲁土匪军队下解放，不图昨天闸北，竟演空前之屠杀惨剧。受三民主义洗礼之军队竟向徒手群众开枪轰击，伤毙至百余人。”他邀集郑振铎等人签名，将这封抗议信寄给了国民党中央，并在《商报》上发表。

愈之同志开始比较系统地学习马克思主义理论是在法国。“四·一二”反革命政变后，接着是“宁汉合流”，全国一片白色恐怖。由于他写过信抗议蒋介石的暴行，必然遭到反动派的忌恨。一九二八年初，他流亡到法国，入巴黎大学国际法学院学习。一九二九年资本主义世界发生空前严重的经济危机，法国也是一片萧条。资本主义的现实景象，使他对资本主义世界的幻想彻底破灭了。就在这种情况下，他到图书馆非常认真地阅读了马克思的《资本论》，系统地学习马克思主义理论。他的思想由此发生了根本的转折，开始由民主主义转变为马克思主义。他多次说：“这可算是我在法国的最大收获。”从法国回国途中，他以世界语学者的身份访问了莫斯科，写下了名著《莫斯科印象记》。书中说:“掠夺制度一旦废除以后,有手有脑的人,不必再为生活而忧虑;人不必依靠剥削别人或向别人求乞而生存。”他从正反的比较中得出了这样一个真理:未来的世界属于社会主义,只有社会主义才能救中国。

愈之同志在革命斗争中结识了不少共产党人,包括我党早期重要党员沈雁冰、杨贤江等,受到他们许多教益。一九三一年从法国回到上海后,他积极地靠拢党,努力为党工作,在实践中接受党的考验和了解。一九三三年九月,他在上海加入了中国共产党。从此,他在党的直接领导下更加努力工作。当时上海正处在国民党文化围剿的中心,党的组织遭到很大破坏,进步书刊遭到严重的摧残。愈之同志按照党的指示,想方设法打开宣传局面,占领宣传阵地。他曾在一个短期间主编过商务印书馆出版的《东方杂志》。他积极筹办并亲自主编至今还在继续出版的我国最早的通俗国际问题刊物《世界知识》。并曾为开明书店主编过大型的国外报刊文选杂志《月报》。但是这个时期他在出版事业方面做的一件最重要的工作,是支持和帮助邹韬奋同志办好《生活周刊》,创办生活书店。在韬奋接受了愈之同志的主张之后,《生活周刊》开始宣传反蒋抗日的言论,面貌为之一新,发行量也大大增加,成为直接推动抗日救亡运动的强有力的舆论阵地。这当然引起了蒋介石的注意和不满,因而《生活周刊》随时都有被封闭的可能。于是,愈之同志又协助韬奋创办生活书店,巩固和扩大进步文化的阵地,出版了一系列重要书籍和其他刊物。他还协助韬奋起草了生活书店章程,并在一九三三年进一步协助韬奋把生活书店改组成一个生产合作社,规定了成套的经营管理原则，使生活书店的组织形式更适合于进步文化出版事业的需要。生活书店在国民党统治区内出版了大量的革命和进步书刊，为在我国传播马克思主义理论、宣传党的抗日民族统一战线的主张，起了十分重要的作用。而愈之同志从没有担任生活书店的任何职务，只是默默地勤奋工作。由此可以看出他的品格的高尚。

愈之同志对抗日救亡运动所作的最大贡献，就是支持和帮助沈钧儒先生等建立救国会和开展抗日救亡活动。一九三五年后，日本侵略者已越过长城，侵入华北，民族危机进一步加深。当时，上海的抗日救亡运动风起云涌。愈之同志深深认识到，必须把大家组织起来，形成力量，才能推动抗日救亡运动的发展。因此，他就同沈老、韬奋等人，从一九三五年下半年开始，经常邀请一些文化界人士在一起聚会，共同讨论国内外形势和抗日救亡的道路，积极酝酿首先在上海文化界发起成立救国会组织。一二·九运动促使上海妇女界、文化界、教育界、职业界的救国会相继成立。到了一九三六年“一·二八”四周年的时候，上海各界救国联合会也成立了。在这期间愈之同志虽曾因环境险恶，一度离开上海到香港，但是所有熟悉上海救亡运动历史的人，都知道愈之同志在救国会中也没担任什么职务，仍是默默地勤奋地工作，这就是愈之同志的一贯作风。

愈之同志是自觉地执行党的政策的模范。抗日战争全面爆发后，国共两党抗日民族统一战线形成。愈之同志受命任军委会政治部第三厅第五处处长，主管宣传动员工作。他在周恩来同志的直接领导下，为巩固和发展抗日民族统一战线，团结文化界人士共同抗日，做了大量工作。武汉沦陷后他又受周恩来同志指示，到新加坡开辟海外抗日宣传阵地，团结广大海外侨胞共同抗敌，并协助陈嘉庚先生办《南洋商报》。抗战胜利后，他在新加坡积极开展活动，向东南亚华侨宣传和平民主、争取祖国独立和解放的思想，为发展党的爱国民主统一战线作了大量的工作。他在海外工作和战斗达八年之久，坚定地自觉地执行党的指示，为我国的民族民主革命，为迎接新中国的诞生，作出了卓越的贡献。

愈之同志总是以开拓式的思路和毅力去完成党交给的每一项工作。他知识丰富，思想开阔。新中国成立后，创办了我国第一张反映知识分子要求的报纸《光明日报》，并在担任出版总署署长期间，创建了一整套社会主义新型的出版机构，出版发行了大量的革命进步书刊和知识性读物。他在发展人民外交，推进世界语工作和我国文字改革工作的发展等方面，都作出了不可磨灭的贡献。特别是他长期主持中国民主同盟的实际工作，在工作中忠实地执行党的统一战线方针政策，善于和党外同志合作，倾听知识分子的意见和要求，敢于代表知识分子的利益说话，为民盟的进步发展，开创工作新局面，兢兢业业，鞠躬尽瘁。他长期担任全国人大常委会委员，以后又担任副委员长，勇于提出利国利民建议，为我国的法制建设和政权建设，做了大量的工作。

愈之同志是活到老、学到老、工作到老的好榜样。党的十一届三中全会以来，他精神振奋，衷心拥护党的路线、方针、政策和对内搞活、对外开放的重大决策。他在逝世前不久还撰文说：在新的一九八六年要做好两件事，一是坚持改革，开拓前进；二是认真学习马克思主义理论。尽管他年事已高，仍然坚持学习马克思主义理论，关心国家大事。他特别注意扶持年轻的同志承担第一线的工作，言传身教，希望他们接好革命事业的班。整党开始后，他多次表示要对自己一生作一个总结，哪些事是做对了的，哪些事是做错了的，对党好有个交待。他一生从不谈自己在历史上的功绩。在他逝世前不久，他应党史资料征集委员会的要求，口述了六万多字的历史资料，其中除了叙述个人的历史经历外，更多的是总结自己的不足。他说："这就算是我在整党中交给党的一份个人总结。"这是多么崇高的精神境界。

愈之同志的一生，是忠心耿耿为党的事业奋斗不息的一生，是革命、战斗的一生。他无愧于优秀的中国共产党党员、忠诚的共产主义战士的光辉称号。他是我国知识分子献身于共产主义事业的优秀榜样。

（原载《人民日报》1986 年 1 月 23 日）

祝《中国心理卫生杂志》出版

在我国，人们往往只注意机体方面的卫生和疾病治疗，而忽视心理或精神方面的卫生和疾病治疗。这种忽视不仅会导致人们心理健康的损害和精神疾病的增加，会导致人们机体功能疾病的增加或恶化，而且会在某种程度上影响人口的素质和社会的安定。现在是结束这种落后现象的时候了。

人们需要保持心理方面的健康，这远不像一般人所认为的那样，等同于进行通常的思想工作。心理卫生是一门专门科学和边缘科学，涉及方面很广。它在发达国家已有八十多年的历史，由于心理科学、遗传科学、医学、医学社会学和其他有关科学的发展，在现代它的进步更快。这门科学我国过去只有很少数医学家、心理学家、教育学家、社会学家注意研究和提倡，曾在一九三六年成立中国心理卫生协会。但是解放后由于指导思想失误等种种历史原因，以致未能受到社会，以及卫生部门、教育部门和医学院校的重视。近年来，依靠有关专家的努力和社会各界的支持，中国心理卫生协会已经在一九八五年三月重新成立，并于同年九月在山东泰安召开了首届全国代表大会，工作正在逐步展开。但这只是一个开端，为了使今后的工作得到充分的发展，还需要各有关部门和社会各界继续给予更大的支持。

《中国心理卫生杂志》的出版，是我国心理卫生事业所迈出的重要一步。我殷切盼望这个刊物能为探讨和普及心理卫生科学的知识，促进全社会对心理卫生事业的广泛重视作出有效的贡献。

（原载《健康报》1986 年 10 月 18 日）

鲁迅对中外文化的分析态度

鲁迅是中国现代文学的主要奠基人。他对中外文化都有深刻的研究，并且对介绍近代外国文化，整理和批评中国旧文化，发展中国新文化，有特别重要的贡献。他成为共产主义者以后，仍然继续他在中外文化交流方面的研究。鲁迅厌恶偶像，在座的各位也都厌恶偶像，但是我们确实不能不尊敬和怀念这位英勇的先驱。

鲁迅从早期的反封建主义的民主主义作家，社会评论家和文化评论家，到二十年代末期成为左翼作家和共产主义者。这是他个人思想发展和当时历史发展的必然结果，跟近代世界上许多伟大的人道主义作家所经历的一样。他从不讳言自己的思想转变，相反，他是极郑重地作出自己的选择的，选择了，就极郑重地坚持到最后，无论在敌人的怎样的恐怖和压迫面前，没有任何动摇和退却。需要特别指出的是，就整体来看，他并没有对马克思主义和共产主义，对社会、历史、文化、文艺，作某种简单的、狭隘的、械机的理解。他坚决反对认为马克思主义、共产主义与人道主义、民主主义互不相容的观点，也坚决反对把文学与政治宣传混为一谈的观点，也坚决反对任何人以阶级斗争之名对别人实行恐吓、辱骂和专断。显然,他认为那些思想和行为,都是完全违反自己的科学信念的。这在二三十年代的左翼思想界,实在是非常之难得。

各位都知道,他十分热心于扶持青年的革命作家和革命美术家,十分热心于自己介绍和支持别人介绍外国的革命作家、革命美术家和革命的文艺理论,十分忠实于国内和国际的实际革命活动,并且对那些亲帝国主义的、反对革命和进步的中外作家、评论家进行了十分尖锐的指责。同时,他也热诚地跟并非左翼而有益于民族和社会的文艺界人士以及其他方面人士交往,或对他们给以肯定评价,热诚地介绍外国的虽与革命无缘但仍是人类文化财富的文学艺术作品和文学艺术论著。他为良友版《中国新文学大系》编辑的小说二集,他和柔石等人在朝花社对外国文学和外国美术的介绍,他和郁达夫合编的《奔流》,他在黄源协助下主编的《译文》,他的《壁下译丛》和《译丛补》,以及他用极大的努力翻译的《死魂灵》,都是这方面的明证。这里似乎也有一些复杂的情况。他对于某些自己早年曾受过影响的作家,晚年也仍然支持对他们的作品的翻译和出版,但又在自己的评论中对他们思想的消极性质进行明确的批评。其实这并没有什么奇怪,因为他是主张和实行"拿来主义"的,而按他的解释,拿来主义就是"占有、挑选","或使用,或存放,或毁灭"。他所说的"拿来",决不是简单的、不变的肯定或否定,而是两者的辩证统一。他认为,在近代的中国,没有这样的"拿来","人不能自成为新人,文艺不能自成为新文艺。"这是他开始文学活动以来的一贯主张,只是在晚年才这样明白说出罢了。

鲁迅对中国文化和中国历史,也采取同样的分析态度。

在对中国封建统治和封建文化的批评方面，在对作为中国封建社会长期历史沉积物的“国民性”批评方面，无论在成为共产主义者以前和以后，始终是中国思想界最积极的战士。他在左翼作家联盟成立大会上曾着重提出：“对于旧社会和旧势力的斗争，必须坚决、持久不断。”他的最后的杂文集且介亭杂文三卷，评论旧思想的篇目比过去任何一部杂文集毫无逊色。这在当时的文艺界几乎是独一无二的现象。鲁迅的远见卓识，受到现今中国的评论家们的重视是理所当然的。值得同样注意的是，鲁迅从来没有全盘否定过中国文化和中国历史。在参加左翼运动以后，他虽不可能再像从前那样专注地进行中国文学史、中国小说史以及中国古代美术、中国古代思想的研究，但是仍然修订了《中国小说史略》，增订了《小说旧闻钞》，仍然最后一次校阅他所悉心校订的《嵇康集》，仍然同郑振铎合作编辑了《北平笺谱》和重印了《十竹斋笺谱》，仍然在《故事新编》中既写了《采薇》、《出关》、《起死》那样的讽刺性作品，又写了《理水》和《非攻》这样热烈歌颂禹和墨翟的作品。他在《中国人失掉自信力了吗？》一文中，对于丧失民族自信心的人作了最坚定的答复：“我们从古以来，就有埋头苦干的人，有拼命硬干的人，有为民请命的人，有舍身求法的人，……虽是等于为帝王将相作家谱的所谓正史，也往往掩不住他们的光耀，这就是中国的脊梁。”有直立的脊梁和双腿，这确实是最重要的，因为然后才能分析、批评和继承过去的中国，建设现在和将来的中国，并且为此而改革，而开放，而拿来。

总之，鲁迅对中外文化始终采取分析的态度。他究竟根据怎样的原则进行自己的分析和挑选，这些原则哪些还适用于现在，这是值得今天的思想界认真研究的课题。

（在鲁迅与中外文化学术讨论会开幕式上的发言，原载《人民日报》1986年10月21日）

读韦君宜《病室众生相》

韦君宜同志患脑血栓后长期不能写字。她坚持锻炼，后来曾在人民日报副刊(六月十二日)发表过一篇短文。最近，她告诉我在《人民文学》八月号上发表了病后的第一篇散文，写时只觉得手抖得厉害。我这才找了这篇《病室众生相》读了。我不但为老友庆幸，而且很快地感到，这是一篇难得的散文佳作，依私见看足以继武朱自清的《背影》。

韦君宜同志过去发表过几部长篇小说，我只读过其中的《母与子》(上海文艺出版社版)。我和其他读过的中年和青少年读者一样，深深地被这部真实的热烈的小说吸引和感动，而且认为，这是表现三四十年代地下党活动的无可替代的力作，可惜未能引起文艺界和读书界的注意。她听到过一种反映，说是写法太"老"了(我不知道如果按某种新的写法写出能否还像现在这样动人)，但也因毕竟有不少读者特别有的初中学生爱读，她也就很满足了。我早想写篇文章来介绍这部作品，很惭愧至今未能如愿。她也是散文家，她的散文集《祖国恋》(天津百花出版社版)很有特色。但是相比之下，《病室众生相》似乎进了一步，文字清素而情致浓郁，韵在言外，至少不亚于我所读过的当代名家的很少一部分散文。至于这篇散文的内容，自非过来人不能道，但是过来人也未必就能如此道出。

说这番话只是情不自禁，信笔写来，限于孤陋，难期公允，欲知究竟，希读者细玩原篇，再加评判。

（原载《人民日报》1987 年 9 月 8 日）

我所知道的田家英

家英十六岁就奔赴延安，十七岁就入党，这对于当代初中学生（家英初中没有念完，在成都当学徒）是一个难得的榜样。我们相识时，他在党中央政治研究室，我在中央青委编《中国青年》。延安地方小，散步时很容易被熟人介绍。一九四一年，我调到杨家岭，见面的机会更多了。第二年，原中央宣传部长何凯丰病了，我奉命暂代他的工作。为了让家英发挥文字上的才能，推荐他到中宣部。从此，我们的革命生活始终联系在一起。

一九四八年，毛泽东主席到西柏坡以后，因为工作繁忙，需要增加秘书。我建议田家英同志任职。当时正值新解放城市工业管理问题还缺少经验，家英遵照毛主席的指示前往东北，在东北局的领导下，从事工业方面的调查研究。那时他对农村生活已经很熟悉了。他一生大部分时间，都花在调查研究的活动中，历尽艰辛。他能从实际情况出发，提出自己的见解，不是偶然的。

一九五〇年，家英开始参加《毛泽东选集》的编辑、注释、核订、出版的工作。这一工作一直进行到一九五三年（第一卷至第三卷分别在一九五〇、一九五二、一九五三年出版）。一九五四年至一九六〇年，他又参加毛选第四卷的编辑和注释。一九六四年至一九六五年，家英独力编选了《毛泽东著作选读》甲种本和乙种本。毛泽东的很多手稿，都是由他负责收藏整理的。在六十年代初，家英曾考订历史事实，对毛选一至三卷的注释提出修改意见。不料原注释主持者陈伯达却大发一言堂的威风，说谁提出修改意见谁就是反对他陈伯达。我既听见过陈的胡说，又听见过家英的井井有条的说理。但是由于陈当时大权在握，无可奈何。陈对未能参加毛选第四卷的编辑也耿耿于怀，因为这是毛泽东本人的决定，他只是借此对家英发泄不满而已。家英编辑过毛泽东的散文著作，也编辑过五十至六十年代出版的各种毛泽东诗词选，这些书都凝聚着家英的心血。

家英一向深恶陈伯达、江青、关锋、戚本禹之流，因陈长期对他专横，痛恨更甚。一九五三年底，毛主席指定陈伯达、田家英和我准备去杭州起草宪法。陈已先拟初稿，听说又要别人参加，改动他的稿子，就已很不高兴。到杭州后，陈告诉家英，他要住在北山高处，表示他不负任何责任。第一次开会讨论，他又对家英发火，认为任何人非经他的许可，不得在主席面前议论原稿，并且不许向主席说明会中原委。家英对陈的这种专横行为非常愤慨，却无法反抗。此后，每次开会以前，先得向陈做一次汇报。直到罗瑞卿后来（他是一道来的，但以前并没有参加起草宪法的讨论）直截了当地提出某某条应该这样改，某某条应该那样改，陈管不了他，陈独裁的局面也就打破了。陈因为一开始就不愿到杭州来，来了势必改动他的原稿，加上讨论时毛泽东自己也常常当面对陈的草稿提出种种重大的修改意见，所以在整个起草过程中他闷闷不乐，常对家英说："我不行啦，要回老家当小学教师啦"，等等。在起草工作告一段时，毛主席指名要陈伯达、田家英等人筹备成立新的政治研究室，以陈为主任，胡绳、家英为副主任。此后十四年中，家英添了一种说不出的烦恼：陈伯达任何具体工作都不过问，家英遇事都得向他请教，还经常诬蔑家英把持政治研究室。这样，毛泽东抱着很大希望，亲自主持成立的中央政治研究室，实际上全赖胡绳、家英在团结同志，共同支撑。

家英和我还从日常接触中察觉，陈在毛主席面前从不敢说任何不同意见，有什么问题也都尽量让我们说。这里也有两个例外：第一，一九五六年，他在八大决议中塞进了一句："我们国内的主要矛盾……也就是先进的社会主义制度同落后的社会生产力之间的矛盾"，事后大受指责；第二，一九五八年十一月，他在第一次郑州会议上提出"废除商品生产，实行产品调拨"的主张，当时就被毛泽东加以痛斥，并被树立为对立面。这样，我们就彻底认清了他的伪君子和假马克思主义者的真面目。

一九六一年初，家英被派往浙江，我被派往湖南，进行农村调查。同年三月，家英参加制订《农村人民公社工作条例》草案。由于在一九六一年至一九六二年间最困难时期获得了丰富的第一手材料，一九六二年初他勇敢地向中央反映了当时农民对包产到户的迫切要求。长期主持党的农村工作的邓子恢一贯坚持这一主张，一九六二年八月，陈云同志在青浦调查中提出了类似的意见，所以家英所反映的只是党内一部分敢于承认农村实际情况的同志的共同意见。家英的错误是传播中央还未作出决定以前的议论。他在事后对我说，这次争论的实质是农业生产用什么方法会更快地好转。八届十中全会上关于对陈云、邓子恢和家英的批评终于在十一届三中全会以后平反。

家英一生酷爱藏书。毛泽东的书和字画一向由他保管，中央政治研究室的图书资料工作也由他负责领导。他还长期负责中央办公厅的来信来访工作，亲自对上访的人进行调查，总结信访工作的经验。在上述工作中，他既接触了下层劳动人民，也联系了上层知识分子。他向毛泽东陈述了他们的困难和要求，一般都能够如愿以偿。

一九六五年十一月，上海《文汇报》发表了姚文元的《评新编历史剧〈海瑞罢官〉》。家英对吴晗此剧的写作上演完全无关。硬要说有什么关系，那就是一九五九年庐山会议上批评彭德怀的时候曾有人说彭是以海瑞自居，而家英坚决反对这种捕风捉影之谈。现在这种捕风捉影之谈竟在江青的指使下发表在报纸上，家英确实深恶痛绝。一九六六年初，毛泽东曾向家英等人谈及姚文元的文章，谈话的情况家英曾详细告诉过我，当时我们十分不安，联想到杨尚昆、罗瑞卿两同志分别在一九六五年十一月和十二月被撤职，感到政治风云日益紧张险恶。家英对陈伯达、江青、张春桥、姚文元以及林彪夫妇虽深怀戒惧，对毛主席始终敬爱忠诚。正因为这样，他在回京后整理毛主席谈话时，坚决不提《海瑞罢官》是吴晗用来影射彭德怀罢官的说法。王、关、戚一伙故意捏造罪名，五月二十二日，戚本禹、王力等三人以中央代表为名，宣布田家英的罪状，逼迫家英迁出中南海。家英忍受不了对他的诬陷和侮辱，不得不在五月二十三日衔冤辞世。家英十六岁参加革命，只活了四十四岁。

家英的著作很多。除一九五〇年写的《学习〈为人民服务〉》一书以外，还有大量文稿和诗稿（信天游体民歌），为中央起草的文电，为《毛泽东选集》各卷出版所写的新闻和评论。家英在这些著作中歌颂人民、歌颂党、歌颂毛泽东思想，与有些不忠于党、利用各种机会谩骂毛泽东的人截然对立。家英的事迹将载入革命英烈的史册。

（原载《毛泽东和他的秘书田家英》一书，中央文献出版社1989年12月出版）

《毛泽东和他的秘书田家英》校读后记

逄先知同志写的《毛泽东和他的秘书田家英》，我读过两遍，认为有重要的历史价值，写得也很好，值得向读者推荐。这里所记载的史料，主要是从一九四八年到一九六六年期间毛泽东和他的秘书田家英之间的工作关系，既表现了后者如何在前者的指导之下热情地、辛勤地工作，并在政治上迅速地成长，也表现了前者如何对后者的工作严格地要求，亲切地关注和真诚地信任，而在一九五九年特别是一九六二年又如何由信任变为不信任。从这里我们可以看出，在他们工作关系密切的时候，他们是怎样重视和努力对社会基层情况尤其是农村情况掌握第一手资料，不辞艰苦，不避争论，以及他们怎样对人民疾苦全神贯注，以至于常常寝食不安，至今仍然令人神往。我们也可以看出，他们两人关系的恶化，没有任何私人的原因，完全是一幕政治（就这个词的高尚意义说）的悲剧。因此，这里的记载对于了解由四十年代到六十年代的毛泽东的思想变化，进而了解这一期间的中国共产党和中国的历史命运，尽管限于一个侧面，其重要性和珍贵性自不待言。至于写得也很好，一是因为内容很真实，主要情节都有书面依据，而不是只凭记忆或印象；二是因为作者对所写的事实作了认真的选择，叙事论事抒情都限于他所认为必要的范围内，许多别人说过的事和话都没有写，否则要写成几倍长是不难的；三是因为全文写得很生动很有感情，即使读者对田家英其人其事完全没有听说过，读下去也会感到很有吸引力和感染力，虽然作者并没有打算写某种传记文学。当然，因为作者对田家英很有感情，有些评价不一定人人都同意。这种情况也同样会发生在对毛泽东的评价方面，有些读者可能认为作者太苛刻，有些就相反。而且因为作者的叙述是有选择的，人们完全有理由讨论书中的剪裁和详略是否适宜。不过我想，作者有充分的权利对于事实的各方面作出自己的取舍。

我在立意写这篇后记的时候，曾经想借此机会说一些我对田家英的记忆和观察（过去写过的一篇小文实在太枯窘了，这是由于当时的健康状态太坏，竟无法说更多的话，早想有所补救）。但是现在精力和时间都不允许我这样做。为此我更感谢逄先知同志，他不但写出了如此丰满的回忆，而且允许我在校阅时在正文和注释中加进了少许想说的话。这里只对本文的一些体例加以简要的说明。

（一）本文所引用的资料是完全可靠的，就是说，完全可以查考对证的，包括作者过去的笔记（虽然这还是个人的私产）在内。凡引用时认为需要加的字都用〔〕号标出，认为不易看懂的地方，都另加注释。

（二）本文基本上采取客观叙述的体裁，间或夹入少许评论和抒情的文字，相信也可以一望而知，力求不损害全文的公正性和公证性。

（三）文中涉及的个别的人，为了保存历史原貌，尽量标出真实姓名。所说的事实一般都在距今二十四至四十五年前，早已时过境迁，成为历史，而且所涉及的事实都早已为人们所知晓，相信不再有保密的需要。

（四）文中涉及的姓名如在同一节频繁出现，在重复时一般只用姓，或用第三人称代名词他她，以求行文简洁。这是古今中外行文通例，如著名的李密《陈情表》在提到作者的祖母时就只说刘，“臣欲奉诏奔驰，则以刘病日笃”，“但以刘日薄西山，气息奄奄”。“庶刘侥幸，卒保馀年”的句子，为许多读者所熟知。又如孔曰取仁，孟曰取义，萧规曹随，屈赋朱注，不可胜举。毛泽东在自己的著作中也常用朱毛红军一类说法，在《渔家傲·反第一次大“围剿”》不周山注中标明“毛按”。据此，用毛代替毛泽东是完全正常的。这里特地指出，是因为我国读者现在一般还不习惯于把毛泽东简称毛（如同不说卡尔·马克思而只说马克思），好像这是外国人的用法或含有不礼貌的意味。本文中这样用了，只是因为否则全名连用太多，读来势必显得太累赘太沉重，此外当然也想借此提倡一下。文中还有若干处把毛泽东和田家英并列甚或加以比较，这只是本文的题旨使然。既然本文要写的是毛泽东和他的秘书田家英，而他们两人相处十八年之久，大部分时间关系之密切确非寻常，这就很难始终避免把他们并列甚至相比。中国学术史上常说孔老、孔墨、孔孟，也说孔颜。尽管颜回命短，并未留下什么学说，除了是孔子的好而穷的学生之外，没有别的身份。可见决不是一并列就表明两个人的年代年龄相近，或地位身份相近。

末了,作为校读者要对自己所做过的工作的性质申明一下。在校读过程中,曾经作过文字的修饰工作,间或也对本文和注释有所增补,但是决没有对原文所叙述的事实作任何实质性的删改。校读者和作者一样确信,历史是不允许删改的。校读者所作的修饰增补尽管经过作者的同意,但是它们可能引起的是非应由校读者完全负责。校读者认为,自己对本文所做的工作虽然微不足道,却不仅应向作者和读者负责,应向自己的引路人毛泽东和自己的挚友田家英负责,也应向社会和历史负责。

(原载《毛泽东和他的秘书田家英》一书,
中央文献出版社 1989 年 12 月出版)

怀念共产主义的老战士陶铸同志

认识陶铸同志，是一九四二年在延安开始的。那时他做王稼祥同志的秘书，我们住的地方很近，经常来往。他很正直，很坦率，从不隐瞒自己的意见。党的七大以后，他去东北工作，我们就分手了。建国以后不久，他到广东，我们又有了较多的接触。在中央召集的历次会议上，他和我都是意见相投。一九六〇年，在参加编辑《毛泽东选集》第四卷的工作期间，每篇文章在毛泽东同志亲自主持下开会定稿，他也都参加。一九六一年春天，在广州制定《农村人民公社工作条例（草案）》（即“六十条”）和以后一段时间里，差不多每天都见面。六月，我因病休息，从此往来不多，有两个冬天去广州，仍然互相看望，算是例外。这时，我有机会较多地读他写的文章和诗词，认识到他不仅是一位坚强的共产主义战士，而且有很高的写作才能。

一九六六年“文化大革命”前夕直到初期，陶铸同志曾在中央担负重要责任。当时完全想不到“四人帮”竟对他施加毒手。

陶铸同志早在一九二六年就入党。他参加革命的时间比我早得多,他的革命工作经历的丰富,他的才能和学识,都是我所心折的。他一贯忠实于马克思列宁主义、毛泽东思想,一直受到党内外的尊敬和钦佩。他在精力还很旺盛的时候不幸蒙冤病故,使我感到无限悲痛。现在读他的全部遗文,他那"心底无私天地宽"的松树风格,更鲜明地出现在我的眼前。他永远是所有共产主义者和先进青年学习的榜样。

(原载《笔祭陶铸》一书,人民出版社 1990 年 3 月出版)

介绍马一浮先生

马一浮先生生于一八八三年(清光绪九年),卒于一九六七年,浙江绍兴人,自一九一三年后一直住在杭州。先生学识渊博,中年潜心经学子学理学,继又专研佛学,五十余年间蔚为一代宗师。先生青年时期曾留学美国、日本,于西方学术文艺颇多造诣。工诗词,书法卓然成一大家。先生自一九三八年至一九四六年间,先后讲学于浙江大学和复性书院,以讲学刻书为务,与旧社会官方绝无往还。但在中华人民共和国成立后,先生虽已年迈,却青春焕发,豪情满怀,对新社会歌颂护持,不遗余力。一九五一年,陈毅同志到杭州过访畅谈,自后频有交往。同年,先生应聘为上海文物保管委员会委员,一九五三年任浙江省文史馆馆长,一九五四年任政协全国委员会特约委员。一九五七年,曾先后应周恩来总理邀请,陪同伏罗希洛夫主席参观,陪同款待西哈努克亲王。一九六四年,又受到毛泽东主席的接待宴请。先生的学问品格所受党和国家领导人的尊重,由此可见一斑。一九六七年,先生病剧,时值“文化大革命”的乱局,但在弥留之际,仍写下一首充满乐观情绪的《拟告别诸友》的五言诗:“乘化吾安适,虚空任所之。形神随聚散,视听总希夷。沤灭全归海,花开正满枝。临崖挥手罢，落日下崦嵫。”这实在是难得的精神境界。先生少年时与马君武、谢无量两先生结交，共同创办《二十世纪翻译世界》杂志。学成以后，交往请益者日众，计有梁漱溟、马叙伦、陈独秀、沈尹默、汤用彤、朱光潜、周孝怀、金香严、洪巢林、叶左文、曹子起、陈樱宁、林同庄、熊十力、钟钟山、邵潭秋、程演生、苏曼殊、李叔同、夏丏尊、夏承焘、严群、丰子恺、龙榆生等。为了纪念马老，浙江省在杭州特设马一浮纪念馆。马老的著作《马一浮全集》将由浙江古籍出版社出版。马老的书法、诗词、序跋等四百余幅并篆刻百余方，已经夏宗禹同志编成《马一浮遗墨》，由华夏出版社出版，这些都是值得高兴的。

（原载《人民日报（海外版）》1992 年 2 月 1 日）

怀念萧三同志(代序)

萧三同志是我党的一位老同志。他不仅是一位著名的诗人,而且是一位我党早期的革命活动家。他在青年时代就同毛泽东、蔡和森、赵世炎等一道投身革命。他和毛泽东同志这段早年缔结的亲密友谊,一直持续到建国以后;在延安、西柏坡和北京,他都曾多次同毛泽东谈天,可以说无所不谈。在他留法勤工俭学期间,同周恩来、赵世炎等发起组织“少年中国共产党”,并经胡志明介绍参加法国共产党,后转入中国共产党。一九二四年由苏联学习后回国参加第一次大革命;曾任共青团中央组织部长和代理团中央书记等职。参加过上海工人三次武装起义的筹备和组织领导工作。出席过党的第五次全国代表大会。

作为一位革命文艺战士和国际文化交流的友好使者,萧三同志在文化领域的努力和成就在国内外享有盛名。一九三〇年他以中国左翼作家常驻莫斯科代表身份,出席了在苏召开的国际革命作家会议,参加了国际革命作家联盟的工作,主编《国际文学》中文版。一九三四年经我党组织批准加入了苏联共产党,历任两届苏联作家协会党委委员,结识了高尔基、阿·托尔斯泰等苏联大作家以及德、法、美、捷、匈、保、罗等国的进步作家和诗人。他用文学作品向世界宣传和介绍中国革命。他写的毛泽东、朱德等的传略被译成多种文字;同时他也把许多外国优秀作品译为中文。他回国以后,在延安时就翻译了有广泛影响的剧本《马门教授》、《新木马计》、《前线》、《光荣》以及《列宁论文化与艺术》,还翻译了普希金、马雅可夫斯基、高尔基等人的一些名篇。

萧三同志精通俄语、英语、法语、德语等多种语言,这为他的国际文化交流活动提供了特殊的方便,有利于他成为保卫国际和平的积极战士。他从二十、三十年代起,就同法共理论家沙里·拉波波、越南革命家胡志明、保加利亚革命家季米特洛夫、法国物理学家约里奥·居里、苏联作家法捷耶夫和爱伦堡、智利诗人聂鲁达、巴西作家亚马多、土耳其诗人希克梅特、智利画家万徒勒里、荷兰电影大师伊文思等数以百计的著名进步人士有密切的交往。建国以后,萧三同志在担任中央文化部对外文化联络事务局局长、中苏友好协会副总干事、中国人民保卫世界和平委员会委员、世界和平理事会常务理事和书记处中国书记等工作岗位上,曾出席历届保卫世界和平会议和亚太区域和平会议,两次亚非作家会议。

萧三同志在文化领域的成绩和对我国文学运动的贡献是多方面的。他在苏联期间和鲁迅有通信联系,对中国左翼文学和国际进步文学的相互交流起到了桥梁作用,并且翻译和主持编辑出版了鲁迅的不少著作。他在一九三五年八月十一日写给鲁迅建议解散左联的信,后来曾引起不少争议。我由于当时正在上海左翼文化总同盟工作,曾经看到过这封信。

尽管写这信是出于王明的主张和督促，尽管上海左翼文化工作的领导人没有郑重地征询和听取鲁迅对这个问题的意见(这是一个不可原谅的错误)，但是从实践的结果来看，当时执行这个建议应该认为是基本上正确的。萧三同志在诗歌创作中始终积极倡导诗歌的民族化和大众化。他在延安时期主编过《大众文艺》、《中国报导》、《新诗歌》等刊物。由他撰写的《毛泽东同志的青少年时代》不仅深受国内广大读者的喜爱，并且被译成多种文本在国外广为流传。他所编的《革命烈士诗抄》收集了许多革命烈士所写的诗，对青年读者起了很大的教育作用。他自己写的诗集有《和平之路》、《友谊之歌》、《埃米·萧诗集》、《萧三诗选》等，他的代表作如《宣言》、《希望》、《诗人，起来！》等名篇，尤其受到读者和评论家的赞扬。

萧三同志作为文化战线的老同志长期担任各种领导职务。延安时期曾任鲁迅艺术学院编译部主任、陕甘宁边区和延安文协常委、文化俱乐部主任、中共中央宣传部文委委员等职。建国以后，历任中国文联委员，中国作家协会书记处书记、外国文学委员会主任，国际笔会中国笔会中心副会长等职。他为我国文学事业和新诗歌的发展、繁荣，作出了长期不懈的努力，付出了毕生的辛勤劳动。

萧三同志一生忠于党和人民，从不谋求高官厚禄和私利特权。他襟怀坦白，光明磊落，为人正直，待人热诚，坚持真理，勇于进行批评和自我批评，始终保持着一个老共产党员的本色。在十年内乱期间，萧三同志横遭林彪、江青、康生一伙的诬陷迫害，在被关押七年的时间里受尽了精神上和肉体上的种种折磨。然而他并没有被征服，始终以一位革命老战士的忠贞气节进行了坚决的斗争。一九七九年恢复工作以后，他虽已八十高龄，仍以老骥伏枥的精神“振笔挥毫，继续为人民歌唱”，表现了生命不息、战斗不止的可贵品质。这都是值得我们永远学习和纪念的。

我认识萧三同志是在延安时期，以后多次见面。他和夫人叶华（幸而她还健在，并继续为对外友好而努力工作）在“文革”结束时还被监督，曾各写了一封长信给我，托我转给中央，从而使他俩的冤案得以平反，重新获得自由。再相见时，萧三虽已很显衰老，但仍然坚持诗歌创作。我在一九八二年写过一首《怀旧》的诗，适逢我和萧三同志住一家医院，就把这首诗送请萧三同志阅看，他在病床上看了很高兴，特别欣赏其中的“我们种下的只是希望/这宝贝，如今正愈长愈壮”两句。在萧三同志去世以后，我发表这首诗，特意说明这是表示对萧三同志的纪念（诗本身当然不是怀念萧三同志，当时他还健在）。后来每当看到这首诗，常常追想往事，牵动对于这位老战友的敬爱和怀念之情。啊，萧三！他已不能再歌唱，他曾长期从事的国际文化交流的政治环境现在也已经面目全非。

萧三同志的一位年轻的朋友王政明同志花了多年的心血，阅读了包括萧三同志的日记在内的大量的资料，写了一部比较翔实的《萧三传》。这部即将由四川文艺出版社出版的传记，填补了我国现代文学史研究的一个空白，很是可喜。我不能按作者的要求写序。现在写这篇短文，既为了向读者介绍萧三这位老战士和老诗人的生平，也为了寄托我对他晚年不幸的哀思,就算是一篇代序吧。

(原 载《萧 三 传》一 书,四 川 文 艺 出 版 社 1992 年 8 月出版)

后　　记

《胡乔木文集》第三卷分为两辑，与前两卷相衔接，称为第四辑、第五辑。第四辑收录的是乔木同志建国后在各种思想文化工作会议上的讲话，还有与有关部门和地方负责同志的谈话。这些讲话和谈话，涉及新闻、出版、翻译、历史、教育、法制、理论、宣传、语言文字、文学艺术、社会科学以及经济建设等诸多门类的问题，内容包括有关某类工作或某项工作的任务、对象、性质、意义、指导思想、方针政策、远景设计以至实施的具体措施和方法等等，范围十分广泛。乔木同志以他深邃的思想、渊博的学识、丰富的经验，不仅是作为党在思想文化领域的领导人，而且是作为这方面的专门家来发表意见的；因此，其中许多远见卓识至今仍保持着很高的科学价值和实用价值。第五辑收录的是乔木同志从30年代青年时期至90年代老年时期撰写的各种体裁的有代表性的文字，包括评论、论文、随笔、小品、杂文、序跋、宣传提纲和回忆纪念文章等等。内容有关于科学知识的介绍和人生哲理的抒发；有对落后和反动事物的批判，对进步和新生力量的讴歌；有对思想文化工作的指导，对思想文化建设成果和先进人物的赞扬；还有对他所熟悉的在中国革命和建设中作过突出贡献的好友的怀念。

这些文字与前一辑文字相比，更多地带有他个人思想感情的色彩和独特的风格。有些篇章写得情理交融、辞意真切，读来感人至深。总起来看，这两辑文字如同前三辑一样，都体现了乔木同志为党和人民事业竭智尽忠的高尚品格和辛勤劳作，体现了他孜孜追求真理的科学精神和思想成果，值得我们长久地纪念和学习。

这一卷文集是乔木同志生前主持编定的三卷文集的最后一卷，其中绝大部分文章都经过他亲自选择和分类，只有《关于史学工作的几个问题》一篇是编辑小组后来增补的。遵照乔木同志的意见，编辑小组对原来未加标题的文稿都加拟了标题，对个别生僻的典故作了注释，对有些文稿作了必要的文字修饰，改正了原来发表时排印的明显错字。这些整理工作可能有错误或不当之处，请读者不吝批评指正。

《胡乔木文集》编辑小组

1994年11月

责任编辑:张伟珍
封面设计:王春峥
责任校对:胡　佳

图书在版编目(CIP)数据

胡乔木文集(第三卷)/胡乔木 著. —北京:
　人民出版社,2012.5(2020.4 重印)
(胡乔木文集)
ISBN 978-7-01-010918-3

Ⅰ.①胡…　Ⅱ.①胡…　Ⅲ.①胡乔木(1912～1992)-文集
　Ⅳ.①C52

中国版本图书馆 CIP 数据核字(2012)第 101843 号

胡乔木文集

HUQIAOMU WENJI

(第三卷)

胡乔木　著

人民出版社 出版发行

(100706　北京市东城区隆福寺街 99 号)

北京新华印刷有限公司印刷　新华书店经销

2012 年 5 月第 2 版　2020 年 4 月北京第 3 次印刷
开本:635 毫米×927 毫米 1/16　印张:28.75　插页:1
字数:287 千字　印数:7,001—9,000 册

ISBN 978-7-01-010918-3　定价:89.00 元

邮购地址 100706　北京市东城区隆福寺街 99 号
人民东方图书销售中心　电话 (010)65250042　65289539